U0337035

［美］

杰夫·伊梅尔特
Jeff Immelt

埃米·华莱士　　　/著
Amy Wallace

闫 佳 /译

如坐针毡

我与通用电气的风雨16年

What
I
Learned
Leading
a
Great
American
Company

HOT SEAT

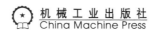

机械工业出版社
China Machine Press

图书在版编目（CIP）数据

如坐针毡：我与通用电气的风雨 16 年 /（美）杰夫·伊梅尔特（Jeff Immelt),（美）埃米·华莱士（Amy Wallace）著；闫佳译 . -- 北京：机械工业出版社，2022.8
书名原文：Hot Seat: What I Learned Leading a Great American Company
ISBN 978-7-111-71051-6

I. ①如… II. ①杰… ②埃… ③闫… III. ①通用电气公司（美国）– 工业企业管理 – 经验 IV. ①F471.266

中国版本图书馆 CIP 数据核字（2022）第 120418 号

北京市版权局著作权合同登记 图字：01-2022-1977 号。

如坐针毡：我与通用电气的风雨 16 年

出版发行：机械工业出版社（北京市西城区百万庄大街 22 号 邮政编码：100037）			
责任编辑：岳晓月		责任校对：殷 虹	
印　刷：三河市国英印务有限公司		版　次：2022 年 8 月第 1 版第 1 次印刷	
开　本：170mm×230mm 1/16		印　张：21	
书　号：ISBN 978-7-111-71051-6		定　价：79.00 元	

客服电话：（010）88361066 88379833 68326294　　　投稿热线：（010）88379007
华章网站：www.hzbook.com　　　读者信箱：hzjg@hzbook.com

版权所有 · 侵权必究
封底无防伪标均为盗版

赞　誉

我们能从错误中学到的东西比成功中更多，这一点是确凿无疑的。然而，许多首席执行官都秉持乐观进取的态度行事，碰到有人要他们再次审视过往的失败，他们自然甚为迟疑——除非他们能把失败描述成自己通往荣耀之路的中转站。《如坐针毡》是一个颇具价值的特例……伊梅尔特道出了许多对其他高管有益的经验：关于继任，关于应对危机，以及关于怎样离开。

——《金融时报》

本书既有非凡的洞见，也有惊人的坦率。杰夫·伊梅尔特在《如坐针毡》里带你进入他的办公室，进入他的头脑与内心。伊梅尔特在"9·11"事件前夕就任通用电气的首席执行官，领导这家标志性的美国巨型企业度过了动荡不安又令人着迷的16年岁月。这是一本领导力手册，也是一本人生指南。

——斯坦利·麦克里斯特尔（Stanley A. McChrystal），
美国陆军上将（已退役），麦克里斯特尔集团创始人兼首席执行官杰夫·伊梅尔特一直是我在领导力方面的一位榜样，他用头脑和心领导。他是一个"全力以赴"的领导者，对自己的团队和客户完全投入，而且对他们甚为关注。本书揭示了领导是一项"全接触"式运动，而杰夫把一切都留在了赛场上。

——约翰·多纳霍（John Donahoe），耐克公司首席执行官

杰夫·伊梅尔特的《如坐针毡》，以第一视角生动地呈现了他执掌通用电气公司16年的丰富经历。他以极强的自觉精神，非常坦率地讲述了多个引人入胜的故事，分享了在领导力方面来之不易的经验教训。《如坐针毡》用快节奏的精彩故事，讲述了杰夫对家人和通用电气员工的奉献。如果你在科技、金融、能源或医疗领域工作，务必阅读本书。如果你关心世界事务、全球进步或公共服务，它鼓舞人心。《如坐针毡》是一份来自杰夫的厚礼。他是一位英勇、爱国、公仆式的领导者。

——约翰·杜尔（John Doerr），

风险投资公司凯鹏华盈董事长，

《这就是OKR》（*Measure What Matters*）一书作者

任何想要了解如何领导团队度过动荡时期的读者，都务必阅读本书。现实世界充满了各种长尾事件、层层叠叠的限制条件、各种你无法控制的状况。为此，你怎样挺身而出，领导并推动周围的组织和世界向前发展？杰夫的书里有不少这方面的见解。

——萨提亚·纳德拉（Satya Nadella），微软首席执行官

本书扣人心弦地讲述了在快速变化的时代，领导一家伟大的全球性企业需要什么样的素质。《如坐针毡》在故事的每一环节都穿插了有关领导力的经验教训，对于今天和未来的全球商业领导者来说，这是一本重要读物。

——戴德立（Bob Dudley），英国石油公司前首席执行官

每个人都曾在职业生涯中有过失败或心碎的经历。对读者来说，杰夫的故事充满了洞见、智慧、毅力和爱心。本书是一个宝贵的资源库、一张引路的蓝图，助你穿越奇妙的领导乱局。

——詹妮弗·阿克（Jennifer Aaker），

斯坦福大学商学院教授，《认真对待幽默》(*Humor, Seriously*) 一书作者

杰夫·伊梅尔特惊人坦率地回顾了自己担任通用电气公司首席执行官16 年的经历，剖析了这一路上的成功与失败，他从内部人士的视角，对自己所做的最具争议的决策给出了理由。在任何组织里，琼楼最高处都是一个最孤独也最具挑战性的职位。在这样的位置上，人将面临什么样的情感和智力挑战呢？杰夫为你一一道来。人人都可以从这个故事里汲取很多教训。对于有志于从事领导工作的读者，以及当前和未来的领导者来说，这都是一个极为深刻的观察视角。

——托比·科斯格罗夫（Toby Cosgrove），

克利夫兰诊所执行顾问、前总裁兼首席执行官，

《向世界最好的医院学经营》一书作者

杰夫解开了自己许多"战斗伤痕"的幕后故事，讲述了他从中学到的经验教训，让我们了解到乐观、成长的重要性，以及重中之重的谦卑的意义。

——露丝·波拉特（Ruth Porat），

Alphabet 和谷歌高级副总裁兼首席财务官

杰夫以 16 年来运营通用电气公司的智慧、自我反省和大胆领导力，就该公司所经历的一段非凡的变革和成长时期发表了最深刻的见解。本书是对这一切是如何展开的最权威记述。

——杰夫·贝蒂（Geoff Beattie），

世代资本（Generation Capital）董事长兼首席执行官

《如坐针毡》所表现出来的诚实与勇气，在其他首席执行官的自传中很少见到。杰夫谦逊地带着你走进通用电气公司非常时期下的董事会会议室。他针对这段起伏跌宕的职业生涯做了生动的剖析，没有回避任何难堪时刻。对于每一位首席执行官、每一位心怀抱负的企业领导者，以及大大小小的团队管理者来说，这都是一本必读作品。

——杰夫·扎克（Jeff Zucker），CNN 总裁

《如坐针毡》以内部人士的视角，详细地介绍了领导一家 20 世纪最成功的多元化工业企业进入动荡的 21 世纪所面临的激烈挑战。本书揭示了驾驭一家高度复杂的全球性企业所需的巨大能量、激情和承诺。在跌宕起伏的事件中，在纷繁复杂的业务组合挑战中，可以看到杰夫精力充沛、富有魅力的领导风格，以及他对创新、客户和员工坚定不移的承诺。本书还提供了商业和领导力方面的许多经验，见解深刻。

——乔·霍根（Joseph Hogan），
医疗设备制造商爱齐科技总裁兼首席执行官

《如坐针毡》是一本引人入胜的有趣读物。它按时间顺序记录了杰夫·伊梅尔特在通用电气的职业生涯，尤其是在担任首席执行官期间，他如何度过这段时期，如何随着时间的推移自我成长，帮助他人发展。本书为他所做的许多关键决策，如选择领导者、并购企业、到哪里投资以及不到哪里投资，提供了有用的背景和视角。和任何大企业一样，其他人可能赞同他的决定，也有可能不赞同，但杰夫把他那么做的理由解释得清清楚楚。杰夫的有关企业领导的经验教训非常宝贵，令人深思。我们可以从本书中学到很多东西，我强烈推荐。

——奥马尔·伊什拉克（Omar Ishrak），
美敦力前董事长兼 CEO，英特尔董事会主席

我非常喜欢《如坐针毡》，也喜欢从中学习。杰夫的成败经验里，有许多值得我们学习的宝贵领导经验。本书坦率而诚实，这使它很特别。本书还解释了通用电气过去 30 年的故事，本身就很有吸引力。

——史蒂夫·鲍尔默（Steve Ballmer），微软前首席执行官

对一本企业领导力作品来说，你在书里画下了多少重点是一个重要的衡量指标，因为你想要记住它们并查阅它们。我在《如坐针毡》里勾画了 192 处。如果你想看的是一本"瞧瞧我多棒"式的回忆录，换一本书吧。但如果你想知道怎样带领一家全球最复杂的全球性公司度过最具挑战性、难以预测的 16 个年头，请坐下来，翻开第一页。

——安德鲁·罗伯逊（Andrew Robertson），
天联广告公司总裁兼首席执行官

阅读本书，你会因此变成一位更好的领导者。

——戴维·罗吉尔（David Rogier），
MasterClass 创始人兼首席执行官

今天的首席执行官正在前所未有的快速变革和长尾风险中建设全球性企业，在这本叙述巧妙的传记里，杰夫·伊梅尔特为他们上了一堂大师课。本书为读者提供了一扇难得的窗口，让我们看到，在关键时刻领导者是多么孤独。它还及时地传授了一些领导力的"道"，关于如何更有效地经营企业，怎样成为更好的人，它让我们学到了许多。这是一本必读之书，值得随时参考。

——K. R. 斯瑞达（K. R. Sridhar），
布鲁姆能源公司创始人兼首席执行官

《如坐针毡》叙述了杰夫·伊梅尔特担任通用电气首席执行官的惊心动魄的 16 年。这是一场对他本人及其任期的坦率而诚实的拷问。对我来说，本书的亮点在于他所分享的个人学习旅程；承认成功和失败，在行动中消化恐惧，为团队注入活力，也从团队中获取能量。字里行间，伊梅尔特也回应了批评他的人，展示了领导者身为导师的一面，更重要的是，他实现了自我救赎。

——戈登·卡恩斯（Gordon Cairns），伍尔沃斯集团董事会主席

杰夫·伊梅尔特的领导方法、职业道德以及接受"系统思维"的能力，值得每个人借鉴。本书中他亲自讲述了担任通用电气首席执行官时的经历，反映出所有领导者都将面临的重大问题——从面对未来进行战略调整，到平衡企业以及其他利益相关者的需求。

——N. 钱德拉塞卡兰（N. Chandrasekaran），塔塔集团董事长

《如坐针毡》讲述了有价值的故事和经验教训，展示了在不确定时期领导一家全球性企业是什么感觉，一如杰夫所说，"领导可能是一份孤独的工作"。这需要勇气和真诚，而这两点，杰夫在回忆录里都有展现。

——梅格·惠特曼（Meg Whitman），eBay 前首席执行官

译者序

生逢大变革时代

在我刚接触商业书籍的那些年，通用电气的杰克·韦尔奇是个耳熟能详的名字，他的同名自传是好些年里最热门的管理学读物。他被《财富》杂志称为"20世纪最佳经理人"，是《产业周刊》推举的"最令人尊敬的首席执行官"。那些年里的通用电气，是富可敌国、全球规模数一数二的企业集团。

对比而言，他的接班人伊梅尔特，就要低调得多了。从一代商业传奇人物手中接棒，并不是件轻松的事情，从伊梅尔特自己提到的一段小故事里即可见一斑。继任前没多久，他去打高尔夫球，跟陌生人闲聊之际，对方问他在哪儿工作，一听伊梅尔特自我介绍说在通用电气，对方想都没想就立刻接嘴说："我真为那个接替韦尔奇位置的小可怜感到遗憾。"

伊梅尔特还是个"倒霉蛋"。倒霉到什么程度呢？伊梅尔特自己写道，"我担任首席执行官的第一个星期一是2001年9月10日。"这意味着，第二天，就将发生震惊世界的"9·11"事件。整个世界，将在那天早晨发生天翻地覆的变化，通用电气也马上要迎来巨大的冲击。

没过上几年，2008年金融危机来了。那一年，通用电气集团下的金融公司，是全世界最大的非银行金融公司，如果它是一家银行，会是美国第五大银行。在金融危机的影响下，信贷市场冻结，通用电气也因之元气大伤。

等伊梅尔特咬紧牙关挺过了金融危机带来的波动之后，美国政府决定对金融机构加强监管，并认为通用电气金融公司属于"系统重要性金融机构"。严格的监管不利于通用电气开展各项业务，他不得不动手剥离该业务线。

剥离业务线还没忙活完，2011年又碰上日本发生大地震，地震导致福岛核电站的核反应堆发生熔毁，而这正是通用电气设计修建的。

放眼全书，伊梅尔特执掌通用电气的十几年，经历了风风雨雨，他好像一直在接连不断地给通用电气打补丁，打了十几年。最后，很遗憾，他在内部争议中被迫离任。

伊梅尔特动手写这本书的时候，已经对那些功过得失释怀了，他成了斯坦福商学院的讲师。他是在不确定年代为企业掌舵的人，懂得应该以怎样的方式去应对那些突如其来的重大危机。他站在讲台上（新冠肺炎疫情袭来后，他转到了视频平台Zoom上），把自己这些年在一家大企业最高管理者位置上获得的种种经验教训，传授给台下未来的企业管理者。

伊梅尔特跟杰克·韦尔奇不一样，他不是公认的"明星"管理者，没有什么光环，但他是个"救火队长"。新冠肺炎疫情为整个世界带来了更大的危机和变数，在此听一听救火队长"救火"的故事，对读者或许更有启发意义吧。

闾佳

于成都

序

2017 年 10 月，在为通用电气效力 35 年之后，我解甲卸任。那时，我还说不准自己能不能写这本书。16 年的首席执行官生涯，让我得以坐在了历史前排位置，我也获得了一些深刻的教训，我相信，分享这些教训能使其他人从中得益。但我的任期收尾收得很糟糕。许多商业图书都会以一个秘而不宣的承诺开头："让我告诉你怎样像我一样大获成功！"显然，如果书由我来写，这么说就不合适了。

我为通用电气留下的遗产，哪怕往好了说，也只能称"颇具争议性"。通用电气在市场上打了胜仗，但在股市上表现不佳。我做出过数以千计影响到数百万人的决策，但在做决策的时候，往往事前有不确定性碍眼，事后会遭到无数人的批评。我为自己的团队和我们所取得的成就感到自豪，但身为首席执行官，我的才华和运气旗鼓相当，我的意思是，总体而言，我既不够聪明，又不够走运。或许，根本不写书会更好。

然而，2018 年 6 月发生的一件事，让我改变了主意。

我答应在斯坦福大学商学院教一门课。这门课的名称很拗口——数字化工业转型时期的系统领导力，但它的核心内容是在变革中坚持不懈。我以前从未当过教授，但我的联合讲师，一位长期在斯坦福授课的风险投资家罗布·西格尔（Rob Siegel），一直在帮助我。我们一起从世界上规模最大的企业里征募了一些领导者，为班上的 67 名学生讲述他们面临的挑战。到目前为止，所有的客座嘉宾都非常棒。爱齐科技（Align Technology）的首席执行官告诉学生怎样使用 3D 打印机生产定制隐形牙套，为患者矫正牙齿；约翰迪尔公司（John Deere）的首席执行官解释了为什么信任是销售拖拉机的关键；传奇影业（Legendary Entertainment，曾制作过《侏罗纪世界》等电影）的前首席执行官解释了他打算使用人工智能"唤醒"那些不以创新见长的沉睡企业。

学期进行到一半的时候，《财富》杂志发表了一篇长文，标题是《通用电气到底发生了什么》。杰夫·科尔文（Geoff Colvin）执笔的这篇报道，我认为其在事实上和暗示上，都存在很多错误。报道认为，通用电气没有制订接班计划寻找我的继任者（其实是有的），还将通用电气金融部门——通用电气金融服务公司（GE Capital）造成的问题完全归咎于我（许多问题其实由来已久）。最叫人惊讶的是他那装腔作势的语调。文章说，通用电气是一个"肮脏的烂摊子"，我是个"无能之辈"。我猜科尔文找了不少被我解雇的人打探消息——这些人恐怕并不完全公正，但读者无从得知。

没有人能不挨批评，尤其是我。自从我离开通用电气，媒体上出现了很多负面报道，一读到这些报道，我总免不了皱眉蹙额。但这一回，我看到了机会。之前，我屡屡震惊于学生们对精心排练的讲演感到不耐烦；简单罗列"怎么做"，他们也听不太进去。他们最喜欢提出的问题似乎是"你是怎么弄明白的"，他们渴望学习怎样在不确定的世界里生存。就在这一刻，我意识到，我完全有资格对此发表见解。

所以我请联合讲师罗布·西格尔发了一封电子邮件，邀请商学院所有学生参加一次计划外的讨论会。讨论会的题目是"杰夫·伊梅尔特——现场即兴问答"，作业是：问我什么都可以。

到了下一个周五的下午 5 点，学校最大的教室里坐满了人。一名学生自告奋勇地带来了葡萄酒和小蛋糕，气氛异常喜庆。"很多人最近都写了关于我和通用电气的文章，"我拉开了话题，"所以，我猜各位或许有不少问题想问。"

接下来的一个多小时，学生们提问，我回答。最开始的问题都很客气，比如："身为领导者，你对付过的最棘手的事情是什么？"我谈到了我在通用电气的一些挣扎——"9·11"事件之后，2008 年的金融危机过后，以及福岛核电站核反应堆（由通用电气设计修建）发生熔毁之后。一些学生问到了我最喜欢的话题之一——全球化。我介绍了我当年的团队如何将通用电气的决策权下放给世界各地的员工，从而让公司变得更加敏捷。

但也有一些学生的提问要尖锐得多。"通用电气电力公司到底出了什么问题？"有人问。另一名学生则对《华尔街日报》上的说法笃信不疑，认定我在通用电气内部培养了一种"成功剧场"文化，鼓励人们凡事都往积极的方面阐释。

我记得，当太阳缓缓落下，挂在教室窗外的树上时，一名学生举起手来。我能看到他桌子上放着一篇打印出来的《财富》杂志报道。他问我："你怎么能让这种事情发生呢？"我能做的，就是告诉他真实情况：我已经很努力地避免它发生了。"我为公司眼下的困境感到难过，"我说，"我知道，有些人觉得我辜负了他们，这将成为我余生的沉重包袱。但是，仅仅指责过去并不能帮助通用电气赢得胜利，也不能让谎言不受质疑地变成真理。通用电气的人才和客户都在流失，他们没有去解决正确的问题。"

我想让那天的学生们看到，我可以承认自己的不完美，但该为自己辩解的时候我也会开口，同时不显得过于敏感。这就是领导者的所作所为。

直到后来我才意识到，这次讨论会带来了一个意想不到的结果。它让我第一次看到，我不仅能够写这本书，而且应该写。

我把这个项目当成对自己和我任期的一轮拷问。每一个人，包括我自己，都只记得包含了自己最美好一面的"真相"，这是人类的一种防御机制。我之所以想写这样一本书，是想跳出我自己对过往事件的回忆，更深入地来挖掘内情。在合著者的帮助下，我找到并采访了通用电气公司内外70多人，他们的见解和回忆丰富了本书的内容。有些人讲述的故事，直到我再次听说，才回忆起来；还有些人则纠正了我的记忆错误。最为关键的是，他们中的很多人促使我正视批评者所提出的一些问题。比如：为什么通用电气剥离保险业务的时候，我们没有出售长期护理保险资产？为什么当世界正朝着清洁能源方向发展的时候，我却大力支持通用电气收购法国电力公司阿尔斯通？为什么我的继任者任期那么短（它暴露了我继任流程中怎样的问题）？一如斯坦福大学的学生们提出的问题，通用电气电力公司到底发生了什么？

2001年，我成为一家声望如日中天的公司的首席执行官，但这种光鲜，只是外人所见，现实情况并不太乐观。我从杰克·韦尔奇手里接过的这家公司，拥有强大的文化和优秀的员工，但已经耗光了创意。在这之前一年，我还在运营通用电气医疗公司的时候，曾尝试收购一家名为阿克松（Acuson）的超声诊断设备公司，但杰克拒绝了，只因为它位于加利福尼亚州山景城，那里的人"都是些疯子"！我不这么想，我以为它的地理位置很好，会给我们在科技界提供一个立足点（后来，我们的竞争对手西门子公司收购了阿克松，它果然起到了这样的作用），硅谷是个以创新闻名的地方。尽管通用电气内部有些人相信，公司总是能保证取得出众的业绩，但我担心，我们会变得故步自封，缺乏足够的好奇心。

至少10年来，我们一直靠通用电气金融服务公司[⊖]来推动整个企业集团

⊖ 通用电气金融服务公司，后为通用电气金融集团，通常简称为"通用电气金融公司""通用电气金融"或"GE金融"。

的发展，我们旗下的这一金融服务巨头为通用电气的工业业务提供了资金上的支持。但到我接手时，几乎没有观察人士意识到，我们对工业业务的投资是多么匮乏。我们是一个庞大的企业集团，业务范围从喷气发动机到电视网络无所不包，甚至还涉足宠物保险生意。然而，我们的估值与科技公司不相上下，股票市值远远高于我们拥有的业务的价值。

因此，担任首席执行官之后，我全身心地投入到改善公司的任务中：对工业投资组合进行再投资，改进我们的技术，拓展我们的全球足迹。而且，在这么做的时候，我没有说过一句不利于杰克·韦尔奇的话。

这是个有风险的选择。如果你的团队感觉过往的一切都很完美，发动变革是很困难的。但在当时，这种方法感觉还不错。公众将我的前任视为历史上最优秀的首席执行官，我希望保存他的遗产，赶在真相大白之前，把我看到的漏洞给补好。但在我任职期间，每当危机威胁到通用电气的成功（甚至危及它的生存）时，通过发展来保护它的愿望往往就会退居二线了。

通用电气的故事，对我来说有着私人感情上的强烈亲密感。我的父亲在通用电气公司做了38年的采购员。在成为首席执行官前，我在公司内部一步一步晋升，在三家分公司里学习。我是终极磨炼者——公司真正的信徒，我甚至在自己的左臀上文了通用电气的"肉丸"（内部人士都说那是通用电气的标志）以兹证明（这事儿我稍后再谈）。我每个周末都在工作，从未花过一分钱来装饰自己的办公室，甚至自带邮票到公司寄送邮件。如果说我有什么口头禅，那一定是：重点不在我，而在通用电气。

在我近距离（先是从我父亲经历的视角，接着又从我自己经历的视角）接触通用电气的50多年里，它的文化始终是团队合作、直面问题，而不是相互指责。我很荣幸在一个关键时刻领导这家标志性的美国企业。借由通用电气在许多行业的卓越表现，我认识了世界各国的领导人（如奥巴马、普京、默克尔、特朗普）。我没法告诉你，身为首席执行官，我有多少次想要说："好吧，我们现在到底该怎么办呢？"但一如在斯坦福的教室一样，我总是会按时出现。我从来不曾皱着眉头去工作；如果是我出力就能补救的问题，我也从不曾责怪别人——只要这个问题我还能出力补救。

领导力是一段深入自我、充满张力的旅程。如果你晚上带着一身疲倦入睡，第二天早上醒来还能继续倾听和学习，那么，我相信你能成为领导者。我喜欢引用迈克·泰森的话："人人都有美好的打算，直到被迎面痛击。"诀窍是，哪怕被揍得耳朵里嗡嗡响，也要对新想法保持开放态度。你不可能把所有的事情都做对，我当然也做不到。但如果你只想保护好自己，你就不该报名担任首席执行官。

当全球范围内爆发各种各样的麻烦，世界陷入持续混乱的时候，领导者往往无力控制。在这种情况下，你能做的就是做出决定、坚持下去。这里的目标是求生（我指的是不断进步），而非追求完美。最重要的在于：领导者的重大决定总是会被反复审视，我的决定也不例外。我只希望，你能站在我的立场上，看看我在团队必须采取行动的关键时刻（这样的关键时刻大概有上万个）所见到的一切。我很想知道你会怎么做。

这些日子我做讲演的时候，会问听众两个问题。"你们当中有多少人是天才？"我问，没一个人举手。"你们中有多少人觉得自己幸运？"我继续问，这时会有寥寥几个人举手。"好吧，"我说，"如果你既不是天才，也不怎么幸运，那么，我的故事就是为你而准备的。"

我知道有些人阅读本书，想要探知的是我怎么看待杰克·韦尔奇。我承认，在他后面接班是个挑战，但我的决定由我本人负责。我们领导通用电气时所处的时代大不一样，所以，我从来没想过要把它们进行比较，这件事我打算交给别人去做。但读者会看到我从杰克身上学到了多少东西，我有多么钦佩他——虽然我知道他有缺点。

本书记叙的是我执掌美国规模最大、知名度最高的一家企业期间学到的东西。这是全世界最具挑战性、最有成就感，同时也承受他人最多挑剔的一份工作。我想告诉你，在这样一个棘手的位置上，承担全部责任是什么意思。我试图勾勒出我眼里商业世界在过去20年发生的变化。我列举了一些我们在通用电气曾经倡导并获得成功的设想，也列举了一些失败的例子。我已经解释过，我们在两种情况下是怎样生存下来的。没有人会在首席执行官就任第一天给他一本手册，详细说明怎样做出艰难的决定。我希望，通过探讨这份高处不胜寒的工作，鼓励读者勇攀高峰。在寻找前进道路的过程中，我对自己所面对的障碍一直很坦诚。我的故事很粗糙，但足够诚实。它始于我担任首席执行官的第一个星期一：2001年9月10日。

HOT
SEAT

目　录

01

H O T
S E A T

第 一 章

挺身而出

2001 年夏天，接任通用电气首席执行官的前几周，我和一些大学同学去打高尔夫球。我的高尔夫球打得不怎么样，但朋友们邀请我去的是芝加哥郊外的斯科基乡村俱乐部，我想，正好可以趁机放松一下。弯着腰在更衣室换鞋时，我遇到了一位俱乐部成员，他做了自我介绍，又问起我是做什么的。"我在通用电气工作。"我一边说，一边故意略去了自己的新头衔。

"啊，是通用电气！杰克·韦尔奇！"那人想都没想就立刻接嘴说，"我真为那个接替他位置的小可怜感到遗憾。"我不记得那天球打得怎么样了，但我记得，朋友和我为那家伙的话笑了足足 4 个小时。人人似乎都知道我是从历史上最著名的首席执行官手里接任。

每一名首席执行官，跟前任的关系都很复杂。这有点像我和已故岳母的关系：我们都爱我的妻子，但方式不同。我和杰克都爱通用电气，但方式不同。我们属于不同的年代。我最初加入通用电气的那些年里，他是我心目中的英雄。有这样的人当我的上级，我很喜欢。我注意到他能轻而易举地跟任何人聊天——基层车间的领班、客户、其他首席执行官。他平易近人、不拘礼节，这很有诱惑力。通用电气的每个人都觉得自己在为杰克工作，也知道该对他保持什么样的期待。他的沟通能力让我赞叹。

杰克兴许有些浮夸——他在很多会议上都表现得十分戏剧化，但人们喜欢他的直率。与此同时，指标很重要。有时候，指标甚至会把我们给淹没。可它们最重要的作用是，让我们负责。杰克知道轻重缓急，并坚持到底。对这一点，我想要效仿。

但杰克身上还有些别的地方，我并不打算原样照抄。多年来，公司内外聚集起一群杰克的崇拜者和马屁精，对通用电气和杰克本人持有不切实际的看法。他们喜欢讲述杰克·韦尔奇的故事，一遍又一遍地重温过去。杰克在20世纪80年代的口头禅"只在你排第一或第二的行业里做生意"，在原则上看不错，但如今已经过时了。通用电气需要发展，而为了发展，我们必须进入自己落后的业务领域。我尊重通用电气往日的辉煌，但我不愿跪倒在它的脚下。每当有人反对改变，并且说"这不是我们过去的做法"时，我都很难容忍。

2000年感恩节之后，杰克宣布我将接任他的首席执行官一职。此后的10个月，作为候任首席执行官，我花了很多时间和他在一起。我还记得有一次，就在他卸任的前几个月，我和他到伦敦参加了一场商务晚宴。晚宴期间，英国传奇高管、以领导困境企业转型而知名的乔治·辛普森爵士（Sir George Simpson）从桌上探出身子，开玩笑地说："杰克，你是怎么做到的？

你是怎么用你那一口袋破烂货做到 50 倍市盈率的？"

我笑了，但同时也很吃惊，因为我听到辛普森拿通用电气内部没有谁敢说出来的事情开玩笑。一家公司的市盈率反映的是市场对该公司未来增长有多大信心，相对于公司的当前收益，投资者愿意支付的每股价格越多，该公司的感知潜力就越大。2001 年，如果你用通用电气股票的价格除以每股收益（EPS），你的确能得到 50 倍的比率。但它掩盖了事实情况：通用电气有好几项业务做得十分普通，通用电气的光彩夸大了企业的价值。在杰克·韦尔奇掌舵通用电气的 20 年里，公司价值出现惊人增长，达到了 400%。杰克领导通用电气的时代，是经济持续扩张的时期，而市场的这一波势头即将结束。

通用电气由世界上最伟大的发明家之一托马斯·爱迪生创办，在 20 世纪的大部分时间，甚至直到 1986 年，通用电气拥有的专利都超过其他任何企业。但后来公司不再重视技术，在拥有专利的公司中，通用电气甚至没有进入前 20 名。与创新相比，杰克更关注管理技术，比如用来消除错误的六西格玛。

六西格玛是摩托罗拉工程师比尔·史密斯（Bill Smith）1980 年发明的一种数据驱动方法论。它将管理者培训成能改进业务流程、减少产品缺陷的专家（这种专家叫作"黑带"）。鉴于通用电气制造的机器（比如飞机发动机和核磁共振扫描仪）绝不能失效，不难理解杰克为什么会在 1995 年将六西格玛的五个阶段（定义、测量、分析、改进和控制）视为其业务战略的核心。六西格玛有助于加强效率文化，但并不会帮助我们发展。

除了六西格玛，杰克的主要关注点是金融服务，通用电气的利润增长大多来源于此。到他卸任时，在通用电气的高管当中，财务主管的人数 5 倍于工程师。我担心，到了经济增长放缓的时期，不依靠创新而依赖放贷，将导致失败。

穿针引线

我担任首席执行官的第一个星期一是 2001 年 9 月 10 日，我将通过内部广播系统，向通用电气的 30 万名员工进行自我介绍。为了这一刻，我已经准备了好几个月，斟酌话该说多少，又该怎么说。当你接替一位名人（尤其是一位你尊敬和钦佩的人）的工作时，你必须小心翼翼地穿针引线、承前启后。我打算表达对公司的乐观态度和自豪感，并释放出即将进行变革的信号。

我知道通用电气的员工希望追随领导者。如果新上任的领导者一味地批评并谴责其前任留下的遗产，必将出现以下情况：首先，指责文化会感染公司各个级别的人；其次，问责将不复存在。这样一来，跟前任"错误"相关的人，会感到丧失工作动力。通用电气的员工希望得到领导者自信满满的引领，而非羞愧地独自回顾过去。

我为通用电气在飞机发动机、燃气涡轮机、铁路机车和医疗成像设备方面的卓越成就感到自豪。尽管如此，当我从韦尔奇领导力发展中心（通用电气把这个地方叫作克劳顿维尔）走上舞台时，眼中所见到的迫在眉睫的不利因素，开始令我感到担心。

我知道，公司最大的工业业务——通用电气电力（GE Power），正处于泡沫之中。在常规年份，我们为美国输送 20～30 台燃气涡轮，但此时正是加利福尼亚州解除管制和大停电时代。1999～2002 年，我们在美国国内出货了 1000 台重型涡轮机，拉动了巨大的需求。但该市场即将陷入重大停滞，并可能持续影响整整一代人。

我还担心我们保险业务和养老金收入的运营。由于 20 世纪 90 年代末股市非常强劲，我们的养老金计划的投资回报远远超过了维持它的必需水平。这部分盈余占了我们每股收益的 10%，但我担心这不会持续太久。

克劳顿维尔是通用电气的企业大学——公司内部的一些人称它为通用电气的"灵魂"。校园坐落在哈德逊河上游，位于纽约市以北一小时车程的奥西宁市（隶属纽约州），占地 59 英亩[⊖]，树林繁密。在我担任通用电气塑料、家电和医疗等分公司管理者的 19 年里，我曾多次拜访此地。现在，我走进下沉式礼堂（一个被称为"坑"的地方），在一把导演椅上坐了下来，旁边是活动的主持人——CNBC 的主持人休·赫瑞拉（Sue Herera），她将介绍我就任通用电气的新任首席执行官。

我心怀谦卑地看着挤满礼堂的数百名通用电气员工，还知道世界各地正有数万人在观看直播。我甚至能从巨大的电视显示器上看到其中一些人，总部位于佐治亚州亚特兰大的动力系统（Power Systems）公司的同事，还有来自荷兰贝亨奥普佐姆的通用电气塑料团队的同事，都在挥手向我打招呼。来自康涅狄格州斯坦福德的通用电气金融团队、来自俄亥俄州辛辛那提的飞机发动机团队、来自威斯康星州密尔沃基市郊区通用电气医疗系统团队的员工，也逐一上线接入。苏格兰和威尔士的同事、全美其他团队的工作人员，都在观看。

我用了一些个人经历作为开场白。哥哥和我出生在辛辛那提，由父亲乔和母亲唐娜抚养长大，母亲是小学教师。我的父母都是在大萧条时期长大的，我永远不会忘记，父亲因为在通用电气飞机发动机部门担任中层经理而倍感幸运。有很多年，他都在通用电气 800 航空大厦工作，这是一栋第二次世界大战（简称"二战"）时期的建筑，修建在地下，以免遭到敌方空袭。（他常开玩笑说，去当个矿工说不定都能比这见到更多的阳光。）每天，他都带着午餐（两个煮鸡蛋），在休息室吃。

我记得有很多个星期六，我们总是把家里的别克车停在伦肯机场的大门外。这座漂亮的机场修建于 1930 年，航站楼带有装饰艺术风格。1964 年，甲壳虫乐队第一次赴美巡演，就是在这里下的飞机。但对父亲和我来说，来伦肯的目的是看飞机。我们透过铁丝网，看飞机起飞或着陆，他解说道："那

　　⊖　1 英亩＝0.004 平方千米。

是一架707——美国总统搭乘的也是同一型号"，或者，"这是727，它有三台发动机，但不是我们的——是普惠公司的"。（普惠是当时通用电气航空的主要竞争对手。）我还记得，每当爸爸碰到个好上司，他就充满活力；当他碰到糟糕的上司，他不是质疑对方，就是很不开心。他总是说，最糟糕的那类上司，就是整天提出批评却从不提出解决方案的人。

我想做个好上司，所以我告诉同事们，我认为，首席执行官应当是公司里竞争力最强的人——他要从最高层开始树立起必胜的意志。随着我在通用电气的逐年晋升，我常常感到好奇，为什么这家公司竟然变成了一家不尊重工程师的企业。我们采纳了一种"快速跟进"的策略——让其他公司去创新，接着我们匆匆赶上。于是，我们放弃了自己的研究中心。因为担心会稀释季度收益，拉低股价，我们拒绝收购任何技术。现在，我告诉通用电气的员工，我希望技术成为我们的核心竞争力。我希望通用电气再次成为创新蓬勃发展的地方。

演讲结束后，我用大约半个小时回答来自世界各地员工的问题。接着，我跳上车，前往通用电气当时位于康涅狄格州费尔菲尔德的总部。一走进杰克在三楼的办公室，我就产生了一种似曾相识的感觉。这些年来，我曾多次在这个带有窗户的房间里跟杰克·韦尔奇开会。现在，那张巨大的橡木办公桌属于我了，我可以在上面涂涂画画，我可以俯瞰四周景色。那地方很美，但我并不打算在这里花费太多时间，我最擅长做的是办公室外面的工作。

刺激通用电气的增长引擎

担任首席执行官头一个星期一演讲后剩下的时间，电话响个不停。其中一通关键电话来自通用电气金融公司的负责人丹尼斯·内登（Denis Nayden）。内登很热情。他的整个职业生涯都在通用电气度过，从康涅狄格大学毕业之后，他就开始从事陆空联合融资工作。在通用电气金融公司，内登在首席执行官加里·文特（Gary Wendt）手下崭露头角，成为文特的得力助手，并在 1998 年接过了执行官一职。"加里更有策略，"内登曾向采访的记者解释说，"我擅长执行。"现在，内登有一件他想要执行的事情，他告诉我说，他已经和施乐公司达成了收购后者信贷部门的最终协议。

通用电气创建了金融分公司，最初只是为旗下一些最昂贵的产品提供内部融资，比如铁路机车和飞机发动机。但到了我接手的前几年，通用电气金融公司已经发展成为一家庞大的企业，为每一个可以想象到的行业提供信贷服务，从汽车到消费电子、地板、医疗保健、家居用品、保险、珠宝、绿化灌溉、移动房屋、户外电力设备、游泳池和水疗中心、动力运动、娱乐用休闲车、缝纫、体育用品、旅游、吸尘和水处理。沃尔玛、家得宝、劳氏建材甚至哈罗德百货公司发行的信用卡，其实都来自通用电气金融公司。我们在欧洲提供汽车贷款，在美国佛罗里达州投资商业地产。我们是世界上最大的租赁企业，拥有数十万辆轿车、卡车、轨道车辆、飞机和卫星。

1980 年，通用电气金融的收益占通用电气收益的 20%；20 年后，它的贡献已两倍于此。多年来，它拥有强大的商业模式。在通用电气工业现金的支持下，我们的融资成本很低；我们是一家亲力亲为、极为优秀的商业放贷机构，我们赚钱靠的是与银行的弱点针锋相对。我们在运营、基础规划等方面（任何能带给小众企业竞争优势的地方）帮助小众企业。连续 10 年，通用电气金融公司的利润每年增长 20% 左右。最重要的是，由于我们的金融部门与工业业务挂钩，所以它的收益是工业企业的溢价倍数，而不是金融企业采用的典型贴现率。如果通用电气金融公司是一家独立银行，它的市盈率将是 12～15，而在通用电气总公司的保护下，它的市盈率达到 30～40。换句话说，这为我们的投资者带来了大约 2500 亿美元的额外价值。

然而，等我接管通用电气金融公司时，分析师、投资者甚至公司高管都认为它是个谜。杰克·韦尔奇本人长期以来一直用所谓的"脏点理论"（The

Blob Theory）来指导我们如何对这一业务进行评估。这一理论的意思是：不要看是什么构成了脏点，只管看结果就好。现在听起来可能有些疯狂，但当时公司内外的人都这么评估通用电气金融公司。

好的想法，也有可能走到坏的极端。我们在保险方面的投资，尤其能说明我们脱轨得有多厉害。20世纪90年代末，通用电气金融公司购入了大量基础保健保险、再保险（财产和意外保险）资产和长期护理保险，保险成为它最大的业务。在我看来，我们的收购价格太高，又加了过度的杠杆，靠着出售投资来赚取季度收益。此外，由于这些资产的长尾性质，完全退出是不可能的。

尽管如此，然而尤其是加上房地产贷款和信用卡债务之后，通用电气金融公司的业务发展得有声有色，2001年创造了通用电气近一半的利润。内登在我担任首席执行官第一个星期一快结束的时候打来的有关施乐的电话，只证实了一点：他想把这个数字提得更高些。

我离开办公室，登上通用电气公司的专机前往西雅图，计划为次日召开的一场航空大会致辞。抵达之后，我入住酒店，筋疲力尽地躺在床上，为第一天的各项工作进展顺利深感欣慰。午夜之前，我进入了梦乡。

在噩梦中醒来

9月11日，星期二凌晨5点刚过，我醒了过来，打算先去健身房，然后去拜访通用电气最优质的客户之一波音公司。然而，等我打开爬梯机上方的电视，每个频道都在播放纽约世贸中心110层楼高的北塔着火的画面。我最先听到的报道推测，着火原因是一架小型私人飞机偏离了航线。紧接着，第二架飞机撞上了南塔，而且那绝对不是什么小型飞机。多亏多年前在伦肯机场旁父亲的指导，我辨认出那是波音767。一定是发生了什么可怕的事情。

我离开健身房，匆忙赶回房间。我知道妻子安迪和 14 岁的女儿莎拉正在康涅狄格州的新迦南，我们刚从密尔沃基搬过去。落实家人安全无恙后，我打开电视，给通用电气的首席财务官凯斯·谢林（Keith Sherin）拨打了第一通电话。他也在看新闻，恐怖的画面接踵而至，我们一开始甚至没怎么敢说话。谢林和我都在想，那些受损楼层上的人，还能逃出来吗？如果能，怎么逃出来呀？与此同时，我们都知道通用电气持有世贸中心 7 号楼的所有再保险，那是一栋紧挨着双子塔的 41 层大厦。我们给持有那份保单的保险公司承保。

西雅图时间上午 6:59，世贸中心南塔倒塌。我简直不敢相信自己的眼睛。29 分钟后，北塔倒塌。没过多久，受双子塔被夷为平地时不可避免的冲击力的影响，世贸中心 7 号楼也轰然塌落。煤烟和怪异的白色烟雾吞没了整个曼哈顿下城。

我给通用电气旗下的 NBC 电视台二把手安迪·拉克（Andy Lack）打了电话，因为他的上司鲍勃·赖特（Bob Wright）正在出差，我让拉克担任我们在纽约市的联系人。他从新闻部门得到的消息是，两架撞向双子塔、一架撞向五角大楼，还有一架在宾夕法尼亚坠毁的飞机上，都发生了事前谋划好的劫持——这是一次彻头彻尾的恐怖主义行为，全美上下为此揪紧了心。它也给通用电气的航空部门造成了直接影响。有史以来第一次，飞机本身被人当成了武器，而我们拥有 1200 架飞机，喷气发动机业务是通用电气未来的核心。

随着新闻广播员开始报道预计死亡人数，我找到了正在洛杉矶的 NBC 首席执行官赖特。我们一起决定，本广播电视网将暂行停播任何广告，除非另行通知。这可能要用掉我们数百万美元，但这是个很容易做出的决定。近3000 人死亡，6000 多人受伤，我们的国家濒临战争的边缘。在这个时间点上，在有关恐怖袭击的连续报道中插入广告，我感觉不太对头。

我们很快发现，通用电气与这场悲剧的几乎所有环节都有关联。由通用电气发动机驱动的飞机，刚刚摧毁了由通用电气持有的保单所承保的地产。我正在收看的 NBC 电视台，是通用电气所持有的电视广播网络。通用电气公司的两名员工在惨剧中失去生命：一名是 NBC 的技术人员，他正在双子塔之一的最高处工作；还有一名女士来自我们的航空部门，她恰好在坠毁的一架飞机上。

　　双子塔在星期二倒塌。星期三，安迪·拉克和我想到，通用电气应该向消防员和其他急救人员的家庭捐赠 1000 万美元。我正好有鲁迪·朱利安尼市长的手机号，就拨给了他。我本以为接电话的会是他助手，但第二声铃响后，朱利安尼将电话接了起来。我告诉他我们的想法，并说我们想悄悄地做，朱利安尼不同意。"别瞎扯，杰夫！"他说，"我要用你的捐款让其他公司脸红，动员它们也捐款！"一两个小时之内，他创建了一项基金，并公布了我们的捐款。他将利用通用电气的种子资金筹集数亿美元。

　　虽然这感觉很好，但并没有消除我的惊恐。到我担任首席执行官的第一个星期结束时，通用电气的股价下跌了 20%，公司市值减少了 800 亿美元。

　　在此期间的某个时候，我打电话给梅西百货公司创始人、当时在通用电气董事会任职的 G. G. 迈克尔逊（G. G. Michelson）询问情况。迈克尔逊是个十分坚强的人，她打破了许多重玻璃天花板：她在很少有女性能考入哥伦比亚法学院的时候，就考入该学院就读；她代表梅西连锁百货公司与卡车司机工会和其他工会的领导人谈判；她还挤出时间担任了许多家企业的董事，而董事会中往往只有她一位女性。她的成长经历充满波折，曾一度是个孤儿（她母亲患有肺结核，在她 11 岁时就去世了）。我感觉，她这个经历过无数大风大浪的人，会为我提出稳妥的建议。我把对通用电气眼下优先事宜的分析告诉了她，她对我甚为鼓励。"你做得很棒，"她说，"相信你的直觉吧。"我很感激，于是坦白了一件我本来没打算说的事情："我这阵子感觉随时都有反胃的感觉，想吐。"

面对灾难

"9·11"事件发生后的最初几天，美国的领空被认为对商业飞行不安全，我的管理团队被困在了不同的城市。我自己在西雅图，通用电气的首席财务官凯斯·谢林在波士顿，副董事长兼前首席财务官丹尼斯·迪恩·达默曼（Dennis Dean Dammerman）在棕榈滩，鲍勃·赖特在洛杉矶。所以，我和团队成员每6个小时就召开一轮电话会议。

要跟进我们面临的所有问题，让人颇费脑筋。我们有个客户名叫阿塔（Atta），他使用过我们的飞行模拟器。我们需要查明，他是不是驾驶美国航空公司航班撞向北塔的劫机者穆罕默德·阿塔（Mohamed Atta）（这花了我们不少时间，但谢天谢地，这阿塔不是那阿塔）。接下来，我们需要确定世贸中心7号楼的再保险风险（我们很快降低了10亿美元的账面价值）。我联系了通用电气已故员工的家属，并写了一封慰问的电子邮件发给通用电气的员工——这是历史上通用电气内部首次发送的全员电子邮件。我的国家、我的公司、我的家庭，一时间全挂在我心上。长长的待办事项清单既让我感到害怕，又让我感到动力十足。

我决心保护通用电气最脆弱的客户——全美国的航空公司，它们购买了我们的飞机发动机，租赁了我们的飞机。我的做法与我们在起飞前听到的那些安全忠告恰恰相反：那时候，空乘人员会建议你，在紧急情况下，要先给自己戴好氧气面罩，再去帮助别人。但我知道，保护通用电气最好的办法是把航空公司的福祉放在首位，尽管事实证明，这很难。

直到星期四晚上，我才回到自己位于康涅狄格的家中，这时距离袭击事件已经过去了48小时以上。我很高兴能与妻女团聚。我女儿正在一所新的中学开始高一生涯。我们从密尔沃基（我之前在那里执掌通用电气医疗公司）搬家之后，她彻底离开了之前熟悉的生活，我知道，这对一个十多岁的孩子来说很棘手。实际上，在一所被悲剧撼动的学校里做个初来乍到的新生，更加困难。

袭击发生 6 天后的星期一，美国股市自"9·11"事件以来首次开市。到那一周结束时，道琼斯工业指数下跌了 14.3%，按百分比算，是当时的历史最大单周跌幅，这意味着 1.2 万亿美元的市值化为泡影。我试图保持冷静，但通用电气受到极大冲击。我听到好几位股东（包括我们最大的一位）说："我们没想到通用电气在保险业的规模会这么大！"我很想说："我们从来没隐瞒过这一点。你买我们股票的时候难道没有检查过我们持有的资产吗？"但我把话咽了回去。

　　每天醒来，我都站上爬梯机，试着一步一步地坚守正常生活秩序，这也是我批准通用电气在《纽约时报》《华尔街日报》以及美国几乎所有主要报纸上刊登整版广告的动机。广告画面是表情严肃的自由女神，她卷起一只袖子，似乎要从基座上走下来。广告说："我们将卷起袖子，我们将一同前进，我们将共克时艰，我们将永不忘记。"

　　哪怕航班逐渐恢复正常，也很少有旅客想搭乘飞机。航空公司大受冲击，这对通用电气来说不是好事。在我写完这本书的 2020 年，新冠肺炎疫情给航空行业带来了类似的影响，甚至可能更糟。当时和现在一样，我深信，解决我们自己的问题很重要，帮助客户也很重要。在最困难的时候，你永远记得是谁伸出了援助之手。

　　在这期间的大部分夜晚，我的管理团队都会打电话讨论我们的风险。每天晚上都会出现新的挑战，我绝不是在开玩笑。有时我甚至觉得自己在学习一门外语。有人会说："好吧，我们明天必须买 10 亿美元美国航空的 EETC[⊖]，要不它就会破产。"达默曼第一次在我面前使用这个缩写的时候，我问他："这见鬼的 EETC 是什么东西？"我的学习曲线太陡峭了。

　　丹尼斯·迪恩·达默曼，我们都爱叫他的绰号"3D"，他是个有着钢铁般意志的金融工作者。1984 年，杰克·韦尔奇任命他担任通用电气历史上

　　⊖　EETC（Enhanced Equipment Trust Certificates），增强型设备信托凭证，是一种债券。——译者注

最年轻的首席财务官，那时候他才 38 岁。到 2001 年，他已经经历过一切。兴许，这就是他在混乱面前镇定自若的原因。他是我的导师。我还在商学院的时候，他是通用电气第一轮面试我的人，我对他的支持始终心怀感激。不过，在这一刻，我更感激他的临危不乱。

消化恐惧

最优秀的领导者能够消化恐惧。我说的不是通过夸夸其谈、给出虚假的保证来安抚员工。我说的是，在告诉员工真相的同时，也向他们指明一条前进的道路。"9·11"事件之后，通用电气的员工需要听到并相信的是，我们已经做好了计划，通过共同努力，他们可以帮忙执行这套计划。他们不需要听到我焦虑难受、食之无味。

真正的领导者是坦率的，但不会暴露自己的慌乱。最优秀的领导者承认错误，但不会为了平息自己的不适而贬低同事。透明度是一个值得赞赏的目标，但真正的目标是解决问题。如果领导人只是卸下包袱，却未能提出行动计划，那是伪装成坦率的自私、假装虔诚的傲慢。

通用电气无法承受航空公司纷纷破产的代价，因此，2001 年 9 月 11 日～12 月 1 日，通用电气向各航空公司提供了数百亿美元的贷款。可在我们救助它们脱困的同时，我们也不得不扮演起"黑脸"。在那一段时间，航空公司的国际航线只能在那些通过了"恐怖主义例外"豁免的国家飞行。而最初只有几个国家有相关规定。我们必须确定，如果通用电气外租的飞机在将来被用于恐怖袭击，我们将免于承担责任。因此，在每个工作日结束时，我们都会给那些还未通过这项规定的国有航空公司打电话。

夜复一夜，我们给航空公司的首席执行官和各国领导人打电话，并带去坏消息："你们明天不能搭乘通用电气的飞机，因为你们还没有通过，恐怖主义例外，豁免。"达默曼会给波兰、日本或者澳大利亚的领导人打电话说："明天你们就不能使用从通用电气租的8架飞机了。"对方会说这不可接受，达默曼会反驳说，这不是在请求，而是在告知。有时候，这类电话会让双方变得怒气腾腾。"真是胡说八道！"电话那头的人会吼起来，而达默曼也会对那人吼回去："总之你别开那些飞机，不然你们会吃官司！"我永远也不会忘记，一天晚上，一场来来回回的争吵过后，达默曼把电话摔断了。我等了一阵，微笑着转向他。"你能帮我打下一通电话吗？"我问，"因为你做得太好了！"

我还在处理悲剧发生前就一直在进行的事情。9月10日，丹尼斯·内登向我游说的施乐交易尚未完成。不久，我收到该公司新任首席执行官安·马尔卡希（Ann Mulcahy）的来电。她知道我们有权放弃，考虑到刚刚发生的情况，我们也完全有理由放弃，但我知道这会让施乐陷入困境。我邀马尔卡希共进午餐，我接受了她的保证，决定继续推进该项交易。在当时的商业气候下，通用电气应该再吸纳一家信贷公司吗？不应该。但美国企业——就像这个国家一样，正遭到围攻，我们必须团结一致。（最终，我们靠那桩交易赚了一笔小钱，施乐也继续留在了这一行。）

另一个酝酿已久的问题是通用电气金融公司在钢铁行业破产重组融资过程中所扮演的角色。"9·11"事件引发钢铁价格急剧下跌，该行业的杠杆水平又过高，为拯救伯利恒钢铁公司，我们加入了威尔伯·罗斯（Wilbur Ross，后被唐纳德·特朗普总统任命为美国商务部部长）私募股权公司牵头的投资者财团。这桩交易时间紧迫，9月底必须做出决定，我亲自参与。在纽约市召开的一轮棘手的会议上，我们所有人都在纠结于细节，这时罗斯从巨大的会议桌对面抬起头，宣布："我们先从容易做的事情开始吧，等有了精力，再来解决棘手的事情。"这是个很有帮助也符合常识的建议。

9月21日星期五，是我担任首席执行官后第一次与分析师开会。我准备了五六张图表，想说明如果航空公司破产，我们要怎样生存下去。我在大学橄榄球队里打过进攻截锋，喜欢用橄榄球打比喻。向分析师介绍我们的想法时，我说："我们要在这里来点进攻。从 9 月 11 日起，我们就抖掉了灰尘，开始训练了。"我强调，通用电气一年多来一直在削减成本，而电力市场尽管显示出即将崩溃的迹象，但仍处于一个良好周期。我们多元化的投资组合，能抵消通用电气在保险和飞机发动机方面的损失。我说过，这就是大型综合企业的魅力所在——碰到一个行业下跌，另一个行业却有可能抬头。那天早上，每个人都跟我击掌庆贺。就连美国消费者新闻与商业频道（CNBC）《我为钱狂》（*Mad Money*）节目里狂热激进又健谈的前对冲基金经理和预测师吉姆·克莱默（Jim Cramer）也称赞了我的表现。

分析师会议结束后，我接受了 CNBC 的采访，接着准备前往世贸中心遗址。我受邀近距离探访这片废墟。路上，我去了圣文森特医院，恐怖袭击发生的那天早上，我们公司把一些便携式 CT 扫描仪送到了那里。我遇到的医院管理人员解释说，虽然他们很感激，但扫描仪并没有派上很大用场。9 月 11 日上午 11 点左右，救护车停止运送受伤人员。他们说，那天早晨，你要么还活着，要么死了。

我继续往南去了华尔街。当时，通用电气公司企业公关主管贝丝·康斯托克（Beth Comstock）跟我在一起。在全国报纸上刊登整版自由女神广告的主意就来自康斯托克，所以，一走进纽约证券交易所大厅，我们受到了热烈欢迎，我们俩都深为所动。我们看到，那篇广告贴在许多交易员的小隔间挡板上。

几分钟后，我们到达了世贸中心遗址，工作人员递给我们安全帽、工作靴，并要我们戴好口罩以保护肺部。我见到了负责协调清理工作的消防队长托马斯·冯·埃森（Thomas Von Essen）。他带我们进入废墟，我吃惊地看到，虽然恐怖袭击已经过去了 10 天，大火竟仍在燃烧，塑料和电线烧焦的气味十分刺鼻，让人难以呼吸。埃森是最先来到现场的人之一。听着这位疲惫不堪的公仆的声音（他强忍悲痛，依然表现得十分专业），我几乎难以承受。

数学家使用名为"存在性定理"的证据来得出结论：在特定的条件下，特定的问题只有一个解。我大学主修的是数学，所以，这对我来说是个熟悉的概念。但在那段时间，我记得自己总是爱想，面对这一特殊情况，根本没有存在性定理，因为它反常了。随着我的团队在短期内集结起来为客户群（航空公司）提供支持，我们也在努力思考，通用电气的工业部门应该怎样进行长期变革。我们只能一个一个地做出决定。站在仍在冒烟的废墟中，我对冯·埃森说，纽约消防局这次失去了许多领导者，通用电气的领导力培训项目将出力协助培养更多预备人员。这是我们最微不足道的一点心意。

把客户放在第一位

2001年9月22日，当时的美国总统乔治·W.布什签署通过了《航空运输安全与系统稳定法案》，该法案旨在维持美国商业航空系统"安全、高效和可行"。除了立刻向航空公司注入现金，并为在"9·11"事件中飞机遭劫持的航空公司提供责任保障，该法案还成立了紧急救助委员会，对航空公司进行评估，并向有需要的公司批准贷款担保——本质上说，就是为航空公司提供本来无法获得的信贷。该救助委员会由美联储主席艾伦·格林斯潘（Alan Greenspan）、财政部部长保罗·奥尼尔（Paul O'Neill）和交通部部长诺曼·峰田（Norman Mineta）组成。格林斯潘当时正处权力顶峰期，奥尼尔经营着美国铝业公司，而峰田是美国前商务部部长。我想，峰田原本以为自己的第二个内阁职位会是份闲差吧——监管美国的高速公路能有多难？可突然之间，他摊上了全世界最难的一项工作。

过不了多久，我就会定期前往华盛顿特区，代表航空公司向格林斯潘、奥尼尔和峰田陈情。你兴许会问，为什么航空公司的首席执行官不亲自来做这件事呢？考虑到他们所面临的财务挑战（包括背负着太多债务），哪怕是在"9·11"事件发生前，他们也不曾得到过太多尊重。大多数航空公司在"9·11"恐怖袭击发生之前就已羸弱不堪，所以，等到恐怖袭击发生后，没人相信他们的游说能发挥什么作用。

与此同时，通用电气在航空业务上有着太大的风险。在20世纪90年代末的经济繁荣时期，我们加大了飞机的采购力度，最终拥有了一支1200架飞机组成的机队，比其他任何公司都多得多。所以，我有动机代表航空公司，在事实上为它们充当代言人。

通用电气为美国西部航空公司（总部位于凤凰城）所做的事情，是这一时期我们试图影响航空业的一个绝佳例子。2001年，道格·帕克（Doug Parker）是西部航空公司的首席执行官，恐怖袭击发生前，他在通用电气和欧洲空中客车公司的帮助下，设法筹措到了一些急需的融资。"9·11"事件让这些融资烟消云散（没人愿意借钱给一家负债过高、业务又暴跌80%的航空公司），一时间，美国西部航空公司似乎濒临破产。这时，我鼓励通用电气飞机租赁公司（GECAS）的负责人亨利·哈伯施曼（Henry Hubschman）参与进来。哈伯施曼凭借一贯的镇定自若和有条不紊，让我们华盛顿部门的负责人经手此事，而通用电气的说客则帮帕克说服格林斯潘、奥尼尔和峰田，让他们相信这家小型航空公司真的有理由获得贷款担保。最终结果是，西部航空公司活了下来。对那些从未听说过这家航空公司的人来说，这或许没有太大意义，但它带来了许多积极的连锁反应。首先，美国西部航空公司的13 000名员工保住了工作。4年后，全美航空行将破产，西部航空公司在通用电气的帮助下，拟订了一项计划，帮助前者摆脱了困境，挽救了另外30 000个工作岗位。可以说，美国西部航空公司开启了一段产业整合期，不光造福了单家航空公司，也造福了所有消费者。如今，帕克是美国航空公司的首席执行官。

还有一个故事："9·11"事件之后，37岁的马来西亚企业家托尼·费尔南德斯（Tony Fernandes）找到通用电气金融公司，希望租用两架波音737

飞机。他认为，现在是进入廉价出行市场的大好时机。他抵押了自己的房子，买下马来西亚政府手里负债累累的子公司亚洲航空（AirAsia），也因此需要租用一些飞机。由于没有足够的抵押品，通用电气金融公司拒绝了他。他不甘心，冲到办公室来找我。

"我知道你现在有一大堆的事情要忙，"他说，"但只要你给我几架飞机，我就能做到！"我那时一定是着急赶去参加有关破产或其他类似烂摊子的会议，因为他的乐观竟然打动了我。"我现在忙得不可开交，就照你说的办吧。"我说。

我的人后来因为这件事对我好一番责怪，而且理应如此。他们已经把费尔南德斯赶出了门！但费尔南德斯兑现了自己的承诺——亚洲航空在一年内就还清了债务。费尔南德斯成了亿万富翁，而且从那时起，通用电气获得了亚洲航空的所有业务。

当时我并不知道，"9·11"事件标志着一个时代的结束，而且是戛然而止。我这个年纪的美国高管此前从来不曾碰到过极端风险（也就是发生可能性很小的事情竟然真的发生），可一旦你碰到过，你就永远不会忘记它。平静的 20 世纪 90 年代是"信任我就好"的 10 年——那时候世界依然和平，中国尚是沉睡的巨人，美国经济像时钟一样每年稳稳当当地增长 4.5%。但恐怖袭击之后，摇摇欲坠的经济和卑劣的商业行为接踵而至，人与人之间的信任感烟消云散。

2020 年写完本书时，我看到下一代领导人正在努力应对新冠肺炎疫情。他们正痛苦地学习，在危机当中，民众尤其希望有人引领。民众不期待完美，但想知道你的立场；他们想清楚地听你说出你的想法受什么驱使；他们想要听到简单的话，传递信任、诚实和结果。而这，也是我在当时的 2001 年尝试做到的沟通方式。

恐怖袭击发生差不多两个星期之后，我记得自己从办公室的窗户向外望去，头一次感到，最糟糕的日子大概快要过去了。"我们会挺过去的！"我大声说。只过了几分钟，电话就响了起来。鲍勃·赖特从 NBC 打来电话，听起来十分严肃。我们《晚间新闻》节目的主播汤姆·布罗考（Tom Brokaw）刚刚收到一个信封，里面附有一张手写的威胁便条。信上写着"09-11-01"，还装着一些看起来像是炭疽孢子的东西。"接下来是这个：现在就去吃青霉素吧。美国去死。以色列去死。真主至上。"我尖叫一声，让赖特稍等一会儿。打击，真是接连不断呀，容不得人稍微喘口气啊！

3 天之后的 9 月 28 日，布罗考的私人助理艾琳·欧康娜（Erin O'conner）因为类似流感的症状躺下了，身上出现红黑色的溃疡。信封里装的真的是炭疽。对任何员工来说，这都很可怕，更何况欧康娜是一位新妈妈，感觉更加糟糕。虽说她最终康复了，但这些事件加剧了通用电气公司内部的恐惧感，一时间人心惶惶。后来，在全公司范围内整改安全系统期间，我不停地思考：我希望带着通用电气走向未来，"9·11"事件将会如何改变我的计划呢？

第 二 章

领导者的日课

恐怖袭击发生之后的几个月，美国人心惶惶，仿佛任何事情都有可能发生。2001 年 10 月《纽约每日新闻》刊载的一篇社论，我至今记忆犹新。文章开篇就写道："对这座城市和这个国家来说，'9·11'事件如同世界末日。对通用电气来说，它却仿佛一种转移视线的方便之策。"接着，该报指责通用电气把这场全国性灾难当成机会，"趁着公众偶然走神"，与美国国家环境保护局（EPA）展开谈判。在文章中，我们的目标是："逃避"清理受污染的哈德逊河的责任。

或许，我只是太累了，但这篇文章确实惹得我大动肝火，我便写了封信给这份报纸的老板，房地产投资商莫特·朱克曼（Mort Zuckerman）。我说，暗示通用电气把2996名美国人的丧生作为谈判筹码，这举动实在太过低劣，过去80多年来，通用电气一直跟美国军方密切合作，为保护美国的安全制造喷气发动机。这不会是我最后一次难以置信地摇头。

2001年10月11日，也就是恐怖袭击发生一个月后，通用电气公布了第三季度业绩。很庆幸，它们比前一年同期增长了3%。还有更多的好消息：自三个星期前触底以来，股市整体上涨约11%，而通用电气股价上涨约29%。

但就在我以为可以喘口气的时候，全世界都得知，安然的盈利是场骗局。2000年，这家得克萨斯州的能源公司在电力、天然气以及其他相关产品及服务领域一直处于世界领先地位，报告收入为1110亿美元。可现在，仅仅一年之后，它含混复杂的财务报表和不道德的虚报收入便将让它陷入崩溃，在企业版图上掀起一大波震荡，尤其是对通用电气金融公司而言。

安然原本是一家"信任我就好"式的公司，直到有一天，它突然就不再是了。当安然首席执行官杰弗里·斯基林（Jeffrey Skilling）到国会作证，并将安然与通用电气进行比较时，我就知道，我们碰到麻烦了。虽然通用电气并不曾像安然那样受控犯下了金融欺诈罪，但这一丑闻却从全新的角度暴露出我们所持的部分资产是何其复杂。监管机构呼吁增加企业透明度，我需要快速采取行动，让通用电气跟上不断变化的新规。

2002年1月，我在CNN的休息室里看电视，等着接受采访，就通用电气刚刚公布的上年第四季度收益发表意见。我看到CNN的主持人在拷问在我之前登场的直播嘉宾约瑟夫·贝拉迪诺（Joseph Berardino），他是五大会计师事务所之一安达信的首席执行官。之前，我听到人们提及安达信时总是带着敬意。但现在，人们发现，这家事务所竟然暗中销毁了与安然有关的审计文件，这让它陷入尴尬境地。短短几个月内，安达信就被吊销了注册会计师执照。这真是个空前的丑闻。

一个月后的 2002 年 2 月冬季奥运会期间，通用电气董事会在盐湖城开会。安然丑闻逼得我们必须一起深入探究通用电气金融公司的资产负债表。在这次会议上，我第一次意识到，为了全面了解通用电气金融公司的运营状况，我们董事会和高管们还需要做更多的工作。

我们还剖析了手中那些晦涩难懂的金融材料，包括特殊目的载体⊖（special purpose vehicle，SPV），安然对它们的错误使用便是其不当行为的核心所在。我们有很多此类特殊目的载体，尽管用法是正确的，但我们仍然意识到，必须减少它们的数量。我还记得，在长达 12 个小时的马拉松式会议中，我看到刚加入通用电气董事会的出色的广告主管夏兰泽（Shelly Lazarus）一脸茫然，我能看出，她心里大概正在想："我碰到了些什么东西？"在某种程度上，我感同身受。

较之"9·11"事件或互联网泡沫破裂，安然的垮台永远地改变了通用电气的业务。安然事件之前，分析师和投资者从来没问过我们，通用电气金融公司是怎么运作的，可一瞬间，事情变了个样，对此我们做出了回应。

2002 年上半年，我们的公司董事会新加入了财务会计准则委员会（FASB）的前委员鲍勃·斯维林格（Bob Swieringa）。我们请通用电气的资深董事、摩根大通前董事长道格拉斯·"桑迪"·沃纳（Douglas "Sandy" Warner）担任审计委员会主席，并规定公司审计人员直接向董事会汇报。我们第一次开始要求董事会成员每年走访通用电气下辖的若干家企业，无须我或其他企业高管在场。我们的目标是：确保董事会成员与部门负责人之间的沟通是透明的。最后，我们成立了 15 人组成的"信息披露委员会"，审批所有公开的投资者声明。2002 年夏天，《萨班斯 – 奥克斯利法案》（Sarbanes-Oxley Act）成为法律，对上市公司必须向投资者公开的内容规则进行了更改。此时，通用

⊖　特殊目的载体，通常是指仅为特定、专向目的而设立的法律实体，常见的是公司，有时也是指合伙机构。相对于普通公司，特殊目的载体除设立的特定目的外，没有独立的经营、业务等职能，与"空壳公司"作用类似。这是一种极为复杂的金融工具。——译者注

电气公司已经开始实施这些规则，而且从未动摇。

如果说，"9·11"事件和安然垮台这些接连不断的挑战教会了我什么，那就是：在危机中，你能靠得上的工具，只有工具箱里有的那些。我为通用电气效力了20年，在三个部门工作过，分别是塑料、家电和医疗，它们教会了我一些关于领导力和自我的重要课程。我还参加了一场严峻的三方决选，以判断谁将成为杰克·韦尔奇的接班人。你在任何商学院都不可能获得这样的教育。我一直相信，成功的重要决定因素之一，可以从一个人怎样回答以下三个问题中看出：你学习的速度有多快？你能吸收多少？你将给周围的人带去什么？我知道自己有很多优点和缺点，但我掌握了所需的所有工具吗？现在，是时候盘点一下了，看看我学到了什么样的经验教训，我还需要在哪些领域有所成长。

"别抱怨，去把它修好！"

我父母的成长历程从无偷懒的余地。20世纪40年代，我的外祖母是全职秘书，到我母亲12岁时，她成了寡妇。我父亲是家里10个孩子中最小的那个，高中没毕业就开始工作，为飞机制造商柯蒂斯－莱特公司（Curtiss-Wright）制造俯冲轰炸机（Helldiver bomber）。1946年，18岁的他加入了海军，在太平洋的一艘驱逐舰上度过了一段岁月。

我的父母教育哥哥斯蒂芬和我：要想在这个世界上有所成就，靠的是个人的努力。他们从不理所当然地认为自己理应得到一份稳定的工作，或是理应有能力买房。他们从来没接受过任何人的救助，而且他们也明确地说过，我们不应该指望别人来救助自己。他们不是爱说教的人，但他们希望我们永远不要把自己当成受害者。如果哥哥或我回家发牢骚，他们会说："别抱怨，去把它修好！"

他们还向我们灌输了"做自己"的重要性。"虚伪"是他们对人最恶劣的评价。1961 年，我父母花 23 000 美元，在辛辛那提郊区的芬尼镇上买下一套黄色的三居室错层砖房，那时我 5 岁，斯蒂芬 9 岁。这套房子整洁、错落有致，而且近乎全新。我们的地址是沙龙舞大道 9060 号，周围的几条街的街名也有着类似的欢快气派：樱花巷、枫丹白露台……但芬尼镇并不富丽堂皇，而是踏踏实实的中产阶级社区。

跟我一起玩的孩子的妈妈们，大多专职在家带孩子（斯蒂芬出生时，我妈妈也辞去了教职）。爸爸们分别是保险推销员、教师、药品推销员和通用电气的机械师，都是当时人们所称的"体面"的工作。我爸爸的工作也不例外，他是通用电气飞机发动机采购部门的一线经理，属于白领。

我经常打趣说，我们住在沙龙舞大道时，邻居们没有哪一家会去参加沙龙舞会。其实，我们连空调都没有。读高一那年，在俄亥俄州最热的几个月里，橄榄球训练结束后，我常常跑回家径直冲进地下室，手脚摊开地躺在凉爽的水泥地上，这是我唯一知道能止汗的方法。我还记得，16 岁的时候，爸爸终于兴致勃勃地给家里安装了中央空调。安装空调的那天，是我这辈子最有活力、最幸福的一天之一，跟日后我与妻子结婚、迎接女儿出生的大日子比起来也毫不逊色。

我喜欢橄榄球，但让我逐渐认识到团队合作和相互尊重之间联系的运动，是棒球。那是在我高三的时候，1973 年前后，我站在了投手丘上。那时的我是个身高 1.9 米、一头卷发的 17 岁少年，我穿着白色的队服，胸口绣着代表芬尼镇的大大"F"字样。

我朝看台望去，父母一如既往地坐在那儿。不管我是在棒球场，还是在橄榄球场，或者篮球场，我都习惯了在一记好球之后抬起头来，迎接父亲的目光。那时斯蒂芬已经上大学了，所以，爸爸的骄傲就如同激光一般汇聚在我身上。那种感觉好极了。

那天我手风极顺，连续将击球员三振出局。我踩上了势头，准备打一场完美的比赛。尽管如此，比赛进行到某个时候，我们队的游击手却失误了，我无法掩饰内心的沮丧。我扯下手套，把它摔在地上。对我来说，这个瞬间稍纵即逝。我捡回捕手手套，继续比赛。可等我再一次朝球迷区望去时，我没发现爸爸的身影。这很奇怪，直到我们队打赢比赛，我都在琢磨到底出了什么状况。

大巴车把我们送回学校后，我徒步穿过运动场。爸爸过去常说，我们家离高中只有一根发球杆加一根 9 号铁杆击球的距离[⊖]（他没有高尔夫俱乐部会员资格，喜欢从前廊把球打出去），所以我走到沙龙舞大道上用了 5 分钟。我在厨房里找到了他。"爸爸，你去哪儿了？"我有点生气地问，"这是我今年最棒的比赛。"他没有犹豫，他说："你得明白，如果你在发火，让队友难堪，我可不想坐在那儿看着。"我爸爸不是个大块头——那时我比他高了差不多 10 厘米。但当他对我说"我不希望你那么做，你不应该冲着自己的队友发火，再也别这么做了"时，我觉得自己真是个小矮子。

我记不得那场比赛的比分了。是无安打[⊜]吗？也许吧，我说不准。我只记得我的脸因羞愧而发烫。爸爸批评我的行为跟我不想成为的那种人一个样。他总是叫我们尊重别人，不管他们从哪儿来，也不管他们有钱还是没钱。

爸爸喜欢开玩笑说，自己的儿子们是受"箴言书"教育长大的。他说的"箴言书"，是指他一再重复并践行不渝的一套常识性的老话。他最喜欢的一条是：趁着问题还小就把它解决掉。另一条是：要么自己干，要么不干，没人会帮你干。当然，还有一条他很喜欢：公平就是公平。这些基本的原则，后来影响了我的管理风格。

⊖ 在高尔夫运动中，发球杆发球的距离平均在 190～230 米，9 号铁杆击球的距离一般在 110～130 米，两者加起来的距离为 300～360 米。——译者注
⊜ 在棒球里，无安打指的是整场比赛里不让对手击出任何一支安打，即投手发挥极为出色。——译者注

甘为配角

我是一个运动好手，但绝不是天才，我的成功完全来自刻苦。整个夏天，我都会跑步、做负重训练，而所有这些汗水也都得到了回报：高中最后一年，我拿到的校队推荐信是全芬尼镇高中最多的，几所很棒的大学都愿意招我去打橄榄球。拜访达特茅斯时，我感觉自己找到了新家。我的最终意向锁定了达特茅斯学院和范德堡大学，范德堡大学给出的助学金更优厚，但我自己更中意达特茅斯学院。我对爸爸说，如果他让我加入达特茅斯运动队，我会尽量多借钱，然后在暑假打工弥补差额。

我信守了诺言。大学的暑假期间，我到建筑工地工作，去废料场帮忙，为福特汽车公司制造零件和储存零件。期末考试一结束我就回家，扔下自己的脏衣服，第二天便去福特零部件厂的装配线上报到上班了。我的薪水是一小时 8 美元，这对当时的我来说是一大笔钱。我记得，那年夏天我好像挣了3000 美元。

进入达特茅斯学院的第一个学年，我师从数学家和计算机科学家约翰·凯梅尼（John Kemeny），这位匈牙利移民以和他人共同开发出了 BASIC 编程语言而出名。他是一位天才教师，也是我在达特茅斯学院时的校长。而且，一如教授们的言传身教，我在橄榄球队度过的时光也教给我许多东西，经久难忘。我还记得，大二那年，我们的球队曾是夺下常青藤联盟冠军的热门候选，但我们一度打得很糟糕。

星期一早晨碰头开球队例会时，我们已经连输了两场比赛。迈克·布里格斯（Mike Briggs）第一个开口。他已经读大四了，是预备四分卫，在训练中拼尽全力，但总是坐在替补席上。"我有些话需要说，"他盯着名叫雷吉·威廉斯（Reggie Williams）的队友，"雷吉，是关于你的。"

我们都屏住了呼吸。雷吉，肌肉发达得像一尊希腊的天神，是一名永远先发上阵的超级队员。但除了比赛之外，他并没有付出太多努力。"你有老天赏赐的天赋，"迈克对雷吉说，"我的意思是，你毫无疑问是球队最优秀的选手。但你一点儿也不在乎我们任何人。"雷吉一时手足无措。我猜，他从小接受的教育就是不能表现出任何软弱。但不愿表现出脆弱，不愿承认球队对他很重要，正让他付出代价，哪怕他还不理解这一点。后来我发现，我们的另一名队员，名叫哈里·威尔逊（Harry Wilson）的小伙子，训练结束后把雷吉带走了，告诉他要面对现实：迈克的批评一针见血。

那个瞬间改变了雷吉。他成了最棒的队友和队长，并在美国职业橄榄球大联盟（NFL）打了 14 年比赛。（哈里·威尔逊后来生了一个儿子，名叫拉塞尔，日后成为西雅图海鹰队的四分卫。）我从中领悟到的一点是：如果你有话要说，再为难也要当面大声说出来。

选择目标，而不是钱

1978 年大学毕业后，我申请了哈佛商学院。我还想再成长一阵（而且我也喜欢兄弟会聚会的日子），我认为，上研究生院能帮我继续深造。多亏了我的橄榄球教练杰克·克劳塞梅尔（Jake Crouthamel），他为我写了一份有力的推荐信，哈佛商学院录取了我。但因为需要存些钱，我推迟两年入学，回到家乡辛辛那提，在宝洁公司找了份工作。

我在宝洁公司邓肯·海因斯（Duncan Hines）分公司从事品牌管理工作，史蒂夫·鲍尔默（Steve Ballmer）曾是我的同事，后来他成了微软的第二号员工。如果你当时曾看到我们隔着小隔间的墙壁互相扔回形针，绝对预料不到我俩都在 50 岁之前就当上了首席执行官。我和鲍尔默更像是《呆伯特》漫画里的角色，而不是一路往上爬的模范孩子。

尽管如此，我们还是会坐在闪闪发亮的办公桌前工作很长时间。我们的三大产品是蓝莓松饼、布朗尼和软蛋糕混合套装。我们的目标是：让邓肯·海因斯从贝蒂妙厨（Betty Crocker）手里夺取市场份额。围绕怎么才能最好地实现这一点，我们展开过很多战略讨论。为了迎击贝蒂妙厨的招牌布朗尼产品（那时候，每盒布朗尼会附送一小罐好时巧克力），邓肯·海因斯也往混合套装里加入了"调料包"。我们的任务是把它卖出去。我们会争论，是应该把促销活动集中在本公司本就强势的地区，还是努力强行打入贝蒂妙厨的领地。我们还学会了定价分析思维：如果你能靠着优惠 30 美分卖出两盒松饼，那就比全价卖出一盒要划算。

鲍尔默和我相继离职去了研究生院。他先走一步去了斯坦福大学，我多待了一阵之后去了哈佛商学院。一踏入剑桥镇的红砖校园，我就发出了惊叹：哈佛真的长着常青藤。但现实让我挤入上流社会的美梦破灭了——我破产了。我有一张限额 200 美元的 VISA 信用卡。为了节省度日，我主动住进了皮博迪露台（Peabody Terrace）一套三居室公寓，跟另外三个家伙同住。说真的，我的房间只有一口衣柜那么大。

我喜欢哈佛商学院。个案研究的方法让人耳目一新，我的同学们也让人耳目一新。大教室有阶梯状的圆形剧场式座位，我和朋友们总爱挤在后排，那是哈佛商学院里俗称的"天空平台"。我们这些"平台人"可以打量下面的每一个人，还可以窃窃私语而不被老师呵斥。我坐在朱迪·肯特（Judy Kent）旁边，还把她介绍给了研究生二年级的另一位同学吉米·戴蒙（Jamie Dimon），两人后来结了婚。戴蒙当上美国四大银行中规模最大的摩根大通的董事长兼首席执行官。我另外一侧坐着休·扎德克（Sue Zadek），后来我的室友史蒂夫·曼德尔（Steve Mandel）跟她结了婚。曼德尔后来成了一名对冲基金经理兼慈善家，在老虎管理公司任董事总经理，离职后又创办了孤松资本。我其他的同学也大多爬到了类似高度：史蒂夫·伯克（Steve Burke）当上了 NBC 环球的首席执行官，斯科特·马尔金（Scott Malkin）创办了唯泰集团（Value Retail）。

我对自己的职业生涯没有什么宏伟目标。如果你问当时的我经常读什么书，我会回答：《体育画报》。1982年，我毕业时，似乎所有人都进入了投资银行，但我没有。我到波士顿咨询集团干了一个夏天，虽然我喜欢那里的同事，但我发现工作本身并不令人满意。最终，波士顿咨询集团给我提供了一份年薪5万美元的工作邀约，摩根士丹利也提出了类似的邀约。在1982年，那是个不错的数目，更何况我还有达特茅斯学院和哈佛商学院的学生贷款要还。但那些工作太抽象了，没法打动我。我想去一个真正制造东西、让顾客生活变得更美好的地方工作。

等到通用电气给我一份年薪3万美元的工作时，我的反应是："好吧！就这么说定了！"我热爱通用电气，我是在它的怀抱中长大的。

在那之后不久，我碰到摩根士丹利一位著名的银行家，名叫乔·福格（Joe Fogg）。我告诉他我要去通用电气工作，他嗤之以鼻。他说："如果你在摩根士丹利工作，第一年就能向杰克·韦尔奇展示自己了。可要是你去通用电气工作，恐怕20年里都见不到他。"

我一直记着这句话，虽说后来我证明他是错的：大约在我进入通用电气一年后，杰克把6名年轻经理人叫进办公室，我真正面对面地见到了他。他告诉我们，是我们的上司推荐了我们，接着，他跟我们谈了一个多小时，解释通用电气的目标以及怎样实现。那时的我27岁，能跟他待上这么久，叫我欣喜若狂。事后，他寄给我一张手写的便条："干得好，让人过目难忘。"我寄了一份复印件给我爸妈，自己留下了原件，我到现在还留着呢。

透过客户的眼睛

1982年刚加入通用电气时，我的第一份重要任务来自塑料公司。我搬到了达拉斯，成为西南地区的销售经理。我管理一家办事处，向企业销售一种名叫诺瑞尔（Noryl）的产品，这是一种塑料小颗粒，可制成仪表盘、汽车保险杠或数百种其他东西。我们的主要客户是 7 个州的独立汽车和计算机企业。

我管理 8 名销售人员，如果你看过电视连续剧《办公室》，便可想象这些人的角色。有一个高个子得克萨斯州销售代表，爱穿牛仔靴，没有大学学历；还有个家伙，长得同男模特般标致，单凭一张俊俏的脸，不用张口就能让客户开门；有一位女士，紧绷绷地似乎总处在跟人打官司的边缘，但她这可怕的样子很适合工作；还有安迪，我最终跟她结了婚，她喜欢给人讲自己和其他销售人员第一天是怎么迎接我的。故事的简短版是这样：他们对我满心疑虑，部分问题出在服装上。我的衣柜里有 5 套布克兄弟（Brooks Brothers）的西装，他们认为我是自命不凡的哈佛小子。

穿牛仔靴的销售代表最终向我吐露了真言："你不能再穿这些西装了，你看起来就像个呆子。"他带我去买运动夹克和卡其裤，甚至还给我买了一双牛仔靴。我经常对手下的员工说："如果能帮得上忙的话，我会跟你们一起去做销售拜访，但你们得帮我搞定生意。"在那之后，他们意识到我不仅会发号施令，而且还会直接参与。

那年在得克萨斯，我和安迪成了友好的同事。她出生在巴拿马，因为父亲在福特汽车出口公司工作，很小就搬到了南美（委内瑞拉、巴西）。10 岁时，他们举家搬到了密歇根州底特律市郊。因为曾在世界各地生活，安迪学会了跟任何人轻松交谈。我总是对人们说："没人不喜欢我妻子。"她真诚，不说废话，她是个了不起的销售员。

塑料公司的文化野性、疯狂，并以此为傲。有些家伙午餐时能喝下 4 杯马丁尼。我们把自己叫作"疯狗塑料"并非没有原因。杰克·韦尔奇原本是化学工程师，他最初就在通用电气塑料公司工作，并创建了卖力工作、卖力玩的文化，这种方式带给了我们竞争优势。我们的主要竞争对手是拜耳、巴斯夫一类的德国化工企业，它们的销售人员都是些循规蹈矩的人。相比之下，通用电气塑料公司却毫无官僚作风，为了能拉到订单，我们什么都愿意做。

我认为杰克对塑料公司的控制宽松，是因为他认为这一业务独一无二。在大多数行业，你和竞争对手拼抢，是为了扩大自己在现有市场中的份额。但20世纪80年代，在塑料领域，人们不是为了争夺市场份额，而是为了创造市场份额。我们想把蛋糕做得更大，增加塑料制品的种类，而且我们一直在发明新的聚合物和树脂。如果你能用金属做出一种东西来，我们就能找到用塑料制作它的更好方法。

我从来不是个酒量大的人。我是那种坐在桌子旁、点一杯梅洛红酒跟大家套近乎的家伙，等喝上一小口，我就会举手投降，示意服务员来一杯健怡可乐。那些年我最大的恶习是喜欢甜甜圈。但我明白战友情谊的力量，我会出现在聚会上，待上一阵再回家。

那些年里，我靠着实践学会了怎样卖东西。我的导师是我的上司帕特里克·贝斯（Patrick Baise），我们都叫他"老帕"。他是我见过的最优秀的基层推销员之一——精明、有策略、直率。"去把你的鞋子擦亮，"他会大吼，"你可不能穿着脏鞋子去订货。"他有着不可思议的直觉。怎样做成一桩交易？什么时候放弃？老帕都有答案。他教我怎样编排团队面向潜在买家的游说策略，以及当我们一开始遭到拒绝时该怎么说。他教我不要在无关紧要的事情上浪费时间。

这里有一个关于老帕的经典故事。一天，通用电气的一位战略规划师打电话给他，提了个问题。他问："老帕，通用电气在西部地区的聚碳酸酯市场份额是多少？"老帕毫不犹豫，"请稍等，"他把手捂在电话上，过了一会儿说，"47%！"那人道了谢，老帕把电话挂了。"我不知道准确答案，"他承认，"但要是那家伙知道，就不会给我打电话了。我们有什么必要花上几个星期来弄清楚到底是46%还是48%呢？有什么区别吗？"

以下也是纯粹老帕式的做法：他喜欢打趣自己的母校马歇尔大学，称它为"西弗吉尼亚州的哈佛"。他毫不装腔作势、自信满满的样子，让我放下了戒备。天哪，他真是个好老师。

老帕教我，真正的领导者会及时做出决定，而且一旦拿定主意，不管遭到怎样的批评，都会坚定地给予支持。做一名优秀的经理人，不是参加人气竞赛，而是要有勇气和承担责任的意愿。老帕手把手地教我怎么在赚取利润的同时弄清并迎合客户需求。他还通过给我机会，向我展示给手下人机会有多么重要。

当时是边境加工厂雏形初现的时代。墨西哥边境上有个免税区，很多美国商人在那里修建工厂。我对老帕说，我们的客户有时会对通用电气交付产品耗费太长时间而感到沮丧，我想在附近的墨西哥境内存储库存。"如果你给我 45 000 美元去那里买座仓库放货，我会少丢几笔订单。"我对他说。老帕说好，我们去买了仓库，我再也没丢过一笔订单。

很快，我调岗到了芝加哥，负责向整个美国西部地区销售同样的塑料颗粒。安迪和我开始约会，因为我们本来就是好朋友，两人关系发展得很快。1986 年 2 月，我们结婚了，通用电气塑料公司的许多朋友都跑来庆贺。一年后，我们的女儿莎拉出生。

1987 年 12 月，我收到哈佛大学寄来的 2.5 万美元账单。我毕业时签过一份 5 年的延期偿还协议，突然之间，我的学生贷款到期了。安迪哭了起来。"我们该怎么办呀？"她问，"我们过不了圣诞节了！"我嘟嘟哝哝地对自己说："见鬼！我就知道我准是忘了些什么东西！"我在通用电气工作并没有赚大钱，平日里也有各种账单要付。我们没有积蓄，一直过着月光族的生活，但我在学习成功所需的知识。

在基层工作的时候，我感觉自己好像是在为杰克·韦尔奇干活，我也完全接受这一点。我很喜欢他，并且受到他许多积极的影响。他担任通用电气董事长没多久，为兑现自己的格言（即只在能成为市场领导者的领域开展业务），一举裁减了 10 多万个工作岗位，被人起了"中子杰克"的绰号。但这个绰号只反映了他的一方面，我从没见过比他更擅长权衡利弊的人。我听说过杰克很有脾气，有同事把他比作巴顿将军，但我从不害怕他。对我来说，坦率是他个人魅力的一部分。

关于杰克·韦尔奇的文章有很多，但如果要我说出他教给我的最重要一课，那一定是：怎样领导一家有规模的企业。杰克创造了一种人人都举足轻重、每个人的声音都至关重要的文化。他希望通用电气的经理们走出办公室，让所有人都知道他们。（总是躲在办公室大门背后的官僚，或主动或被迫地逐渐离开了公司。）

杰克不怎么注重刻板的规矩或组织结构图。他会亲自给任何人打电话，他建立了横向管理团队。他相信，即使身处通用电气不同的业务部门，这些管理者也能执行并推动整个公司的变革。他特别关注通用电气的前 500 名负责人。杰克会掌控这一级别人员的薪酬和晋升，而且人人都知道，他信任自己的用人直觉。他经常说："你是为我工作，企业只是租用了你。"

杰克控制了通用电气内部的沟通渠道和信息传递。从他那里我了解到，优秀的领导者在对整个公司（数千人）讲话时使用一种声音，而在礼堂（数百人）、在会议室（10 多人）以及一对一时，又会使用有着微妙不同的声音。杰克懂得自己是在什么样的背景下讲话，以及对不同的群体有什么样的影响，他会不时改变语气和措辞。

我在负责医疗业务时，有一次，杰克到镇上来评估我的工作。我们在人事问题上发生了争执，他想让我聘请一位首席财务官，但我觉得这人不合适，表示了拒绝。有时，拒绝韦尔奇是件有几分危险的事情。他向我发起了猛攻，质疑我的判断和忠诚。在他想赢的时候，他可能会大发雷霆。不过，过了一会儿，他去隔壁会见工会领导人，立刻就换了一副模样，变得和言细语、魅力十足。

一位工会领导结过 4 次婚，现在又跟第一任妻子复婚了。杰克花了 15 分钟问他，这么做能行吗？他像拉家常似的妙语连珠，而且毫不越界。接着，他切换了话题，确定下一次工会合同谈判哪些条款存在商榷的余地。他在这方面的技艺真是炉火纯青。

学会抗压

也许听起来有些奇怪，但有一点我很肯定：要不是我先学会了怎么修理冰箱，我恐怕永远也当不上通用电气的首席执行官。不过，1989 年，通用电气把我和安迪派到了肯塔基州的路易斯维尔，让我担任通用电气家电部门的客户服务负责人，我有点拿不准这到底是升迁还是贬职。

当时，通用电气的冰箱出现高得惊人的故障率。我们很快就发现，问题出在压缩机上。压缩机负责将制冷剂蒸汽推入机组外盘管，随着天气变热，它必须更费力地运转。这样一来，温度越高，压缩机失灵的情况也就越多。我们最初是从波多黎各的客户那里听到消息，接着是佛罗里达。经过一番调查，我们确定，一股热浪即将席卷全美（从最热的地方到最冷的地方），330 万台冰箱里的每一台压缩机都会逐一失灵。按照我们的计算，缅因州的冰箱会最后一批报废，但那一天终将到来。每次修理要花掉我们 210 美元——比客户最初购买冰箱费用的一半还多。这是一场灾难。

我们必须向杰克汇报情况，所以家电部门的总裁、首席财务官和我奔赴通用电气位于康涅狄格州的总部。在会议室，大约 20 人围坐在一张大桌子旁，杰克坐在首位。我的上司说了几句话，接着是首席财务官，然后他们转过头来要我详细演示压缩机大范围坏掉的速度会有多快。我随身带着图表，还请了一位知识渊博的助手（他是通用电气的统计学家），并请他帮我解释为什么压缩机会大范围报废。那位统计学家 60 岁出头，已接近职业生涯的尾声，当时整个人都吓坏了。

我从维修过程是怎么一回事开始介绍。我对这些细节了如指掌，因为包括我在内的所有经理都穿着连体工作服频频外出维修。（我永远不会忘记，摸到报废的设备下面，却发现融化的冰激凌顺着胳膊流淌下来是什么滋味。）我谈到我们会怎样尽可能提高效率，但考虑到受此次故障影响的冰箱多达数百万台，公司将不得不承担5亿美元的损失——在那时候，这是通用电气历史上规模最大的报废。我永远忘不了杰克的反应，他猛地把头往后一仰，目光直直地盯着天花板，大声叫唤起来："啊啊啊啊啊啊啊啊！"

从这一刻开始，会议场面恶化了。好几个人试图安抚杰克。"你知道，要是我们给所有的压缩机喷涂氧化锌，它们可能就不会出故障。"负责通用电气研究实验室的沃尔特·罗布（Walt Robb）说。你猜杰克是怎么做的？"沃尔特，你给我闭嘴！"罗布想接着往下说，杰克却不肯听。"给我闭嘴，"他重复道，"不然我会把你从窗户扔出去！"我带来的统计学家站起来想发言，但他窘迫得连嘴都张不开，就像《绿野仙踪》里的铁皮人：牙关紧闭。于是我再次站起来，想尽力解释他的故障曲线图，以及他用来预测下一波大规模发生故障的对数表。其实这些东西我一窍不通，杰克也知道。"你根本就不明白你在说些什么！"他呵斥道。

说句公道话，如果真有过什么失败的关头，那一定就是此刻了。想想看，全球压缩机存在短缺，所以，每隔一阵，我们只好用有其他缺陷的压缩机（我们明知它们用不了多久）换掉故障压缩机。这对士气有什么样的影响？我们每修理完一台冰箱，很快就会再次修理。这不仅惹恼了顾客，也让负责维修的技术人员超负荷运转，平添了更多压力。我们又额外雇了人手来应对此事，但等修理工作快结束时，又不得不裁员。每解决一个问题，就会有另一个问题冒出来。

此外还有环境问题。为了更换坏掉的压缩机，我们的维修人员会打开冰箱，用抹布盖住其中一个软管，防止它释放出过多的氟利昂。华盛顿州的一位顾客问技术员这是在做什么，维修员解释说："我不想让你听到氟利昂制冷剂窜出来的声音。"这位顾客恰好是一位环保主义者，而且有些人脉，她给美国参议员艾伯特·戈尔（Albert Gore）打了电话。接下来便是，我在戈尔的办公室里被骂了个狗血喷头。

请记住，那是 1988 年，人们一般并不理解我们的修理人员将二氧化碳释放到大气中会造成什么损害。但是戈尔懂得比我们都多，我到华盛顿开会时，他明确地表示了这一点。一开始，我很有礼貌："戈尔参议员，我是来这里倾听问题的。我真的想知道，你是在说什么问题。"

戈尔一针见血地说："我说的问题是，你们要把我们全都害死。"

我一定是嘟哝了几句辩解的话："呃，我不这么想，真的。"他的声音一下提高了，他用了 15 分钟，用最大的音量，给我讲了一些我此前从未听说过的事情：气候变化。我并未因此记恨他，相反，离开的时候，我对他很佩服。那以后过了很多年，每当有人提到戈尔，我都会说："他值得我们尊敬，因为在必要的时候，他'送货上门'。"

我总共要监管来自不同领域的 7000 名员工。要做好这一工作，我不能仅仅依靠销售技巧。我的办公室在所谓的"6 号楼"——这是通用电气家电园区一座空旷的厂房，我们曾在那里生产空调，后来杰克把这个部门搬到了亚洲。我在这里召开了基层员工会议，向大家坦白了局面的严重性。我学会了把焦点放在员工能控制的问题上，比如减少修理所需的时间，标准时间是106 分钟。我们发起了一些讨论会，分享最佳实践，方便大家互相学习。之后我们还举办比赛，奖励修理冰箱手脚麻利的员工。这样一来，人们就能赢，哪怕我们是在收拾烂摊子。

那是通用电气历史上规模最大的产品召回，而我置身旋涡中央。但对自己的那些经历，我永远心存感恩，因为它根本就是一件不可能做到的事情。

一旦你克服了一个乍看起来无法补救的问题，那么，之后出现的障碍对你的打击也就没那么沉重了。

在大公司，可能会有数百人参与到决策当中，如果决策发挥了作用，会有数千人趁机邀功。如果决策失败或面临挑战，大多数人会抱怨："我告诉过他们别那么干。"不管是在会议室还是在流水线，情况都一样。压缩机事件给人留下了深刻的印象，而且很有启发意义：杰克独自做出了决定。面对事后的猜测，他态度坚定——愿意牺牲短期利益来保护消费者。我学到了重要的一课，日后，我也努力为我的员工做榜样。

长出厚脸皮

1992 年，离开通用电气家电公司后，我回到了塑料公司，负责公司 2/3 业务（或者说，整个美洲）的盈亏。这次任职让我来到了马萨诸塞州的皮茨菲尔德。

1994 年，通货膨胀推高了石油价格，我们用来制造聚合物和树脂的原材料成本变得更高了。由此带来的结果是，通用电气塑料公司当年的收益减少了 5000 万美元。有鉴于此，1995 年 1 月，通用电气的高管们聚集在佛罗里达州的博卡拉参加为期三天、仅限受邀人士参加的年度大会，我怀疑杰克·韦尔奇要趁机来敲打我。我猜得没错，会议的最后一晚，我和一群人走向电梯时，杰克抓住了我的胳膊。"你是全公司年度业绩最糟糕的人，"他喊道，"你是全公司最糟糕的人！就是你！"

我的同事们四散奔逃，像教堂里的老鼠一般消失在走廊和角落里。突然之间，只剩我一个人了。"我知道你能做得更好，"杰克吼道，"我会给你机会扭转局面，但要是你不能搞定，我就踢掉你。"我知道他不是开玩笑。我说："要是结果不尽如人意，你根本用不着解雇我，我自己就会走。"好在我已经想出了改进的办法：提高价格。但这并不容易实施。

汽车行业是通用电气塑料颗粒产品最大、最重要的终端用户，这些塑料颗粒用于制造保险杠、仪表盘等。在通用电气的销售人员看来，他们的买家是些特别可怕的家伙。每当销售团队前往底特律，我们都会聚在通用汽车公司采购部对面的肖尼连锁餐厅，为即将到来的艰难的销售之战做准备。想想看，一群成年男人因为紧张咬起了手指甲，这就是我们。我们为什么这么紧张呢？因为通用汽车负责全球采购的副总裁哈罗德·库特纳（Harold Kutner）是位让人闻风丧胆的高管。

库特纳是个传奇人物。他23岁就开始了职业生涯，到1994年已在通用汽车公司工作了近20年。据传言，他8岁时就找到了自己的第一份工作，自此以后从没休过一天假。他喜欢说自己"强硬而公平"，但对我们来说，他是个纯粹的"阿尔法男"[⊖]，希望人人都服从他。故此，1994年，我告诉他通用电气的塑料颗粒价格正在上涨时，他拒绝付款，我也并不太感惊讶。作为回应，我停止向他配送货品，这不啻是宣战。要是没有塑料颗粒，通用汽车的生产线就不得不停工。

我到底特律与库特纳碰头讨论僵局时，杰克打电话给我和手下的汽车销售主管商讨战术。在通用汽车公司的停车场，我们坐在一辆租来的汽车里，听杰克对我们说，这次谈判很重要，他期待我们获胜。这就是杰克典型的做法，他不在乎我们之间隔着多少个管理层级。

几分钟后，我走进通用汽车的会议室，库特纳开始吼叫起来。"你这个混蛋，"他喊道，"我要让你登上《华尔街日报》的头版，我要把你们公司给烧成灰烬！杰克·韦尔奇会成为所有人的公敌，这都是因为你！"我坐在那里，默不作声。我的策略是让他一个人说或者嚷，直到他冷静下来，达成

⊖ "阿尔法男"（alpha male），在动物行为学里指的是社会性动物中占据最高地位的领头雄性，用至人类社会，则是指那些在群体中游刃有余、具有领袖气质的男性。——译者注

协议。这花了好几个小时，但我守住了阵地。通用汽车答应为每磅⊖工程塑料 Lexan（这是一种聚碳酸酯树脂热塑性塑料，我们喜欢说它柔韧得足以制造像 DVD 碟片这么精美的东西，同时也坚硬得足以抵挡子弹）多支付 10 美分。只要我在，通用电气塑料公司就再也不会出现亏损。

评估发展

1996 年，杰克·韦尔奇任命我担任通用电气医疗公司（当时叫通用电气医疗系统公司）的首席执行官，我为此深感荣幸。在我看来，没有哪个部门能比它更好地代表我最喜欢通用电气的地方了：通用电气医疗系统公司制造复杂可靠的产品，帮助人们过上更美好的生活。我迫不及待地想搬到密尔沃基去。

对管理通用电气医疗系统公司而言，那是个十分复杂的时期。比尔·克林顿当选美国总统后不久，第一夫人希拉里·克林顿带头发起了一项医疗改革计划，希望实现医保全民覆盖。但 1994 年，这一目标未能在民主党控制的国会上获得足够的支持。更有甚者，虽说单一保险人制度已乍现曙光，医疗保健行业却陷入了收缩。要把通用电气医疗系统公司从"收养来的孩子"变成主要的创收来源，难度就更大了。

我来到威斯康星州时，正值通用电气历史上业绩最好的一年，但通用电气医疗系统公司尚处在缓慢增长爬坡的时期。此前 3 年里，这个部门业绩平平。原因很清楚：我们把所有的鸡蛋都放在诊断成像产品这个篮子里了，而我们所销售的成像产品，本来就已占据了大部分市场份额。但考虑到通用电气医疗系统公司所在的行业价值 4 万亿美元，它的价值却仅有 35 亿美元，我觉得这种局面有待改变。为加速发展，我有三种选择：在全球范围内扩大现有产品市场，在成像领域提供不同的新产品，以及收购能帮助我们打入新

⊖　1 磅＝0.4536 千克。

领域的相关业务。我决定三管齐下。

我到任后主持收购的第一家公司为泰索尼超声公司（Diasonics Vingmed Ultrasound）。我们之所以了解泰索尼超声，是因为在我上任之前，我的前任已经聘请它的产品开发经理奥马尔·伊什拉克（Omar Ishrak）来领导通用电气的全球超声业务。当时，通用电气医疗系统公司在超声市场的份额还不到10%，但伊什拉克计划扩大我们的市场份额。他希望每年能推出一款性能明显更优的仪器，同时降低 10% 的成本。他的宏伟目标（在当时是很大胆的）是在个人电脑的基础上开发一款低成本超声仪器。泰索尼超声原本是一家挪威公司，本来就已经在着手研究这一产品了。伊什拉克相信，一旦基于个人电脑的设备开发出来，相关产品必将让通用电气从第七大超声设备供应商的位置一跃而坐上头把交椅。

不管是在通用电气还是在泰索尼超声公司，都有不少人对这桩交易持怀疑态度，但我相信伊什拉克。伊什拉克出生于孟加拉国，在伦敦国王学院获得博士学位，是我见过的最优秀的一位领导者。在整个职业生涯中，通常你只能碰到极少数的领导者同时兼备三项能力：创新能力、执行能力和人才培养能力。伊什拉克极具企业家精神，他知道怎样借用影响力，善于与人打交道，最引人注目的是，他愿意与众不同。我鼓励整个医疗系统团队都效仿他。

所有这些都影响了我对泰索尼超声交易的看法。我知道伊什拉克能对公司履行承诺，所以我压下了反对者的声音。我和通用电气医疗系统公司的首席财务官凯斯·谢林一同前往挪威的霍尔滕，参观了泰索尼超声简陋的总部大楼，它给我的印象就像座小棚子。但最终达成了交易，我们支付了 2.28 亿美元。

这桩交易让我们的超声部门规模扩大了一倍，同时也让我们在一直落后的心脏超声领域占据了一席之地。泰索尼超声交易还帮助我们做到了另一件事：让我们的业务变得真正全球化。多年来，通用电气与韩国、印度、中国和日本的一些小型超声公司成立合资企业，以获得其销售渠道。通用电气为它们的超声研究提供资金，但并不密切监控；合资企业的真正目的是销售我们更昂贵的核磁共振机和 CT 扫描仪。伊什拉克改变了这种状况，他成立了一支全球超声工程小组，以了解我们在世界各地的产能，并加以利用。他还明智地组建了一支专门的超声销售团队，好让价格较低的产品在市场上也能获得一定的关注。

泰索尼超声收购案完美地示范了大公司与小公司联姻能带来怎样的回报。泰索尼超声为我们带来了技术专长、行业知识，以及与客户的紧密关系；通用电气让泰索尼超声获得了发展和进步所需的资金。更重要的是，通用电气有能力叩开小公司力所不及的大门。我认为，大小公司的正确合并，有可能让我们在日后获得更多的成功。

没过几年，伊什拉克的努力就得到了丰厚的回报。到 2000 年我离开通用电气医疗系统公司时，通用电气已经成为全球超声领域的领导者。

光速推出

多年来，我们一直努力想发明一种顶级的多层 CT 扫描仪。这类仪器利用 X 射线增强图像，能比单层扫描仪更快地收集诊断信息。在我担任首席执行官之前，它们就已经处在开发之中，我也是它早期的热心支持者。我希望通用电气成为技术领导者，因为我认为这是我们成为行业第一的唯一途径。

研发和测试耗时多年，我们才终于实现这一目标。但 1998 年，当我们推出光速 QX/i 型扫描仪时，结果仍让人兴奋不已：使用我们的产品进行全身扫描大约需要 20 秒，一般病人屏住一次呼吸差不多就可以完成。而在此之前，即便是清晰度较低的扫描也需耗去 9 倍于此的时长。

我们决定在纽约的一次庆典活动上推出光速 QX/i 扫描仪。我们邀请客户前往 NBC 位于洛克菲勒中心的 8H 演播室，也就是《周六夜现场》节目的每周拍摄地点，接着回到华尔道夫酒店，近距离观看我们的仪器，并与发明它们的工程师交谈。通用电气医疗系统公司还从未以这么浩大的声势（也从未在这么豪华的地点）推出一款产品，但我们努力让产品（而非现场环境）成为焦点。我邀请了杰克，他跟与会者闲聊，并称赞这款扫描仪将使所有人"见证并触摸到六西格玛的成果"。时任杜克大学医学中心放射系主任的卡尔·拉万（Carl Ravin）在发布会上说："我现在明白了六西格玛的意思——你只需要插上插头，它就能工作。"

很快，光速 QX/i 就将成为通用电气有史以来最畅销的 CT 扫描仪。它满足了三类客户的需求：有着最难诊断患者的机构、有着最大患者接收量的机构、竞争环境最为激烈的机构。在这些地方，优异的体验能带来回报，而这台机器，恰恰能提供优异的体验。几乎所有的临床用户都认为自己属于上述类别中的一种或几种。

只有一个问题：接下了数百份订单之后，我们发现，这台仪器的一项关键功能（探测器）碰到了制造上的麻烦。探测器的作用是，当光子通过患者的身体时，它负责"捕捉"数据。说好的"只需要插上插头，它就能工作"没法兑现了！大多数公司（包括通用电气）都会匆忙将产品推向市场，这意味着它们往往存在可靠性问题，而且功能还不全（标准解决办法就是事后现场修复故障）。

但对于光速 QX/i，我们还以为已经提前解决了这些问题呢。这一下，我只好打电话给杰克说："我们有好消息，也有坏消息。好消息是，我们的市场份额增加了 10 个百分点，这是有史以来最令人惊叹的产品发布会；坏消息是，我们不知道怎样制造探测器。"我找到了一位天才的通用电气工程师，他是白俄罗斯人，名叫迈克·伊德里克（Mike Idelchik），曾参与过从飞机发动机到 X 光管等多种通用电气产品的研发，我恳求他找出解决方案。多亏了伊德里克，我很快就能向杰克汇报：问题解决了。

我着手发展通用电气医疗系统公司，而我的团队也不负所望。3年内，该部门的销售额增长了75%。2000年，我们的业务已超过60亿美元（我刚到任时只有35亿美元），仅服务一项的年销售额就达到了30亿美元。我们还拓展了公司文化，让通用电气以外有着不同背景和工作经验的人也加入进来，让我们变得更好。

下一个是谁

大约在推出"光速"扫描仪的同一时期，杰克·韦尔奇和通用电气董事会开始认真挑选杰克的接班人。1998年，他们秘密地选出了三名决赛选手：通用电气航空公司的负责人吉姆·麦克纳尼（Jim McNerney）；领导通用电气电力公司的鲍勃·纳德利（Bob Nardelli），他跟杰克私交甚密，有人甚至叫他"小杰克"；最后一个是我。

在那之前，还没有谁像杰克这样对待接班人的筛选过程。尽管他直到2000年年中才正式宣布入围名单，但有传言说，在此之前好几年，我们三人就发现自己进入了决选。感觉好像每个月都会出现一篇杂志文章，讨论谁将接替刚刚被《财富》杂志称为"世纪经理人"的杰克。整个过程充满争议，令人分心，有时还很离谱。

董事会方面告诉麦克纳尼、纳德利和我，在确定杰克的接班人之前，我们会继续留任，而确定之后，出局的两位候选人要离开通用电气。杰克认为，如果这两位遭淘汰的人继续留在公司，一些员工对他们会比对新任首席执行官更忠诚。他不希望新领导因派系纷争而受到妨碍。他当然有权这么想，但结果是，他在自己最信任的三名副手之间制造了一场你死我活的笼中恶斗。

2001年4月，杰克宣布了自己的退休日期，这种情绪开始激化。为了安抚华尔街，他任命了航空、电力和医疗系统的几位副手：戴夫·卡尔霍恩（Dave Calhoun）、约翰·赖斯（John Rice）和乔·霍根（Joe Hogan）。等到麦克纳尼、纳德利和我决出赢家，要么升职要么走人，这三人便将接替我们的工作。我喜欢霍根，我们在通用电气塑料公司时就曾有过合作，从那时候起就认识了，我知道他能成为医疗系统了不起的首席执行官。但我认为，强迫两名顶尖的员工离开公司是错误的。接任杰克工作的第二候选人并没有离开通用电气的理由——我们全都是称职、经验丰富的领导者，曾为公司创造过出色的业绩。杰克似乎是在无事生非，尽可能地从自己离任这件事里榨取好处。

我承认，这个过程有令人耳目一新的地方。杰克并未简单地把候选人叫回总部跟董事会成员见面，而是鼓励通用电气的董事们到我们负责的各部门看看，我们是怎样实际开展运营工作的。董事们的拜访，逼得我开始思考通用电气医疗系统公司的宏观远景——这从来都是一项有价值的练习，只不过，当你深陷日常管理的杂务时，很可能会忽视它。向董事会解释我们为什么做出某个决定，我们期望在哪里有所改进，也会让我自己想得更为透彻。

我理解为什么杰克希望我们几个候选人在相对轻松的环境中跟董事们闲谈，比如打高尔夫球、定期参加晚宴舞会，但我越来越感觉，接班竞争为通用电气正在进行的业务投下了阴影。我永远不会忘记，有一次我错过了通用电气金融公司的一次董事会会议，当时杰克要我参加这次会议，作为我持续接受领导力教育的一部分。我缺席的理由很充分：我当时正在马来西亚拜访医疗系统公司的客户。但杰克严肃地找到了我，他说，我需要与董事会面谈，被人看到很重要。

我顶了回去，对他说："如果董事们不喜欢我把客户放在第一位，那就随他们去吧。我希望别人根据我的工作而不是我的交际手腕评价我。"虽然我愿意为通用电气做任何事，但我不愿把竞选当成全职工作。我那时44岁。我想要成功，但我知道，如果杰克选择了我的两位竞争对手之一，我就得另外去找一份工作。逃避当前责任，只寄望于有一天接杰克的班，这叫人感觉不对头。

后来，杰克修改了时间表。2000 年 10 月，他宣布通用电气将收购美国跨国集团霍尼韦尔，这是通用电气历史上规模最大的一桩收购。他的理由是，这次收购将使公司业务构成重新恢复到 70% 的工业成分、30% 的金融成分——这是个值得追求的目标。但他表示，为了监督两大工业巨头的整合，他将继续担任首席执行官直至 2001 年年底——比原计划多 8 个月。这消息叫我有些担心。我受够了总是处在不确定的状态里，长时间待在聚光灯下受到关注，让我觉得尴尬。于是，我做了两件事来整理思路。首先，我邀请自己在通用电气医疗系统公司的副手乔·霍根和我一同前往中国。我们开始在当地制造 CT 扫描仪，超声业务也逐渐打开了局面，所以那里有很多业务要做。与此同时，我也想避开接班的聚光灯，我知道中国能让我头脑清醒。

我采取的第二个行动是给相识的高管猎头格里·罗奇⊖（Gerry Roche）打电话。我一从中国回来，罗奇就来到密尔沃基，我俩共进了晚餐。我告诉他，我撞到了南墙。我从来没有跑过马拉松，但我感觉，这事儿就像是已经跑到了 26 英里⊖，却突然得知线路延长了，又增加了 10 英里。这喧闹嘈杂的事情把我给累坏了，我只想工作——心平气和地把事情做好，不管具体是什么事。我跟罗奇说，我想和他讨论一下其他出路。他是位专业人士，所以为我列举了一些他认为有意思的工作。但随后，他向我坦言："杰夫，别这么做。我知道你现在压力很大，但除了通用电气，别把时间花在其他事情上。就算进展不利，你也有足够的时间另谋高就。"我记得那时我对罗奇油然产生了一股敬意。如果他顺从我的心意，接受我的请求，他能借此赚钱，但他却让我按兵不动。事实证明，他是对的。

⊖ 海德思哲咨询公司董事长，颇具传奇色彩的美国最知名的猎头专家，被称为"猎头教父"。——译者注
⊖ 1 英里＝1.609 千米，26 英里已接近马拉松全程（26 英里 385 码）。——译者注

2000 年感恩节后的那一天，下午 5 点半左右，安迪和我在南卡罗来纳度假屋的电话响了起来，打来电话的是杰克。他说他已经下定决心：他想让我接他的班。我自然受宠若惊，几分钟后，我打电话告诉父母这个消息，内心无比自豪。（我爸爸在电话结束时半开玩笑地说："为养老金做点好事吧！"）但在我从电话里听到杰克所言的那一刻，我高兴的地方是，竞赛结束了。

"去收拾行李。"杰克说。一架飞机正在飞来接我和安迪的路上，它将把我们送到杰克位于棕榈滩的家，通用电气的领导团队正在那里集合。我们还没挂上电话，杰克又提出了最后一招障眼法：我出行时不得使用自己的名字，我们也不是要搭乘通用电气的喷气式飞机。他说，如果他派公司自己的飞机来接我，几个小时之后，全公司都会知道他的决定了。相反，杰克计划两天之后再对外公布消息，为了确保此事不至于提前走漏风声，我们登上了一架租来的飞机，我用了假名詹姆斯·卡斯卡特（这名字其实来自通用电气任职时间最长的董事塞拉斯·卡斯卡特的儿子，塞拉斯本人是伊利诺伊工具公司的退休首席执行官）。

安迪和我一抵达佛罗里达，周末日程就安排得满满当当。杰克和我一起度过了星期六，讨论公司的事情。值得一提的是，他并没有说为什么选择了我。他只关心未来，并不在乎过去。星期六晚上，大家一起吃了一顿庆祝晚餐，但为了保密，晚餐是在杰克家里准备的，并不是在餐馆。星期天，杰克飞到辛辛那提向麦克纳尼告知坏消息，接着又飞到纽约州的奥尔巴尼，和纳德利进行同样的对话。安迪和我飞往纽约准备星期一的新闻发布会，地点仍然是在 8H 演播室，杰克的决定（用了 6 年半才确定）最终将要揭晓。

发布会很是直截了当——我和杰克站在台上，四面包围着媒体。结束后，我前往机场，准备飞往芝加哥。北美无线电学会的年会（对通用电气医疗系统公司来说是一场重大活动）已经开始了，我不想错过机会，我们还有 CT 扫描仪要卖。

杰克从来没有告诉过我，我猜也没有告诉过任何人，他为什么选择了我，而不是麦克纳尼或者纳德利。"我必须跟着直觉走。"他就说过这么多。麦克纳尼对此泰然处之，而纳德利却反复追问杰克为什么没有选自己。纳德利在接受《财富》杂志采访时表示："我告诉杰克，我需要一场事后剖析……告诉我，我在哪些地方本可以做得更好……给我一个理由。"但杰克不曾解释。

麦克纳尼后来执掌了 3M 公司，再后来又接手了波音公司，我和他维持着很棒的关系。纳德利呢？我们的关系不怎么样。他成了家得宝的首席执行官，在他就职第一年的年底，他结束了家装巨头与通用电气的照明合同，并将家得宝一直以来都由通用电气金融公司负责的信用卡业务，交给了一家银行。换句话说，通用电气在家得宝销售的三种产品（电器、灯泡和信用卡）中，纳德利踢掉了为通用电气赚钱的两种。

同侪拔擢

我记得，在被任命为继任首席执行官的几个月后，和往常一样，我准备在博卡拉顿举办的经理人年会上发言。我事先想了很久这场发言该怎样开头，但等我登上讲台，却突然冒出了一个念头。

"当我望向这群听众，"我把目光投向通用电气的 600 名高管，"我看到了什么？"我停顿了一会儿，并不急着作答。"我看见了朋友。"我说。

当然，这些人远不止如此。他们是精明强干、经验丰富的领导者，善于合作的同事。但通过这句开场白，我希望传达一个信息：此时此刻，我们聚在一起，我们是同侪。

同一时期，拟议中的霍尼韦尔收购案碰到障碍。我们原以为，霍尼韦尔和通用电气并不制造相同的产品，也不存在直接竞争，监管机构会毫不犹豫地批准这一并购。事实上也是如此，美国司法部早在 2001 年 5 月就批准了这一计划。但没过多久，欧盟委员会创造了一个新术语——"范围效应"，并对反垄断法做出了很不一样的阐释和应用。实质上，它声称这桩合并案将削弱欧盟内部的竞争。

2001 年年中，欧盟委员会拒绝了通用电气对霍尼韦尔国际公司的收购。我们仍然可以完成这笔交易，但必须先分拆掉霍尼韦尔的若干部门。杰克和我都觉得，如果这么做，交易就在战略上丧失了部分逻辑，所以我们决定放弃。我们原本打算通过这次收购降低通用电气对金融服务的依赖——这也是我一直致力于实现的目标，但眼下我们要另谋出路。这笔交易的告吹，也让我认识到企业全球化的缺陷。尽管通用电气规模庞大，也取得了成功，但欧盟的许多国家都对它心存疑虑，这阻碍了交易的完成。（与此同时，"范围效应"这个观点，再也没人用过。）我将努力多年来纠正这一问题。

我仍然在想，我们当时是不是应该付出更多努力，完成霍尼韦尔这桩交易。但有一点，杰克追求它的主要理由（扩大我们的工业部门，稀释通用电气金融公司所把持的主导地位），此前并未引起投资者太多的担忧。而现在，这成了我最关心的事情，未来也仍然是。

此外，尽管我们对欧盟委员会要求的让步犹豫不决（为了保护竞争，他们希望我们剥离通用电气的一些航空资产），但我们对这个问题的考虑是否足够充分，我有点拿不准。如果我们成功地做成了这桩交易，通用电气将重新成为一个工业巨头，相对减少对金融收入的依赖。

随着霍尼韦尔走下谈判桌，杰克宣布退位。接下来的两个月，通用电气都在庆祝他了不起的任期。如果你拥有一家电视网，绝不会缺少制作精良的活动。杰克的庆功聚会（和这个时期的大部分退休高管一样）办得非常奢侈，发行了各种剪辑精美的纪念录像带，举办了次数多得数不清的自助晚宴。

总的来说，我当了杰克 9 个月的"僚机"——我正式的头衔是通用电气总裁兼候任董事长。杰克把大部分时间用来写他的第一本书《杰克·韦尔奇自传》，但他对我很慷慨。尽管如此，我和杰克一起走进房间时，仍然觉得自己像是大象背上的一只跳蚤。他是世界上最有权势的人之一，而且，我知道我要等他离开之后才有可能在通用电气内部建立起自己的威信。他给了我最后一点建议："记住，你晚上回家是因为你累了，或是因为想见到自己的家人，但绝不会是因为你的工作做完了。你的公文包永远不会是空的。"

就在我从杰克手中接过帅印的几天前，《财富》杂志发表了一篇文章，题为《现在全都是你的了，杰夫。接下来该怎么做呢》。文章指出，仅仅为了保持通用电气当前的增长水平，公司当年就必须扩张规模大约 170 亿美元——"相当于新增一家 3M 公司……明年，它又必须扩张出一家联邦快递来，到 2003 年，还必须再扩张出一家可口可乐公司来……伊梅尔特会发现，自己就像电影《生死时速》（Speed）里的桑德拉·布洛克：驾驶着一辆庞然大物般的汽车，只要减速，就会爆炸"。

通用电气公司 109 岁了，我将成为它的第九任董事长兼首席执行官。我已经义无反顾地准备好了。

H O T
S E A T

第 三 章

领导者投资于成长

跟我共事的人都知道我很看重准时，我一般都会提前到。父母教给我许多尊重他人的经验教训，这一条我记得牢牢的：不早到一步的下场就是迟到。因此，2001 年 9 月 28 日，当我让通用电气金融公司房地产部门的高管凯西·卡西迪（Kathy Cassidy）在我办公室门外等了两个多小时时，她怀疑我出了什么事。

那天早上，汤姆·布罗考的助理打开了一封沾有炭疽病毒的信，我一整天都在和 NBC 团队商量对策。

"对不起，凯西。"等我终于冲回办公室，我这么说。她已经很有耐心了，所以我单刀直入地切入了主题：我有一个紧迫的问题需要有人帮忙解决。"你愿意当通用电气的财务主管吗？"我问。谢天谢地，她答应了。

我当上通用电气首席执行官的时候，公司的财务部门已经遭受了多年的冷遇。对通用电气内部的大多数人来说，财务部是个神秘的幕后部门，有200多名员工，做着一些大多数人都无法理解的事情。一开始，我也不理解他们在做什么。我需要卡西迪来教我。她担任财务主管的第一天是在12月1日。3天后，安然公司破产，引发了一场极为严重的债券危机。2002年，世界通信公司（WorldCom，简称"世通"）破产，引发了更大的恐慌。自始至终，卡西迪都保持了冷静的头脑。她说，她需要我做一件杰克·韦尔奇从来没做过的事情：和信用评级机构即穆迪投资者服务公司（简称"穆迪"）和标准普尔公司坐下来谈一谈，我们的AAA评级全都是靠这些机构获得的。

当时，通用电气是美国仅有的六家拥有AAA信用评级的公司之一。这一评级让我们能够以较低的成本借到钱，然后，我们会以更高的利率把这些低成本借来的钱放贷，这个过程被称作"滚动商业票据"，在此过程中，我们能赚到钱。但为了维持AAA评级，我们必须持有大量现金，可我们没有那么多现金。

这个问题有多大呢？大得不得了——卡西迪是在着手安排我去拜访评级机构的会晤时发现这一点的。"我希望你知道，我们即将下调通用电气的评级。"穆迪的一位高管告诉。她大吃一惊，追问他是什么意思。他很乐意答疑解惑：穆迪担心我们缺乏现金，尤其是考虑到我们有着庞大的保险业务，我们的杠杆率高达8∶1（也就是说，我们每1美元的股本，就负担着8美元的债务）。为方便读者了解背景，我再多说一句：保险行业中的其他企业，杠杆率是2∶1。几个月前，穆迪就给卡西迪之前的财务主管发去了警告信，说如果我们再不改善流动性，就将失去AAA评级，可我们的财务部门压根儿没有回复。

卡西迪做了一些调查，发现她的前任确实收到了那封信，但没有理睬，认为那只是一个虚张声势的威胁。这是个错误，现在我必须修复双方关系。

2002 年 3 月，在跟穆迪进行的一次会议上，我和团队正在论证那些不应下调我们的评级的理由时，穆迪的一位高管冲我发火，说通用电气金融公司的人太傲慢无礼了。他给我看了我们金融团队几个人发去的一连串电子邮件。还真是如此，说傲慢都算是好的了。我们需要调整态度，我们还需要缩减通用电气金融公司 2500 亿美元的债务。

几天后，太平洋投资管理公司（PIMCO，全球最大的固定收益投资公司）的比尔·格罗斯（Bill Gross）公开质疑通用电气的信用和信誉，不利局面变得更为明显。格罗斯是一位精明而有影响力的市场分析师，他发布事关通用电气的措辞严厉的报告，对我们来说是很糟糕的。报告指出，几十年来，通用电气自吹自擂的增长都是靠收购而来，同时，我们在信贷市场上的风险敞口过大。他说，通用电气"与其说是靠着精湛的管理或业务的多元化（这是韦尔奇和伊梅尔特的说法）来实现收益增长的，不如说是靠着过去 5 年里动力强劲、市盈率超高的通用电气股票或者收益接近短期国债的廉价商业票据来收购大量公司来实现的"。格罗斯此话一出，我们的股票应声跌了 6%。

虽然我并不同意格罗斯的观点（我们所做的并不仅仅是收购资产），但眼下我们碰到的是真正的问题，而不再仅仅是不对劲的感觉。它是我所继承遗产的一部分。你可以趁没有人真正密切关注的时候通过收购来增加收益。我的问题在于，虽然我想要改变这种运营方式，但短期内，通用电气金融部门的确是我们的战略重点，我们没有其他增长引擎。我们必须低调行事，承受住监督。

我请卡西迪给通用电气金融的高层人员提供了一套教程，教我们如何为自己融资，因为就连这些家伙也对具体细节不甚了了。卡西迪还设计了一份帮我们减少债务的方案。眼下，她暂时跑在了批评声音的前面。

但其他问题又接二连三地冒了出来。证券交易委员会正在调查韦尔奇早在 1996 年就已敲定的退休薪酬方案，方案中包括纽约一套公寓的终身使用权、公司飞机的使用权以及乡村俱乐部的会费。在安然和世通丑闻爆发后，这种做法有点惹人反感，于是我们放弃了这套方案。紧接着，2002 年 4 月 11 日，我们公布了盈利情况：收入基本持平，净利润因为会计方法的变更而缩水。投资者开始抛售通用电气的股票。仅在纽约证券交易所，通用电气的股票就出现近 7600 万股的易手，成为当天交易最活跃的股票。通用电气股价下跌超过 9%，市值蒸发了近 350 亿美元。

3 天后，《纽约时报》的专栏作家格蕾琴·摩根森（Gretchen Morgenson）发表了一篇关于通用电气金融公司的分析文章，令通用电气股价进一步下跌。文章标题是《且慢：细节里藏着什么样的魔鬼》。她引用了一位基金经理的话，她称此人"是一位专家，擅长洞察那些能为短期业绩增光但并不一定能转化为长期收益增长的会计手法"。这位基金经理的结论是：通用电气并没有任何不当行为。但他对我们的盈利质量提出了质疑，尤其令人担忧的是，这位基金经理"估计通用电气金融公司的全部收益是税率大幅降低的结果，而金融业务，在 2001 年又为整个通用电气贡献了 40% 的利润"，是这笔钱让通用电气的每股盈利增加了 5 美分。

我找到通用电气金融公司的首席执行官丹尼斯·内登，想跟他讨论一下我们应该怎样回应来自穆迪的怨言、来自格罗斯的猛烈抨击，以及来自摩根森的直接打击，他断然反击，基本意思就是让我别多管闲事。"咱们还是你管好你的事，我管好我的吧。"他说。我早就知道内登这人好斗，但现在，他越界了，而且似乎打定主意要继续越界。通用电气金融部门成了"尾巴摇狗"[⊖]（虽说它并非出于傲慢），而这正是它领导者喜欢的做法。我决定，通用电气金融公司的管理层（也就是内登本人）需要走人了。

我对此感觉很不舒服。内登相信，独立管理通用电气金融公司的权利，

⊖ "尾巴摇狗"（The tail wags the dog），这是句俗语，原意是"让尾巴摇狗"，而事实中应该是"狗摇尾巴"，意思是指非重要事物占据主导地位，也可翻译为"反客为主，本末倒置"。——译者注

是他自己打拼来的，我也明白他这么想的原因。过去 10 年，对于通用电气来说，没有谁的贡献能大过内登。

但内登并未觉得自己需要上级的管束。此外，时代的变化，也让他的专横态度举步维艰了。

我给人力资源部的比尔·科纳蒂（Bill Conaty）打了电话。我给科纳蒂起了个绰号——"狼先生"，它来自昆汀·塔伦蒂诺的电影《低俗小说》里哈维·凯特尔扮演的黑帮杀手。我接通了科纳蒂的电话，说："狼先生，我有份任务交给你。我决定取消内登的职位。"他说："不可能吧？"我说："真的。很抱歉。"安排具体的细节，是科纳蒂的工作。我们把通用电气金融公司拆分成了四个独立部门——商业金融、保险、消费金融和设备服务。每个部门各有负责人，并需要向我汇报工作。2002 年 7 月，我们对外宣布重组方案，股价上涨了 5%。内登离开通用电气后，经营了一家成功的金融服务咨询公司。我们将再次合作。

变革时代

"9·11"事件爆发，外加安然和世通崩溃之后，我们最成功的部门——通用电气金融公司出现了裂痕。但这只是我们面临的众多挑战之一。通用电气电力公司正在应对我前面介绍过的泡沫：它把美国对燃气涡轮机 15 年的需求都提前透支了。通用电气航空公司遭到恐怖袭击的沉重打击后，很快还将在 2002 年 11 月再次遭受重击，原因是亚洲多国爆发了"非典"（SARS），前往亚洲的航空旅行宣告中断。我们对 NBC 的投入不足，在有线电视业务即将腾飞之时，我们没有给它足够的曝光量。通用电气塑料部门、家电部门和照明部门也全都如此。通用电气运输公司发生了发动机故障问题，客户大为光火。通用电气医疗系统公司表现不错，但它只占通用电气投资组合中相对较小的部分。我们的业务无一拥有真正的世界级地位，我的意思是说，它们没有一个在技术、全球化或成本方面表现出领先地位。

上任几个月后，我比以往任何时候都更确信，我们需要进行一些大胆的投资，并且动作要快。我们的增长率在下降，我们的部分业务停滞不前。为了帮助指引这一连串复杂的交易，我请来了最好的投资银行家和咨询公司。他们的一些建议有帮助（投资生命科学），也有一些和我们的发展方向相矛盾（收购银行），但没有一条建议指明了公司未来的道路。问题的真相是，如果我们什么都不做，我们能够异常出色地运营自己的业务，即便如此，我们的估值仍可能回归均值，股票溢价也会减损。

对于通用电气未来的发展道路，董事会并未给我明确的指示。他们喜欢杰克·韦尔奇的工作，并希望看到它继续下去。对通用电气这样的庞然大物来说，新任首席执行官上任时是没有现成计划的。因为他不知道的事情太多，建立团队也要花上一段时间。但我对公司的发展方向的确有所感觉。我希望建立一家更关注技术的公司，因为我觉得这对股东价值至关重要。我希望通用电气更加全球化，因为我们在美国以外的市场份额只有国内市场的一半。我希望通用电气更接近客户，为它们提供能带来更多利润的服务。我还想要一家有着更多样化面貌的公司。2001年，我们85%的领导者是美国白人男性，其实外面的世界还有很多人才。从很多方面来说，在我任期的大部分时间，这种方向感都在引领我的行动。

我们决定大规模投资新技术，以振兴公司的工业业务。接下来，我们需要退出正在损害公司现金流的保险业务。最后（我们也是有意这么做的），我们会让通用电气金融的其余部分增长，这样我们就可以保持稳定的盈利，同时工业业务也可以迎头赶上。稳步增长的每股收益，是我们投资者唯一能理解的语言。

不久以后，我们将进入生命科学、航空电子设备和可再生能源行业。比尔·格罗斯的批评并没有把我们吓住，仅在2003年，我们用于收购的支出就超过了通用电气历史上的任何一年，承诺支出总额超过 300 亿美元。我们的一些业务未能紧跟时代，一些业务未能充分利用通用电气的专业知识，即使在我们着手扩张并吸纳其他公司的时候，我们也仔细审视了自己已经涉足的业务。变革即将到来。

技术优先

通用电气的研发中心是通用电气最强大的内部引擎之一，通用电气内部的一些人称它为"魔法之家"，原因也很充分。

通用电气研究实验室由托马斯·爱迪生等人于 1900 年建立，是美国第一家工业研究机构。它背后的理念是，不光科学创新的商业应用能让通用电气受益，率先发现这些创新也有同样的作用。从完善通用电气最早的产品白炽灯泡开始，数十年来，研究实验室在帮助通用电气保持技术领先地位上发挥了关键作用。1906 年，通用电气的瑞典电气工程师厄恩斯特·亚历山德森（Ernst Alexanderson）在当地发明了高频交流发电机，促成了第一次无线电广播。1913 年，通用电气的物理学家威廉·D. 柯立芝（William D. Coolidge）发明了一种内含钨丝的 X 光管，通用电气随后将钨丝用到了灯泡当中。1932 年，通用电气的科学家欧文·朗缪尔（Irving Langmuir）因其在表面化学方面的研究而获得诺贝尔化学奖。

但在我担任首席执行官之前的几十年里，位于纽约州斯克内克塔迪市郊尼什卡纳镇的研发中心已经荣光不再。20 世纪 50 年代，通用电气的总裁拉尔夫·科迪纳（Ralph Cordiner）将注意力从基础科学转向科学管理，专注于企业内部官僚体制的运转。到 1981 年杰克·韦尔奇接任时，这种对专业管理的依赖已经根深蒂固，而韦尔奇则在这种思维的基础上进一步发展。他同时还取消了对基础研发的投资（杰克更偏爱购买其他地方开发出的成功技术）。通用电气的许多优秀人才都离开了公司，前往学术界，或者去了类似洛克希德·马丁和 IBM 等这样的企业。到我掌舵之时，研究实验室的外观早已破损不堪。它更像是一座被人遗忘的博物馆，而非处在科学前沿、欣欣向荣的智库。

所以，我上任后的第一批举措之一，就是划拨了 1 亿美元重振此地。通用电气下辖的所有部门拥有近 5 万名工程师，但这些人中的大多数都只专注于眼前的任务。尼什卡纳（我们很快会把这里改名为"全球研发中心"）的工程师们承担着不同的职责，他们是通用电气这家机构的记忆，也是公司未来的关键。我们依靠他们来想象、即兴创作、提出假说，并将得到验证的专业知识用到尚未解决的问题上。他们是我们的常驻天才，是我们的重要大脑。

全球研发中心常驻了伯纳德·布莱（Bernard Bewlay）和皮特·芬尼根（Pete Finnigan）等专家。伯纳德·布莱是金属、陶瓷和涂层领域结构－加工－特性关系的世界知名专家，拥有 110 多项专利；皮特·芬尼根对复合材料风机扇叶的了解比任何人都多。这些人是跨企业技术社群的一员，他们的创意让通用电气变得更优秀。但是，这些科学家的薪资与在金融领域工作的同行可谓天差地别，我常为此感到震惊。通用电气金融公司的贷款发放员每年可挣 200 万美元，而一位拥有博士学位、手持 30～40 项专利的化学工程师，每年大概赚 25 万美元。但他们在乎的不是钱，而是使命。

以前在通用电气，就算你削减了研发费用，生产出糟糕的产品，仍然不妨碍人们认为你是一位优秀的管理者。我们改变了这一点，从市场份额和创新能力方面来衡量管理者，让人们对其长期成果更加负责。我们希望每家分公司每年都能实现两到三项技术突破，并在年度评审中对此加以强调。我希望我们的管理者长于挑选产品。在企业会议上，大部分的展示由工程师完成。随着我们着手衡量产品发布和创新带来的新收入，成绩逐渐显现出来。2001 年，通用电气电力公司 90% 的收入来自一种产品，几年后，该公司拥有了 7 种销售额超过 5 亿美元的产品。

自从离开通用电气成为风险投资家以来，我越来越意识到企业内部创新与价值创造之间的联系。我很佩服埃隆·马斯克（Elon Musk）这样的领导者，他利用最优秀的技术，横跨多个行业，创造出伟大的产品。但哪怕早在2001 年，我就知道，尤其是随着私募股权基金的崛起，不在重大技术上押注，许多工业企业及其领导者只能勉强度日。我觉察到，通用电气再也负担不起这种做法了。所以，我把重点放在全球研发中心上。

技术分为三种不同类型：纵向技术、横向技术和指数型技术。全球研发中心为所有这三种技术带来了价值。纵向技术位于我们每一项业务泳道的中心。不管我们在航空、电力或运输领域要推出什么样的下一代产品、做什么样的下一代创新、解决什么样的问题，全球研发中心都可提供帮助。横向技术能够提升整个公司的水平，为我们所有的产品和流程提供信息与改进。全球研发中心在这些领域的工作，带来了多重回报。

全球研发中心理所当然地也会关注指数型技术，如人工智能、虚拟现实和纳米技术的发展。指数型技术之所以称作"指数型"，是因为它们的扩展速度相当于甚至超过了摩尔定律。摩尔定律是 20 世纪 70 年代的一个计算术语，认为微芯片上的晶体管数量每 18 个月就会翻一番，同时计算机的成本减半。虽然通用电气并未涉足计算机行业，但我们曾一度利用人工智能为一些核心工业产品（如铁路机车、喷气发动机和 MR 扫描仪）创建"数字孪生"，用以预测故障。

由于全球研发中心与学术界和政府机构建立了联系，它也是一个窥视未来（我喜欢把它叫作"如果……会怎样"式思考）的地方。如果你能在 20 分钟内到达北美的任何一个地方，那么会怎样？这将需要超高音速（飞行速度超过音速 5 倍）的飞机（这种技术今天尚未问世，不过五角大楼正在研究超高音速导弹技术）。作为喷气发动机制造商，通用电气至少需要思考与主流航空旅行相关的超高音速，而全球研发中心正是开展这类头脑风暴的合适之地。虽然如今我们还没有一款可以很快推向市场的产品，掌握一种将来某一天我们的核心业务需要用到的技术，同样也是保持未来竞争力的方法。

陶瓷基复合材料是另一个例子，这种材料强度高、重量轻，我们发明出来用于发动机和涡轮机。由于提高了燃油效率，陶瓷基复合材料成为通用电气一些最畅销产品的关键（包括 LEAP 发动机和 H 系统涡轮机）。从开始到结束，我们花了 15 年时间来开发——在看重季度利润表的世界里，这是一段很长的时间，但我们从未停止投资。

～

我不是工程师，但之前的销售背景让我理解工程师在做些什么。它应该是这样运转的：领导者为技术提供研发资金，工程师制造伟大的产品，如果你两者都做对了，每个人都能兴旺发达。每次我跟销售团队见面，我都会开玩笑地说："我们的产品越好，我就越不需要你们。我自己就可以卖掉它们！只有当我们摊上破烂货的时候，你们才会站在这里。"我总能换回许多笑声，但他们明白我的意思。工程师和销售人员要相互负责，我希望他们记住这一点。

我明白，通用电气制造的是客户赖以维继的基础设施产品，而销售人员不能靠这种风格销售基础设施产品。你向他们销售的是经济学：客户花了钱，能得到什么好处？研发中心的任务是，确保我们的技术能带来更大的影响。

我感觉壮大我们在全球的研发机构是另一项重要举措。我接班之后，通用电气刚刚在印度班加罗尔建立了一家大型研发中心，并将逐渐雇用 6000名以上的科学工作者。该研发中心有一座圆形主建筑，周围散布着大量楼宇，整个景象十分壮观，但最重要的是，它开始为通用电气提供全天候的研发服务。你可以在快下班的时候从辛辛那提给同事发去问询邮件，来自班加罗尔的员工便可以在你睡觉时继续工作。这让通用电气变得更高效、更快捷，也让我们得以接入更庞大的人才库。

我担任首席执行官后，决定在这方面进一步拓展，利用新的研发中心打入世界各地的新兴市场。2004 年，我们在德国慕尼黑开设了一家研发中心。没过多久，我们在欧洲的销售量就有所增长，显然，新的研发中心强化了我们的品牌。南美也出现了同样的情况：我们在巴西建立了一座研发中心，销量也很快上涨。在中国和沙特阿拉伯也是一样。

我认为，只有设在纽约尼什卡纳和印度班加罗尔的研发中心，才是真正的跨公司研发中心。其他的全球研发中心办事处聚焦于更专门的技术。我们随后在俄克拉何马城成立的石油和天然气技术中心，专注于非常规的天然气开采，即水力压裂法。在那家办事处，你就很难听到人们谈论喷气发动机或核磁共振成像仪。类似地，收购了几家德国公司后，慕尼黑全球研发中心将成为通用电气的增材制造总部，专注于 3D 打印、快速原型制作，以及其他制造更轻、更强零部件的方法。我们偶尔也会在那里举办其他业务的聚会，但总的来说，该办事处主要专注于增材技术。

有人会问"先有鸡还是先有蛋"的问题：我们在世界各地的研发中心，在带动公司收入方面的作用真有这么强吗？还是说，它们仅仅是日益全球化的受益者？我认为是前者。在扩大全球研发中心之前，我们的客户主要是和公司的销售人员接触，而在这之后，他们能更方便地接触到通用电气的工程师，这对业务很有好处（再加上研发中心也突出了我们在当地的存在感）。我喜欢销售人员，我自己就曾是其中一员，但我们工程师的专业知识比任何销售说辞都更有说服力。我们在德国的医疗业务，市场份额翻了一倍；我们在巴西的火车机车销售呈爆炸式增长。

在中国，我们的全球研发中心办事处设在上海，它成了我们与中国企业建立联系的地方，也让我们赢得了它们的信任。在当地，也在每一个地方，我们对全球研发中心的投资证明了自身的价值。

保护建设者

马克·利特尔（Mark Little）一说起风电业务就停不下来。我喜欢利特尔，也尊重他。他不光拥有三个机械工程学位，还有着来之不易的信誉：20世纪90年代中期，一种新的燃气轮机需要大量的机械维修，是他带领通用电气的电力业务熬过了这段艰难时期。但一开始，我无法理解他对风能的痴迷。

他努力向我解释。他说，风电业务是我们的燃气轮机业务的自然发展，而我们的燃气轮机业务是市场领导者。涡轮机和风车的旋转部分是用来发电的。利特尔问我：为什么不把我们在制造涡轮机方面获得的部分专业知识，应用到风能上呢？通用电气的工程师对所需转子和齿轮了如指掌，他们知道怎么制造复杂的控制面板来管理电机的旋转运动。通用电气还为飞机发动机制造过最轻、最好的螺旋桨叶片。更重要的是，通用电气电力公司的销售团队了解客户群。利特尔一次次地强调，风电是未来，通用电气需要进入这一领域。

我肯定至少挂了利特尔三次电话，才逐渐认同了他的看法。"那就是一种大型呼啦圈，是一种流行风潮而已！"我不止一次地对他说。我感觉风力发电行业对政府补贴太过依赖了。这是一个由许多小公司组成的小行业，没有任何一家公司拥有独到的技术。通用电气能够在这个行业运用专业知识，为我们带来巨大的优势吗？它值得我们投入时间吗？

到了最后，我认为答案是肯定的。我的信心来自对全球研发中心员工们的信任。尼什卡纳有一位在电气和电子技术部门工作的总工程师，叫吉姆·莱昂斯（Jim Lyons），一直热情地看好风力发电的潜能（他在康奈尔大学的博士论文，就是关于变速风力发电机的）。利特尔后来承认，他一直向我唠叨把风电看成机会的原因之一，就是因为莱昂斯一直在跟他唠叨。

价格也让投下这笔赌注变得容易了许多。陷入困境的安然正在以超低的价格出售其风电资产。安然经营风电业务，有点像是在做房地产开发生意。它们没有制造更优质风车的壮志，而这也展现出了恶果：2000 年安装的风力涡轮机里，三台里有两台到了 2005 年就无法运转了。相比之下，通用电气致力于制造质量稳定、万无一失的机器，因此，安然没能做好的地方，我们理所当然会做得更好。2002 年 3 月，我们以 3.58 亿美元的价格收购了安然的风电业务。

这是我担任首席执行官后进行的首批收购之一。这项业务并未立刻取得进展。我们收购的业务在可靠性上很成问题，我最初派去负责风电的人没能解决这些技术问题。面对一片满满架设着风车的土地时，风车的大小决定一切。风车叶片越小，电场的成本效益就越低，因为，为了获取电力，你需要建造、安装、维护更多设备。解决这个问题的办法，自然是制造更大的风车，但这同样存在挑战。

想象一下，一座足有 25 层楼高的风车在空中旋转，它的叶片有足球场那么宽。如果你能制造出这样一台奇妙的设备，那么它就能为 5000 户人家供电。但叶片必须足够坚韧，能捕捉到所有的风力而不会折断。基座（可以把它想象成一株巨大的树干）必须足够稳当，不会因巨大的扭矩而翻倒。此外，你需要弄清楚，怎样的旋转频率，才能让风力发电机的发电量实现最大化。如果它面朝东，而风从南边吹来，那么叶片就无法转动，除非风向发生改变。

在我们找到解决这些问题的方法之前，通用电气风电部门一直呈稳定亏损状态。我们之前常常这么说，自从 2002 年收购了这项业务以来，对它的投入相当于 2003 年又收购了一次，2004 年第三次收购。

2004 年年底，我们在克劳顿维尔召开了未来能源峰会，与会者是各主要公共电力公司的首席执行官。我想把一直在脑海里酝酿的设想撒下一些种子，关于这个设想，我们最终会为它起名为"绿色创想"（我将在第四章详细介绍）。与此同时，我还想了解各位首席执行官对风电的看法。我邀请了当时哥伦比亚大学地球研究所所长杰弗里·萨克斯（Jeffrey Sachs）就气候变化发表主题讲演。读懂他们的肢体语言并不难。当萨克斯谈到可持续发展的重要性时，首席执行官们在座位上变换坐姿，使劲瞪他——至少一开始是这样。但萨克斯表达清晰，极具说服力，我想他们中不少人大概不得不承认：他可能是对的。

围绕风电主题，大家展开了一场激烈的辩论。来自加利福尼亚、明尼苏达、东北部甚至中西部电力公司的首席执行官们都说："没错，这就是未来，它至关重要。让我们动手干吧。"可那些来自东南部、西南部和中部各州的人态度也很坚决："如果通用电气这么立场鲜明地参与风电，这会损害我们的业务，因为你在暗示煤炭不好。"我们的一位大客户——南方能源解决方案公司的首席执行官戴维·拉特克利夫（David Ratcliffe）认为，核电比风电好。他警告说，如果通用电气拥抱风电，"你会让我们破产"。

最终，我们在环保阵营和公共电力之间找准了位置，并尝试成为两者之间的桥梁。与此同时，我们为风电部门安排了新的管理层。现在负责的是马克·利特尔及其团队，利特尔请来了维克·阿巴特（Vic Abate），他当时是通用电气电力公司的工程副总裁。他们抽调其他部门的力量，找到了稳定生产和补救技术的方法。通用电气航空公司的工程师开发出了更轻质的涡轮叶片，而通用电气运输公司的人知道如何让传动系统最高效地运行。利特尔和阿巴特放弃了我们从安然手里买下的 70 米长的风车，着手制造直径超过 150 米的风车。他们的团队改进了电气控制系统，设计出了让风机叶片顺风逆风都能一直转动的方法。

他们在团队穿的夹克上写下了通用电气风电公司的座右铭——"98 方可出门"，意思是，通用电气的风力发电机是可靠的，在 98% 的时间都可以旋转。我们在监控和遥控重置风力发电机方面的技术也很先进，考虑到许多风力发电站都地处偏远，这是一个重要卖点。

通用电气风电公司的转型，还是优秀的传统成本管理带来的结果。处理如此庞大的产品，把它们送到需要的地方，光是物流费用就高得令人咋舌。我们跟其他制造商合作，让后者按照通用电气的规格制造塔身和叶片并现场交付，此举帮助我们节省了大量的资金。我们的风电部门还得益于通用电气金融公司的帮助，通用电气金融公司一度为价值150亿美元的风电项目进行融资。故此，到我们提高价格（此举震惊了整个行业，随后又彻底改变了这个行业）时，便能够获得回报。在大约40个月的时间里，通用电气风电公司从赔钱变成了大赢家。依靠技术和商业模式的改进，我们创造了120亿美元的可再生风电业务。

这场风电赌博，本质上是对通用电气公司运营实力的押注。我承认，市场在正确的时间转到了有利于我们的方向，这很幸运。但如果我们没有能力将从安然手里买下的风电资产去芜存菁并加以改进，我们就不可能成功。

实现梦想客机之梦

飞机发动机就像是个奇迹。它既轻巧又坚固，必须精于两项看似彼此矛盾的任务：在腾空阶段大功率地喷射，好让飞机跃入空中；同时，在飞行过程中又保持高效巡航状态。更重要的是，它必须在1万多米的高空运转，而那里的温度低于零下40℃。与此同时，它的燃烧系统产生等离子体，其温度（2400℃）高于几米之外风扇叶片的熔点。只有依靠发动机内部的空气冷却通道（顺便说一句，发动机叶片的转速是16 000RPM），它才能完成任务并保持完整（而非裂成碎片）。

与此同时，飞机发动机业务是一个熊市，回报周期极长。我的意思是说，制造商通常无法从发动机本身的价格赚钱，而只能通过提供长达20年或30年的保养和零部件收入来弥补差额。可在能拿到这些收入之前，你还要跟其他主要飞机制造商（波音、空客等）展开竞争，才能入选成为特定飞机型号的发动机。而是否选择你的发动机，往往可归结到三个因素上：成本、性能和重量。

"9·11"事件后，我们深知，为保持在这三个方面的竞争力，我们需要大力投资航空相关研发。这不仅仅是一笔单纯的预算项目，而是一个关乎生死存亡的决定，关乎通用电气能否继续留在这个行业。考虑到我上任最初这几年世界上发生的大事，踩刹车总是能找到理由的。要是仅仅为减少开支找个正当的理由，我和团队能够轻松地做到。但在航空领域，我们知道，一旦未能及时采取行动，我们会倒退 20 年。这么大的代价，我们承受不起。

所以，从 2002 年起，我们增加了对航空研究的投入，光是在商用航空领域，每年的投入就超过 10 亿美元。我们的目标是开发几种新款发动机，但最大的赌注是 GEnx 发动机，它最终将安装在一款全新的飞机上：波音 787 梦想客机。

在波音商业飞机首席执行官艾伦·穆拉利（Alan Mulally）的领导下，波音的管理团队认为，梦想客机是一举两得之事：一是成功开发出一款改变游戏规则的飞机；二是重振整个行业。（在危机中，卓越的领导者可以同时把握两条真理：他们做好最坏的准备；同时采取重大举措，为必要的改进打好基础。）这款全新长运距双发动机中型客机，可容纳数百名乘客，燃油效率高，足以完成长距离飞行。这款飞机将不再采用老式的轮辐模式，将旅客分段运送到世界各地，而是直接从甲地飞往乙地。它能让你从纽约市直飞到悉尼——这段航程从前需要换乘两三次。如果它能制造出来，对许多航空公司（尤其是亚洲和中东的航空公司）来说，可谓天赐礼物。它还能提高波音公司的竞争力。

但棘手的地方在于：波音的工程师并不知道怎样制造这款革命性的飞机，我们也不知道怎样制造它所需的发动机。波音从一开始就明确表示，梦想客机的发动机必须达到前所未有的燃油效率水平。他们想要提升 15%，这一步迈得很大。哪怕只提高 1% 的燃油效率，也需要在设计上做出重大改变。虽说不知道要怎样实现它，但我们（通用电气航空公司和另一家发动机制造商——罗尔斯－罗伊斯）对这些具体规格做出承诺，一同拿下了发动机合同。

"9·11"事件后，航空业陷入困境。此刻，我们有了一项有望改变航空业飞机结构的提议，而且它还能极大地提振航空业。但对通用电气来说，这意味着投入大量资金，却无法保证回报。

有一次，我和首席财务官凯斯·谢林与通用电气航空公司的人开了一场拨款申请会，航空部门的团队当时由戴夫·卡尔霍恩（Dave Calhoun，现任波音公司首席执行官）领导。我们在康涅狄格，他们在辛辛那提，双方通过视频会议交换图表和其他数据。我们都仔细过目了这份长达 80 页的报告，它答应要投资 15 亿美元，在 30 年的时间里获得 12% 的回报。我们花了整整 4 个小时审核。会议开完之后，我们挂了电话，谢林和我互相对视，一致认为我们的决定可归结到两个问题上：我们想让通用电气在行业中领先吗？我们信任自己的团队吗？对于这两个问题，我们的答案都是肯定的。我对谢林说："我们做出决定，不是因为这份报告在第 20 页、40 页或 60 页上说了些什么，而更像是，如果要留在这个行业，我们就需要这么做。如果我们信任团队，我们就必须这么做。"于是我们双双拍板。

前面已经说过，波音从两家制造商那里订购发动机：通用电气和罗尔斯－罗伊斯。未来，等航空公司订购新的 787 梦想客机时，可以选择安装哪家制造商的发动机。（波音曾想为客户提供三种发动机，但普惠公司决定暂不参与。）我们很高兴能签下合同，但我们知道，只要飞机卖出去，我们就得赶紧把自己的发动机安上去。我们仍然有赖于航空公司的生存，而航空公司能否生存，还很成问题。我记得，在 2003 年的一次董事会会议上，我们模拟了四家航空公司破产给通用电气带来的影响，那样的景象可不妙。

对通用电气航空公司来说，GEnx 发动机是一场赌上老本、押上声誉的豪赌，可要是你错过了这次机会，未来 30 年也别想再碰到。这一点我们所有人都知道。我们需要发明使用新材料的新方法，并重新设计整套系统，所有工作都必须在最后期限前完成，同时还要随时牢记乘客安全。你或许听过这句话：医生和工程师的区别在于，医生可以一个一个地掩埋自己犯的错误，可要是工程师在设计桥梁或者飞机发动机时犯了错，悲剧的受害者就将数倍于此。一如既往，赌注很高。

GEnx 发动机的开发和测试花了数年时间。我们尝试取消部分零件以降低成本，但我们失去了燃油效率；开发中的样品一度超重。为解决这些问题，航空工程师和全球研发中心的专家通力合作。每当我们发现一个问题，麻烦就来了：有什么人以前见过这个问题呢？我们招募来那些曾见过类似问题的人，不管他们在哪里工作。我们甚至把退休了的人请回来。

在工程学院，你会了解到，理想的产品设计是使用成熟的、现成的技术。可这一次不是这样，我们在开发 GEnx 发动机的同时，也在开发新技术。在航空部门，工作日开始得很早，早晨 7 点就在开会确认进度。在一天结束的时候，还会开更多的会议，列出第二天要做的事情，以及一夜之间可以实现什么。

最终，为了减轻重量，GEnx 发动机使用了 18 片复合风扇叶的设计，而之前的 GE90 发动机为 22 片。我们制定了燃油效率标准，但在这个过程中犯了错。我们设计压缩机，竟然没找到合作伙伴帮忙？一开始，我们没找到正确的方法，用了三次迭代来修改。但这一切努力物有所值。在行业内，GEnx 是一个技术、工程和决心的奇迹。所以，它一经推出，就极大地提升了我们的士气和利润——虽然它的成本超过 5 亿美元。所以，我们为 GEnx 付出努力的故事，其核心在于当员工立志要成功时会发生些什么。

我们本可以轻易地避开这一轮发动机开发周期。"9·11"恐怖袭击之后，航空业遭受重创，通用电气还有其他许多重要的决策要做。我可以推脱说，在争夺梦想客机这份合同之前，通用电气还有太多其他需要优先考虑的事情。

但那是短视之举。拖延对未来的投资，能在短期内让你的季度利润表看上去好看，但它最终会伤害你，而且后来居上的成本也大得惊人。波音宣布发动机合同赢家的那一天，通用电气的股价下跌了（而没有参与竞争的飞机发动机制造商联合技术公司的股价上升了）。但我们知道，如果我们在大众眼睛里不再是创新者，下一份发动机合同就更难拿到了。

通用电气航空公司不仅仅为梦想客机制造发动机。2007 年，我们收购了英国史密斯航空航天公司（Smiths Aerospace），它的业务是为飞机制造核心计算系统，以及航空电子设备、电力系统和起落架装置。波音项目让通用电气有机会为下一代飞机构建自己的内容和能力。

我将永远为 GEnx 感到骄傲。等到订购梦想客机的航空公司决定使用哪种发动机的时候，我们将在其后几年里击败竞争对手。2018 年年初，在波音 787 的 1277 份订单中，超过 53% 的飞机选择了 GEnx 作为发动机，而略低于 32% 的飞机选择了罗尔斯 – 罗伊斯的 Trent 1000 型发动机（还有大约 14% 的飞机尚未决定）。通用电气仍在从这一努力中获益。

讽刺的是，我们在第一轮销售梦想客机发动机的活动中失败了，原因竟然跟"9·11"事件有关。还记得吗，在袭击发生后，丹尼斯·达默曼和我不得不打电话给那些尚未通过"恐怖主义例外"豁免的国家，告诉它们不能租用我们的飞机？日本的全日空航空公司就是受此影响的航空公司之一。因此，多年以后，当我们的销售人员找到全日空，想动员他们购买通用电气的梦想客机发动机时，日本采取了报复措施。全日空梦想客机的发动机将全部由罗尔斯 – 罗伊斯制造。

不可固执一念

当比尔·伍德伯恩（Bill Woodburn）第一次劝我把水净化技术加入通用

电气的投资组合时，我并未反对。人们越来越意识到，水资源匮乏这场大难，很快将降临地球。寻找清洁水的方法，似乎是一项很值得参与的业务。

我还喜欢这一市场潜在的广度。工业废水（也就是伍德伯恩建议通用电气应该专攻的领域）到处都是。想想看，如果一家工厂采用水作为机器的冷却剂，那么，不可避免地，水在冷却过程中会携带微粒和其他污染物。为达到高效又环保的目的，工厂需要对水进行净化和再使用，而不是用过一次就排放掉。

2002 年，我们新成立了通用电气水处理技术部门，并着手收购拥有所需专业知识的公司。我们第一批买下的公司是水服务行业领军企业贝迪（BetzDearborn）和流体过滤设备制造商奥斯莫尼斯（Osmonics）。很快，我们又收购了全球顶尖的海水淡化企业离子超纯水（Ionics Ultrapure Water Corporation），以及利用微孔过滤污染物的薄膜制造商泽农（Zenon）。很快，我们就将成为世界第二大水处理企业。

我们的期望很高。在 2002 年的年报中，我们预测，水处理技术部门将再次证明，通用电气的人员、技术和经验能转化为利润。"这是一个价值350 亿美元的全球工业市场，年增长率为 8%，而且利润率很高。"我们说，"相关的行业很分散，客户竞相将自己的用水需求外包出去。"考虑到通用电气在技术、服务和全球化方面的专长，我们认为这一业务可以"每年增长15%，到 2005 年，我们将拥有一份价值 40 亿美元的全球领先的业务"。

要真是这样就好了。我们还从未找到一种方法能让通用电气的水净化技术与其他公司区别开来。前面我曾介绍过，通用电气进入风电领域时，我们利用自身的技术让产品变得与众不同。我们在空气净化业务上也取得了类似的成功，在这一领域，我们以技术卓越著称。可在水净化领域呢？我们跟别人一样。

水处理行业的运作方式，与通用电气参与竞争的其他受监管行业（如医疗和电力行业）不同，原因在于：消费者将用水视为一项基本权利，这就限制了水的价格。尽管水的稀缺性让消费者产生巨大的担忧，但他们并不会为创新付出更高的价格。所以，这一行业的增速从未超过美国国内生产总值的增速。

我们犯了一个典型的错误：爱上了一个设想，让激情蒙蔽了对现实的认识，回想起来，一切本应显而易见。我们对通用电气为什么能统治这一市场做了充分的理性论证，这番推理和对公司技术实力的信念说服了我们，结果没能看到更宽广的画面。雪上加霜的是，我们在每一个组成环节上都花了太多钱。2017 年，我们把通用电气水处理业务卖给了法国苏伊士集团，小赚一笔。但这仍然是个错误。

以发展为轴心

在 2001 年的一次战略会议上，我问通用电气医疗公司的乔·霍根："如果你只能从世界上挑选一家公司来收购，你会选择哪一家？"医疗服务业务开发经理迈克·琼斯（Mike Jones）当时也在场。两人齐声回答："安玛西亚（Amersham）。"

我对英国生命科学公司安玛西亚再了解不过了，我们关注它好些年了。安玛西亚是精准医疗领域的领军企业。精准医疗涉及分子成像的应用，通过注射与特定分子结合的药物，增强成像结果。在当时这是一项新技术，科学家对它能带来的成像进步十分兴奋。在那时候，成像设备仍以解剖为基础。你能看到肺部有静止的肿瘤或黑点，但除非你进行活组织检查，否则你无法准确地知道它到底是什么。相比之下，分子成像技术有望应用在活体切片检查上。注射放射性同位素或其他显影剂之后，你可以观察到它与肿瘤上的受体细胞结合，从而判断是不是癌症。这项技术的前景是，医生有望更早地发现疾病。霍根和琼斯非常兴奋，"这会是成像技术的下一步"，他们告诉我。

但安玛西亚真正隐藏的宝藏是一个为药品制造商搭建系统的部门，它出售药品制造商生产药品所需的一切，从加工设备到化学品。2004年，这只是一桩小生意，但它非常适合通用电气，因为它可以扩大我们的全球足迹和服务技能。收购安玛西亚将能把我们的客户群体扩大到生物技术领域。随着药品开发的迅猛发展，我们的业务也会搭上这趟顺风车。

现在我们得知，机会的窗口似乎打开了：该公司的董事长兼首席执行官威廉·卡斯特尔爵士（Sir William Castell），虽然还没完全准备好退休，但正在考虑退出方案。

我们聘请高盛评估安玛西亚的收购潜力。他们联系了卡斯特尔，卡斯特尔表示，只要交易提议合情合理，他愿意谈谈看，于是我打算见见他。2001年10月23日，也就是"9·11"事件发生6个星期后，我们在纽约市通用电气总部坐下来，开始了第一次会谈，增进互相之间的了解。卡斯特尔以前是会计师，他富有魅力，具有远见卓识，人脉也很广，我很快就喜欢上了他。但这不会是一场进展太快的谈判。在此后的几个月，我们进行了多轮对话，很多都是在通用电气公司的飞机上进行的。我会飞到伦敦东南郊区的比金山机场，威廉爵士登上飞机，我们会聊上几个小时，等他离开，我又飞走。

双方会谈持续了近两年，但我有充分的理由坚持下去。我确信，诊断学的变化方向，会要求我们在生命科学领域拥有专业知识。要想对患者身体进行最佳成像，将越来越多地不仅需要庞大的机器，还需要丰富的化学知识。

我想完成安玛西亚的交易，但也并非不惜一切代价。最终，2003年9月，我和卡斯特尔答应最后一次尝试达成协议。一个星期四的下午5点，我和五名同事组成团队，登上一架波音737（通用电气旗下的两架之一），再次飞越大西洋。波音公务机是一款配置豪华的客机，它把原本用来容纳175个座位的空间改成了一间会议室、一间客厅／办公空间（有8个座椅），以及另一个可以容纳 20 人的 U 形沙发长椅。飞机尾部还有两间宽敞的卧室和浴室。（这些飞机是杰克任职期间所购。2005 年，为节省经费，我把它们卖掉了。）

星期五早上，经过 6 个小时的飞行，我们降落在伦敦郊外的卢顿机场，卡斯特尔和他的银行家及顾问登上飞机。通用电气首席并购律师帕姆·戴利（Pam Daley）是我此行的合作伙伴。她聪明过人，专注力过人——她于 1989年加入通用电气，此前她以全班第一的成绩毕业于宾夕法尼亚大学法学院。有戴利在身边，我感觉，不管我们做什么，都能做得对。我还知道，卡斯特尔和他的银行家们会喜欢上她。

一开始，我们都聚集在飞机的会议室里，但没过多久，双方团队就分散开来，私下开会去了。卡斯特尔和他的团队不止一次地走到飞机前部，而通用电气的团队则集结在飞机后部。如果我没记错的话，卡斯特尔的女儿第二天就要结婚了，但这似乎并未叫他分心，反而激励了他。我甚至没想到我们应该为他及其团队准备午餐。5 个小时后，大约是下午 2 点，我们都筋疲力尽了。"我只能走这么远了。"我最后说。

卡斯特尔低下了头。他一动不动，如同永恒那么久，但也许只有 30 秒。接着，他抬起头，直视我的眼睛，说："那我们就这么成交吧。"我们就价格和交易要点达成一致。很快，我们的飞机跃入天空，往家飞去。等我和团队回到康涅狄格州，刚好是星期五下午 4 点 45 分。我们离开了将近 24 小时。

我们收购安玛西亚，出乎很多人的意料。这是一家全球性高科技企业，价格昂贵。2004 年 4 月交易完成时，我们以罕见的股权互换形式支付了 98亿美元，这是英国有史以来规模最大的全股票交易，而且相应的股票未在英国股市挂牌。

我和团队因为这个价格遭受了外界许多批评。我们进军金融服务领域很长时间了，一直以来都在训练投资者只看好市盈率偏低的交易。过去，我们用自己高市盈率的股票去购买低市盈率的金融服务企业，等我们收购后者，市场对其估值马上会变得更高。而现在，我们支付的价值比通用电气自己的市盈率还要高。宣布收购那天，我们的股票价格下跌了。

但我知道，这是我提高通用电气增长率计划的关键部分。我们的研究表明，安玛西亚的盈利增长有望快过通用电气。事实证明，安玛西亚很快就会为我们赚到比当初谈判这桩交易时所预计的高得多的收入。起初在市场看来太贵的东西，后来才知道是买到了便宜。我们的算盘不光打准了，安玛西亚还进一步帮助我们实现了业务多元化，减少了对金融业务的依赖。要是我们再等下去，它的价格只会上涨。

我任命卡斯特尔担任新实体的首席执行官，并将该公司更名为"通用电气医疗"（GE Healthcare），霍根继续担任他本来就在运营的所有部门的总裁兼首席执行官，我们将这些部门更名为"医疗技术公司"（Healthcare Technologies）。此举与我思路的转变不谋而合：多年来，我一直喜欢提拔多面手型人才，但现在我开始相信，专业化程度的提高，意味着我们的领导者需要专业知识。通用电气医疗公司正在成长，在我们整合两家公司和文化的过程中，也出现了各种各样成长的烦恼。改变从来都不容易，哪怕改变实属必要。

我们同意让卡斯特尔担任首席执行官时，他有点担心自己能否领导"通用电气医疗公司这头野兽"（这是他自己的原话）。但通用电气的实力很快让他放下心来。他带着来自密尔沃基和英格兰的大约 60 位顶级专家来到克劳顿维尔设计共同愿景，房间里的创意思维深深打动了他，他顺口说，真希望把这个过程拍摄下来。过了一个小时，NBC 的一支摄像组就赶到现场开始拍摄。"那时我意识到，我不必再为来通用电气感到烦恼，"他回忆说，"因为它有把事情做成的实力。"

随着市场走向成熟，优秀的企业会转向新的细分市场。通用电气在塑料部门未能做到这一点，当时，竞争对手陶氏化学、杜邦和孟山都为应对市场停滞而进军农业，通用电气却是在观望。但就医疗保健公司的例子而言，我们做对了。我们收购的安玛西亚并不只是一个装饰用的"小玩意儿"，它令我们新增了互补的能力（我把这叫作"强强联手"），为一项强大的核心业务在重要市场上获得新的增长点。随后几年，安玛西亚将变得比它所依赖的业务更有价值，这证明，你必须敢于投资未来。

抓住机遇

就在我们与安玛西亚进行交易谈判的同时，不止一个买家盯上了 NBC。但我并不急于卖掉它。1986 年，杰克·韦尔奇收购了美国无线电公司（RCA），顺带也就买下了 NBC 电视网。我很佩服它的领导者，因为他们运营得很好。但到 2003 年，随着有线电视网逐渐超过传统电视网，我的结论是，通用电气要么发展壮大 NBC 并将其多元化，要么把它卖给愿意这么做的人。

接着，2000 年收购了环球影业（Universal Studios）的法国公司维旺迪（Vivendi）宣布，将出售环球影业的电影制片厂、主题公园、电视业务和有线电视频道。维旺迪的首席执行官让－马里耶·梅西耶（Jean-Marie Messier）已经辞职，暂由前制片厂首席执行官、法国媒体大亨让－雷内·福尔图（Jean-René Fourtou）掌舵。NBC 的首席执行官鲍勃·赖特打电话给我。环球影业拥有 USA 电视网、Sci Fi 和其他几套有线电视频道，它的电影制片厂推出过大量精彩内容，如果我们能达成协议，合并将让 NBC 获得急需的业务广度。

我素来信任赖特对 NBC 的领导，此刻我也相信，由他监督这轮谈判会很合适。我会在力所能及的地方提供帮助。幸运的是，我多年前在塑料部门工作时就认识了福尔图，当时他经营着法国国有化工企业罗纳－普朗克（Rhône-Poulenc）。相较于其他投标者，这将给我们带来优势。

2003 年美国劳工节[⊖]的前一个星期日晚上，最终的竞标者（大约 100 来人）聚集在纽约市第五大道一家律师事务所的办公室里。维旺迪聘请这家事务所来处理这桩交易。

我和代表通用电气的团队，以及包括康卡斯特在内的其他潜在买家，分开站在事务所办公室的四个角落。这种马拉松式的拍卖活动会安排很多休息时段，有一次，我到走廊里去喝咖啡，遇到了正在伸懒腰的福尔图。我从他的肢体语言看出，他喜欢通用电气的出价。我们一句话也没有说。等我回到团队扎营的办公室，我关上门，吐露心声道："我猜我们有机会。"

接下来的几天，福尔图怂恿我完成交易。他会说，"我们一起想想办法吧"。最后，通用电气和维旺迪的新媒体企业更名为 NBC 环球公司，维旺迪获得现金和 NBC 环球 20% 的股份，通用电气保留 80% 的所有权。我答应采用这种独特的结构，是因为我认为，剥离 NBC 环球对通用电气来说只是个时间问题。

在环球的投资组合中，我最不感兴趣的是它的主题公园。我只看到了这种商业模式的缺点：它全年都依赖于吸引游客，为此保留了数万名拿着最低薪资的员工。在我看来，这意味着警灯闪烁。我最担心的是：员工很可能会成立工会。此外，还有一种可能发生的情况是出现重大负面事件（比如游客因为玩过山车受伤），会对我们的其他业务产生不良影响。我可以想象，购买了我们高科技设备的客户会质问："如果你都不能保证过山车的安全，我又怎么能信任你制造的喷气发动机呢？"我只能看到责任和风险。

后来我遇到了汤姆·威廉斯（Tom Williams），环球主题公园及度假村（Universal Parks & Resorts）的董事长兼首席执行官，这是一位我认识的最有能力的经理人。我曾和他在一家主题公园散步，我注意到，经常有员工欢天喜地地走上来跟他打招呼。更重要的是，他了解主题公园体验的各个方面

⊖　每年 9 月的第一个星期一。——译者注

（从茶点小吃到游乐设施，从公园安保到医疗服务）的经济效益。多年来，我一直觉得，说主题公园是电影制片厂品牌的延伸是个一厢情愿的想法，我对此颇感不屑。但威廉斯让我相信了这一主张。今天，主题公园仍然是该公司最持久的利润中心之一。

在通用电气所有业务中，NBC 环球是个局外人，它跟我们的其他业务几乎没有协同作用，它出售的产品（影视娱乐），包括我在内的大多数通用电气管理者并不真正理解。我不能跑去参加一场会议，贸然地说："你们得把剧本好好修改修改，它太无聊了！"这就意味着，在我们拥有 NBC 环球的 6 年时间里，我花了很多时间在好莱坞和纽约寻找信得过的高管。首先，这些人得斗志昂扬，白手起家，我喜欢这种人。对一个在工业集团里一步步爬到高位的人来说，好莱坞的感觉（虽然它也自称"工业"）就像是一片异乡，但我在其中找到了值得我学习的人。

我喜欢经营环球电影制片厂的罗恩·迈耶（Ron Meyer），因为在他身上，商业头脑与纯粹的创造力很好地结合在了一起。他的父母是从纳粹德国逃出来的犹太移民，他 15 岁就高中辍学，加入了海军陆战队，而后在洛杉矶一家经纪公司从最底层开始。他帮助创立了创新艺人经纪公司（Creative Artists Agency），它是如今最大、最受尊敬的娱乐与体育代理公司之一，而后迈耶又成为一家大型电影公司任职时间最长的首席执行官。

在好莱坞这座似乎寄生在甜言蜜语和诡计上的小镇，迈耶对我一直出奇地坦诚。通用电气收购环球之后，我们的第一部大片是《金刚》，它的预算高达 2 亿美元。对在工业部门工作的人来说，这是巨大投入。我一直在想：你可以拿这笔钱来建一座塑料厂了！迈耶到通用电气总部完成对 NBC 环球的季度评估时，他一一介绍了即将发行的影片的商业计划。提到《金刚》的时候，他说："它太糟糕了！完全是部大烂片！"接着就继续往下介绍了。我屏住呼吸，"我们就不能做点什么帮帮忙吗？"我问。"不，"他说，"我们已经完蛋了。电影行业就是这样！"他从不道歉、闪躲，也不推诿责任。这样的人，你不可能不喜欢。

我认识《周六夜现场》的制作人洛恩·迈克尔斯（Lorne Michaels）和NBC娱乐公司的总裁杰夫·朱克（Jeff Zucker）已经很多年了，但成立NBC环球之后，我跟他们两人的互动似乎更多了。我会邀请迈克尔斯共进晚餐，有时还有来自《柯南深夜秀》（*Late Night with Conan O'Brien*）节目中身材高挑、一头红发的主持人一同作陪。席间，我们会讨论媒体业务的未来。我还喜欢和运营USA和Sci Fi这两套有线电视台的高管邦妮·哈默（Bonnie Hammer），以及《会晤新闻界》节目的主持人蒂姆·拉瑟特（Tim Russert）及其华盛顿团队交谈。

我必须竭力争取让朱克当上NBC环球公司的首席执行官。2006年年底，朱克的前任鲍勃·赖特环顾散布在这片土地上的其他年迈媒体巨头：当时，雷石东（Sumner Redstone）已经83岁了；鲁珀特·默多克（Rupert Murdoch）也75岁了，但他认为自己顶多63岁，他不愿离任。赖特好不容易才摆脱安迪·拉克（这是杰克·韦尔奇希望接替他的人选），现在，他想要再干一届——为此，他在《纽约时报》的周日商业版上精心策划，发表了一份长篇人物报道。这篇发表于11月19日的文章承认，我倾向于让朱克接替赖特，但文章又说赖特"看起来一点也不像是个即将退休的人"。它接着写道："赖特先生是NBC环球公司的一位重要人物，对很多人来说，这地方要是没了他，不知道会是什么样子。事实上，分析人士和媒体内幕人士都对朱克是否适合执掌大权提出了新的质疑。"

那天早上，我翻开报纸，气坏了。赖特违反了和通用电气签署的禁言协议：不得告诉任何人自己正在参与的项目。所以，第二天我告诉赖特，我要加快接班时间表：朱克将在2月接替他。"结束了。"我说。赖特试图争辩，"这是个巨大的错误，"他警告我，"朱克做不了的，你必须用铁腕管理这些地方。我们应该尽力维持下去！我已经和约翰·马龙（John Malone，美国有线电视巨头）达成了交易！"但我那时还不想把NBC环球卖掉，因为一旦这样做，通用电气金融在我们收益中所占的比例又会膨胀，这会给我们的估值造成压力。赖特不惜一切想保住他的权力地位，但我跟他已经了结了。他为通用电气做过很多贡献，但现在到了改变的时候了。

至于朱克：他的确是个急性子，但同时工作也非常高效。还在佛罗里达读高中的时候，他以"有大想法的小个子"作为竞选口号（他身高仅为1.67 米），在大二、大三、大四接连当选学生会会长。我比他高近 25 厘米，但就节目制作而言，我只能甘拜下风。NBC 收视率最高的节目《老友记》（*Friends*）即将结束时，他飞到纽约告诉我，我们还得把它再拍一年。虽说它的价格高得惊人（这部剧集的每一集仅为 30 分钟，而华纳兄弟公司希望每一集拿到 1000 万美元——这是当时电视史上最高的要价），我仍然同意了。尽管 NBC 无法售出足够的广告来负担这笔开支，但《老友记》仍然是我们电视网每周四晚节目阵容里的核心，我们称之为"必看节目"，它还帮助 NBC 在接下来的一年里继续把持第一电视网的位置。续播《老友记》是正确的选择。

同样也是朱克，让我帮忙找房地产大亨唐纳德·特朗普主持一套全新的真人秀节目。2004 年，NBC 电视网曾与特朗普讨论过主持《学徒》（*The Apprentice*）的事宜。《老友记》大结局之后，NBC 电视网等于缺了一条腿，我们需要一个大热门节目。我、鲍勃·赖特以及 NBC 的另一位高管兰迪·法尔科（Randy Falco）前往特朗普位于纽约州贝尔福德的私人高尔夫球场打了几场球。这位未来的美国总统站在那里，一边手握 5 号铁杆，一边看着我们三人说："你们知道，我毫无疑问是全世界最有钱的高尔夫球手吧？"接着，他一杆进洞。

我并没有忘记，是 NBC，以及广义而言的通用电气，帮忙把特朗普打造成了名人，凭借这一身份，他日后得以入主白宫。他施展精明的个人魅力，把《学徒》变成了大受欢迎的节目。在我们打完高尔夫球后的这些年里，特朗普不止一次地让我在公共场合讲述他一杆进洞的故事——接着又纠正我的说法。"不，确切地说，我是所有富人中最棒的高尔夫球手，然后我一杆入洞，"他会这么说，"这很酷。"但他没有说明的是，从一开始，他就告诉我，他跟 NBC 的关系会怎样发展。"你很棒，"他在果岭上对我说，"我会直接跟你谈，我才不跟朱克眉来眼去呢，我只跟你谈。"

某些有权势的人认为，能够直接接触到高层是衡量自己重要性的一个标准。所以，对于特朗普的这个请求，我配合了。但我喜欢朱克，也想保护他。后来，我们把 NBC 环球卖给康卡斯特，朱克的声誉大受重创，但他做出了许多让 NBC 环球受益至今的决定：赞助《周日橄榄球之夜》，创作《美国好声音》，修建哈利·波特主题公园，为几部热门动画电影开绿灯。

说到运营这些业务，我只有几次直接干涉了 NBC 环球的高管。2007 年春天，著名电台主持人唐·伊穆斯（Don Imus）在他的节目《早间伊穆斯》（Imus In the Morning）里，把罗格斯大学女子篮球队称为"（一群）卷发娘们儿"（nappy-headed hoes），而这套节目由 CBS 拥有并制作，但同时也在 MSNBC 联播。没过多久，我就听到通用电气内部几位非裔领导者提出了抗议，其中包括黛博拉·伊拉姆（Deborah Elam），5 年前，是我任命她担任通用电气的首席多样性负责人。"我有两个黑皮肤的女儿，这可不行。"她气得声音颤抖。接着，她提醒我，通用电气的非裔美国人论坛（这是通用电气旗下众多员工亲和组织中的一家）的年会即将在 7 月召开。"每一年，我都会和你们站在 1300 名以黑人为主的员工面前，说通用电气是多么重视多样性。如果伊穆斯的行为能得到接受，我就不能和你站在一起了。"于是，我给时任 NBC 环球总裁和首席执行官的朱克打电话。"你得在明天早上 8 点之前炒掉伊穆斯，要不我就炒掉他。"朱克赶走了伊穆斯，比 CBC 的雷穆飞（Les Moonves）出手还早（第二天，雷穆飞把《早间伊穆斯》也给取消了）。伊穆斯的种族主义兼性别歧视言论，在通用电气寸步难行。

别害怕采取行动

虽然为发展做投资十分有趣，但我也不得不做一些非常困难的事情：清理现有的混乱局面。通用电气最大的麻烦来自保险业务。还记得我在本章开始时提到的穆迪给我们的严厉评估吗？如果说这能让我明白些什么的话，那就是：我们必须退出保险业。这是通用电气金融最大的业务，占该部门利润的 40%（而且，有可能占公司整体利润的 20%），但这是一场来自过度杠杆化的乱局。

20 世纪 90 年代末，我们收购了大量业务——一系列二级金融保险产品、世界上最大的抵押贷款保险业务、高风险的债券担保业务、一系列长期护理保险、宠物保险，以及各种各样的财产再保险资产，这些全都是挂在通用电气脖子上的沉重负担。资本团队最初提出进行这些交易时，通用电气内部有许多人都认为他们疯了（包括鲍勃·纳德利、吉姆·麦克纳尼和我），但我们谁都没有说话。接着，由于为这些业务支付了太多费用，通用电气对它们的运营十分糟糕。这是一个受到严格监管、回报又很低的行业，我很清楚，我们需要退出。

于是，我们着手进行一连串的交易，其中最大的是金沃思金融公司（Genworth Financial，简称"金沃恩"）。在通用电气，我们第一次创建并分拆出一家新公司。在一些优秀顾问的帮助下（高盛的苏德巍和约翰·温伯格、摩根士丹利的斯蒂芬·克劳福德和露丝·波拉特，以及来自威嘉律师事务所优秀的律师团队），2004 年 5 月，我们为金沃思启动了首次公开募股活动。（这里有一条很好的规律：资产的质量与出售资产所需的人才数量成反比。）

我记得，顾问们说，我们必须达到 8% 的净资产收益率（ROE）。我们挣扎着想做到。如果你把金沃思的净收入除以我们的股东权益，我们勉强够到了这个数。于是，我们把股价定为 18.50 美元，比最初的目标价（22 美元）要低 16%。一开始，金沃思的股票几乎没人交易。最后，银行家们稳定了股票，我们用金沃思大约 30% 的股份，筹集了 28.3 亿美元。通用电气很快将采取行动，剥离剩余股份。

我说过，分析师和投资者真的不理解我们在通用电气金融公司做了些什么。这就是我们在一开始拆解乱麻时所面临的困境。出售保险业务，让我们卖掉了 20 亿美元的收益——当时的市值可能是 400 亿美元。变成独立公司后，2005 年金沃思的市值约为 100 亿美元，随后几年，这个数字降到了区区 20 亿美元。故此，哪怕在金融危机之前，这些资产的价值也只是通用电气内部价值的一小部分——一旦它们不再受通用电气这把大伞的保护，就会暴露出其真实价值。这样的交易对投资者来说很难理解。

到了最后一刻，我们把仍在赚钱的抵押贷款保险业务也交给了金沃思。对我们所做的一切，我将永远感到庆幸。由于对房价的敏感性，这一业务在金融危机期间将大受打击。大约同一时期，我们把债券担保业务——金融担保保险公司（FGIC）——出售给了包括黑石集团在内的一支投资者财团。金融担保保险公司为公共财政以及公立私营部门客户发行的结构性融资债券提供金融担保。我不喜欢这样的业务，因为它需要承担巨大的风险，以最低的费用为几乎永远不会发生的结果担保。在我看来，这不值得。到了金融危机期间，由于债券违约，这一业务也将很快崩溃。要是我们当时没有卖掉抵押贷款和债券保险，我相信，通用电气公司可能挺不过 2008 年和 2009 年。

与此同时，我做出了另一个艰难的决定：让家得宝创始人、杰克·韦尔奇最好的朋友肯·朗格尼（Ken Langone）离开通用电气董事会。我这么做有几个理由。首先，令人尴尬的一点是，在纳德利的领导下，家得宝取消了与通用电气合作的大部分业务。（假设说你召开全体员工大会，一名员工问："我们有一位董事创办了家得宝，但为什么我们在那儿的业务不停流失？这怎么可能呢？"这样的事情真的发生过。）其次，虽说朗格尼有深厚的金融专业知识，但他仍然批准了我前任对保险业务的所有灾难性收购，我对此感到很失望。最后，朗格尼与时任纽约总检察长的艾略特·斯皮策（Eliot

Spitzer）就纽约证券交易所前首席执行官迪克·格拉索（Dick Grasso）的天价薪资展开了一场公开的斗争。当时高盛首席执行官汉克·鲍尔森（Hank Paulson）和其他业内人士都觉得格拉索的薪资太高了。我们的一位董事公开与斯皮策发生争执，对通用电气没有任何好处，毕竟，斯皮策是当时华尔街的新"警长"，风头正盛。除此之外，我们还要仰赖鲍尔森和比尔·哈里森（Bill Harrison）等银行家（他们当时都是纽约证券交易所的董事）来帮忙执行通用电气的投资组合策略。（朗格尼曾对《财富》杂志说过更出格的话："鲍尔森不光捡不着便宜，还会惹上一身骚……等我跟这些行业领袖打交道的时候，他们会如同置身高速旋转的绞肉机。"）我们当时正在尝试执行非常艰巨的投资组合转型，在这个时候，我们必须与银行建立信任关系，我们的董事们都应该清楚。我知道自己让朗格尼走人会把他变成我一辈子的敌人，但这么做是正确的。

最后，我们把再保险业务卖给了瑞士再保险集团。我记得，瑞士再保险集团的首席执行官艾建郡（Jacques Aigrain）在通用电气大楼会见达默曼和我，讨论收购我们的保险业务。在去电梯的路上，我几乎是缠着艾建郡，我太迫切地想要他接手了。他答应了一桩68亿美元的交易，收购该部门的大部分业务，并于2005年12月对外发布这一消息。虽然这对我们意味着30亿美元的亏损，但我再开心不过了。

近年来，人们对我们继续持有的保险业务（尤其是长期护理保险和结构性结算业务）的关注，远远大于这些已经剥离掉的保险业务。我们决定保留这些剩余资产，这一决定获得了董事会的批准，也向投资者披露了这一决定。它对完成对金沃思交易很有必要。通用电气金融部门常在退出时保留业务残根，我们也可以不再签订任何新保单，直接关闭这些业务。站在2020年的角度回头看，如果2004年我们直接把长期护理保险业务抛售掉就好了，哪怕是低价亏本地卖掉。尽管受到广泛监督，但我们没有谁能预见到，通用电气在20世纪90年代末所做的投资，在即将到来的岁月里变得有多么糟糕。要是凯斯·谢林、桑迪·沃纳或者丹尼斯·达默曼当初有谁走进我的办公室，劝说我放弃长期护理保险业务，我们是会这么做的，但我们没有人看得到未来。

由于保险业受到严格监管，我们感觉很放心，通用电气的债务受到了足够的内部和外部审查，说明我们很好地处理了与之相关的风险。我们还聘请了金沃思的财务总监在通用电气做同样的工作。她是一名保险专家，她给了我信心，我们把长期护理保险业务管理得很好。除此之外，我还知道，我们的保险准备金每年都会受到审计人员和监管机构的审查。

说到底，我们得到了通用电气金融公司董事会和通用电气董事会的一致支持。保险公司的核心业务是这样运作的：保险公司收取客户的钱，保证客户能得到赔付，然后将钱进行投资，希望产生比他们承诺支付的更高的回报。但数十年的低利率，让保险业务难以获得更高的回报。拆分金沃思是我担任首席执行官期间经手的最为重要的交易之一。事后来看，要是我们当时把长期护理保险业务也拆分掉，情况会更好。但2018年长期护理保险业务所遭遇的困境，掩盖了如果我们继续持有杰克·韦尔奇收购的保险业务，通用电气可能会糟糕得多的事实。

所有这一切都证明了那句谚语：机会总是不期而遇。2004年，我们的股票处境艰难。尽管如此，我们仍在6个月内做出了几个事关数十亿美元的决策，分别涉及金沃思、安玛西亚和NBC环球。

如果不依靠一些组织原则的指导，我和团队不可能做出这些决策：在市场中取胜，洞察下一步，为技术投资，在世界各地销售。然而，做决策没有简单公式——再多的数据量，也不可能保证绝对成功。

知道做什么往往比知道什么时候做更容易。领导者不能优柔寡断。最让团队沮丧的事情是，领导者想得很清楚，但却以谨慎为借口不采取行动，迟疑不决会让公司倒闭。在追求进步的过程中做出不完美的决定，永远好过因为害怕遭受责备而止步不前。

HOT SEAT
04

第 四 章

领导者要展开系统化思考

妻子和我都喜欢连续追探案剧。不管是我最喜欢的电影的有线电视改编版（如科恩兄弟的《冰雪暴》），还是流媒体网飞上播放的斯堪的纳维亚电视剧《边桥谜案》（*The Bridge*），我们都会一口气看上好几集。每次我们新发现了好看的剧集，无一例外，在第一集或者第二集的时候，安迪都会转向沙发上的我，追问道：“你觉得是谁干的？”

“亲爱的，”我会回答，“你就耐心往下看吧。”这是我的性格：面对不确定性时，感觉更加自在。我从经验中学到，有时你必须坚持到第八集甚至第九集，答案才开始变得清晰。我猜，这种耐心是我在大学主修数学时培养起来的。教授们教我懂得，就算没法立刻知道怎样解决一个问题也没什么大不了的，有时这甚至是必要的。正是这种训练，让我欣然接受了"系统化思考"。

系统化思考乍听上去可能有点抽象，但它值得你努力追求。基本上，它让你关注各个组成部分是如何相互关联的，如何分析市场和组织的复杂性。传统的线性分析会把系统分解成独立的元素，然后寻找它们之间的因果关系。但如果一个系统的许多部分都是相互依赖、彼此混合的（比如通用电气这样的企业集团里的业务），你就必须从两个维度来思考：纵向（在产品所属的单一市场里）和横向（在多个市场里）。

以航空市场为例。这里有一个纵向问题：外包制造精密铸件（发动机的关键零件），让第三方把我们的零部件直接销售给客户，会危及我们的服务业务吗？如果答案是肯定的，我们就应该自己制造。这里还有一个横向问题：如果通用电气金融公司贷款给波音制造787客机，是否有助于我们在787客机上安装更多通用电气的产品，进而击败我们的竞争对手？要回答这两个问题，需要考虑通用电气复杂系统中的诸多环节，并打破把它们分隔开来的孤岛。这就是系统化思考。

系统化思考不是一个时髦短语，它可以帮助领导者看到别人看不到的东西（并且，在理想情况下，抢在他人之前洞察机遇）。你能意识到正在发生的巨大变化，勇敢地采取行动吗？在系统化思考的帮助下，通用电气往往能够做到。1997年，我们成立了一个部门，为我们所有的业务完成后台处理——记账、应收账款、收款管理、客户服务、信息技术咨询台等。我们把它建在印度，因为那里的工资更低（你可以雇用拥有博士学位的人，其成本还不到教育程度低得多的美国人的1/4），从一开始，我们就把它作为独立业务来运营。较之各个部门都有自己的记账、收款员工，把这些职能集中起来，我们需要的员工会少得多。这对通用电气来说是一个三赢的局面：效率更高、员工更少、薪资更低。

8 年后，我们审视了几个因素——通用电气的业务广度、通用电气受人尊敬的品牌名称、通用电气的国际影响力，并意识到，如果我们剥离这个部门，可以为投资者创造更多的价值。只要后退一步，从整体上看这块业务（而不仅仅把它视为通用电气层级结构的一部分），我们就能看出它将怎样满足通用电气之外的客户（除此之外，我们知道，纯粹围绕薪资套利来构建业务会损害品牌）。2005 年 1 月，该业务独立组建公司，名为"简柏特"（Genpact），开始为通用电气以外的客户服务。简柏特现在拥有近 8 万名员工，营收近30 亿美元。如果不做系统化思考，它仍然是通用电气的一个内部部门。

那么，该怎样"进行"系统化思考呢？首先，你必须超越单纯地观察事件或数据，进入另一个层次的探究：识别行为模式以及驱动这些模式的结构。在通用电气内部，我研究了我们的部门有哪些共同行为，然后我观察了通用电气之外一些不只改变了我们的商业格局，也改变了所有人商业格局的因素。想一想中国的发展（或者云计算的出现）给多个行业带来的影响吧。或者，举一个最近的例子，想一想新冠肺炎疫情以及它在全球经济中引发的涟漪。不管此类市场变化的原因是什么，领导者务必加以密切关注，评估其影响，并做出相应的决策。

对我和团队来说，系统化思考总是从倾听通用电气客户的意见开始的。相较于其他群体，我们的客户提供了更多的见解和数据，进而引出了我们一些更好的想法。我依赖的另一个群体是公司内外的科学家。他们善于观察整个系统的效率，而不是沉迷于其中的单个模块。如果你拥有飞机是为了最大化利用"飞行时间"，那么有许多因素可以助你实现这个目标。过于狭隘地聚焦于某一个因素，有可能错失关键。科学家必须系统化地思考才能完成工作。渐渐地，我也变成了这样。

这在实践中意味着什么呢？我定期与一些我信任和尊敬的首席执行官共进晚餐，如美国运通的肯·切诺特（Ken Chenault）、强生的比尔·韦尔登（Bill Weldon）、IBM 的彭明盛（Sam Palmisano）、百事可乐的雷孟夫（Steve

Reinemund，以及继任的卢英德）；我每年阅读 50～60 份年报。我努力让自己接受新的想法。

在我担任首席执行官期间，系统化思考帮助我看到转变必要性的例子有很多，有时它们来得甚至十分激烈。关于这些例子，我可以写一本书，但在这里我只打算集中在两个例子上：我们在 2005 年推出"绿色创想"，以及在 2011 年成立通用电气数字集团及其平台 Predix。两者都是对客户需求在更广泛范围（经济、环境、科学、技术）的回应，但两者都遭遇了重大挫折，而后才在通用电气内部引发巨大的文化变革。

与世界沟通

1998 年，杰克·韦尔奇让贝丝·康斯托克告别 NBC 企业公关高级副总裁的职位，担任通用电气的首席沟通官。没过多久，康斯托克就来威斯康星州的通用医疗系统公司找我。我喜欢她的感性。通用医疗系统公司在乳房 X 光造影和超声波方面取得了很多突破，于是，我们一同发起了一项妇女健康倡议。康斯托克认为，全世界都应该知道通用电气所付出的努力，以及它正在帮助的女性。她当然知道这是在为强大的市场营销做铺垫：大多数消费者不会把通用电气与抗击癌症联系在一起。但让我印象最深的是她的好奇心，以及她和工程师及高管们联系时轻松自如的态度。

2002 年，我担任首席执行官的第一年结束了，我对商业领导者的角色正在发生怎样的变化进行了大量思考。过去，通用电气的高层在面对外部世界时，可以采取闭门谢客、"别提问"的姿态，但在"9·11"事件和安然事件之后，公众对透明度的要求越来越高，我看得出，通用电气需要更外向的姿态。通用电气涉及的业务领域太多了，客户和投资者都觉得很难弄懂它。我需要找人想办法，用人们能理解的方式解释通用电气所扮演的角色。我任命康斯托克为通用电气公司的首席营销官。

乍看起来，康斯托克并不像是适合这个职位的人选。她自称性格内向，在弗吉尼亚州一个小镇上长大，到离家不远的地方上了威廉玛丽学院。她主修的专业是生物学，并非数学或经济学，也没有上过商学院。但她全身心投入问题（不管问题有多棘手）的样子，给我留下了深刻的印象。我有两个重要问题需要她解决：虽然通用电气有一支庞大的销售队伍，但是很难利用他们从新的源头获得新的收入。由于通用电气并不直接向消费者销售产品，所以它一直把营销作为推出产品的方式。我想看看，我们能否发挥更多的创造力，采取更主动的姿态。

我请康斯托克重新思考通用电气的口号——"GE 带来美好生活"，它自1979 年沿用至今。在当时，这句口号棒极了。可我愈发意识到，我们需要从一家消费品和金融服务公司转型成一家以技术和创新为基础的公司。确切地说，我们并不需要重塑品牌，但我们需要用一种新的方式，在新世纪里表达自己。我们希望通用电气的员工在工作中的每一天都敢于想象未来，我们希望客户和投资者对通用电气的卓越创新有信心。

我们与 BBDO 广告公司合作，确定了新的口号，并在 2003 年 1 月的金球奖颁奖典礼期间首次播出相关的电视广告。在约翰尼·卡什（Johnny Cash）"搭上我的飞船去旅行"的歌声中，观众们看到了 1903 年莱特兄弟在基蒂霍克为第一架动力飞机原型试飞做准备的模糊画面。

"100 年前，莱特兄弟冒出了一个绝妙的灵感，从而实现飞行。"画外音说，"虽说在那了不起的日子，通用电气并未身在现场，但我们希望能感受到我们的精神置身现场。"突然间，莱特兄弟的双翼飞机摇身一变，绑在了一台现代通用电气的飞机发动机上。发动机轰鸣，吹翻了附近一座小棚的屋顶，随着飞机升入空中，模糊闪烁的黑白纪录片镜头变成了全彩色。"帮忙让莱特兄弟的发明飞抵当初不曾想到的高度，通用电气飞机发动机和我们的航空合作伙伴都深感自豪。"画外音继续说，接着推出了我们的新口号——"通用电气：梦想启动未来。"

当然，我不光想从康斯托克那里得到新的口号和诙谐的电视广告，我还给了她更广泛的授权：组建团队，帮助寻找市场空白，然后想象一下通用电气将如何填补这些空白。我们一同发起了一个叫作"创想突破"（Imagination Breakthough）的项目。在6个星期里，通用电气的每个业务部门都必须提出两三个新收入来源的设想——不管是产品、应用、地理区域还是从前没有服务过的客户。我们还提出要求，5年内，每一项业务都必须实现可观增长。

很快，"创想突破"提案就呈交上来，康斯托克和我花了一个月的时间审读。我们想的是，要培养那些还没完全成熟的设想，不仅要为它们提供资金，还要给它们一些保护。我知道，在一家大公司，初期阶段的创意尤其脆弱。我希望"创想突破"项目能帮助最优秀的创意存活下来。

员工们登场介绍自己的提案时，我告诉他们，我不想要冗长的PPT演示文稿，只想要一段简短的概述，外加乐于回答我的提问。我通常从三个问题着手：你面临的最大的内部障碍是什么？你面临的最大的外部障碍是什么？收入流从哪里来？项目推行一年之后，我们给80个提案开了绿灯。到2005年，25个"创想突破"提案产生了收入，我为它们每一个感到自豪。

然而，通用电气内部对新创意的抵制，一次次地让我感到震惊。2003年9月，我在麻省理工学院做了一次讲演，明确地谈到了这一点。"如果我的商业书有一章可供大家分享，"我说（尽管当时我还没有真正打算写这本书），"它的题目会是'和伟大隔着200万美元的距离'。我不记得有多少次，通用电气的领导者给我这样的借口，'我可以为创新提供资金，但我没有钱呀，我的预算不够用'。这些话出自那些有10亿美元基本成本预算的领导者之口！投资者希望企业承担风险。"

今天，回想起这份声明，我觉得很有趣。不管是有意还是无意，我都为一项冒险且大胆的事业奠定了基础。一年之内，我们还将在全公司范围内发起一项真正的反文化倡议：绿色创想。

绿色就是绿色[⊖]

2004 年，通用电气拥有历史上最大的超级基金[⊖]污染厂址。1947～1977 年，我们的两家工厂向纽约哈德逊河上游倾倒了 30 年的多氯联苯。我们所做的一切都是合法的，但工厂关闭后，一些科学研究表明多氯联苯会导致老鼠罹患癌症，环保局说我们必须把它们全都清理干净。我们一直反对这道命令——该检验证据薄弱，而且从来没有得出对人类有害的结论，更何况，哈德逊河已经比以前干净多了。2008 年，有一次，在美国全国州长协会召开的大会上，我甚至向纽约州州长艾略特·斯皮策提议，如果通用电气把用来清除哈德逊河污染物的费用，改为投资兴建若干所小学，能更好地满足公众利益。（他拒绝了我的提议，说政治太过复杂。）

整件事让我开始思考。我们投资了风电业务，对通用电气的冰箱实施新的节能标准，如今，我们不得不正视公司过去排污的历史。我们能做些什么积极的事情，把这些碎片联系在一起呢？

大约在同一时期，通用电气的客户也在考虑环境问题。美国和欧盟提高了监管标准，向我们的客户施加压力，要求它们降低各类污染，但它们担心，将旧技术换为更清洁的新技术，价格会异常昂贵。当这个话题出现时，我们的一些客户成为优秀企业公民的动力更强，另一些客户则专注于保护自己的资产负债情况。它们的共同之处在于对未来感到焦虑，许多客户都希望得到通用电气的帮助。

我告诉康斯托克，我对此事有"半个想法"。我在担任首席执行官时经常这么做：把一个不成熟的理论或主张交给一位值得信任的领导者，让后者将它落地实施。有时候，"半个想法"都说得太夸张了，我想到的充其量能算 1/4 成熟。但从新的视角去审视我一直在思考的事情，为我提供了三个方

⊖ 绿色，前者为绿色环保，后者代表的则是美元。——译者注
⊖ 美国的"超级基金"是一套污染场地管理制度。——译者注

面的帮助：它给了我宝贵的反馈，让我知道该想法是否值得投入更多的时间；它告诉我的下属，我信任他们；它通常能带来一些比我最初交给他们的更好的东西。

康斯托克知道，我一直在关注是否能在通用电气诸多业务上横向实施内部创新。我向她抛出了一个问题：我们能不能想办法拟定一条信息，既针对我们自己，也针对我们的客户？环境问题是企业首先要考虑的问题，对通用电气来说也是如此。通用电气对环境政策有着深刻的了解，拥有一批相当于一所大学所拥有的才华横溢的科学家，与全球每一个客户都有着良好关系。我们能否利用这一切，以及自身庞大的技术资源，在提升收入的同时，发起一轮声势浩大的积极行动？

我的动机有很多。第一，我想发展公司。第二，我一直在寻找办法，让这家拥有 120 多年历史的公司看起来更年轻，行动也更年轻。我从 17 岁的女儿和她的朋友那里了解到，青少年和千禧一代比他们守旧的父母更关心这个星球。负责我们风电部门的维克·阿巴特在介绍他所称的"重新振作"文化时，员工们斗志昂扬，因为他们感觉自己正在解决一个重大的世界性问题。

第三，我一直相信以身作则。说到改善通用电气的环保声誉，我不认为在一份名单（比如"百名首席执行官支持环保"）上签个名能做成什么事。团结一心本身没有错，但我觉得，要想做出真正的改变，通用电气应该自发地去做一些事。最后，我知道，"全世界规模最大的污染厂商"这样的形象对通用电气并不好，毫无疑问，我们需要改变自己的形象。不过，我向康斯托克明确表示，我并不需要单纯的"漂绿"。我感兴趣的是，实现一些可以衡量的、经得起公众审视的结果。

康斯托克很快召集了工作小组来推敲相关的设想。他们调查了环境法规对业务的影响，并研究了一些公司，如丰田，看它是怎样对待旗下成功的混合动力车普锐斯的。他们调查了通用电气所有业务的领导者，并与客户进行了交谈。

公司（和我）的观点是，气候变化真实存在，而且是人类导致的。我们认为，美国需要加入全球气候协议。我们相信，应对这一挑战，需要技术、政策和金融等各方面的解决方案。与此同时，我们坚定地认为，把过往技术变得更为高效，是获得广泛支持的关键。今天，美国加利福尼亚州和德国因为支持环保而登上头条新闻，但没有人追随它们的脚步。它们的解决方案是针对精英阶层的，价格昂贵，水平参差不齐。

从一开始我们就强调，改进传统技术和发明新技术（如 LED 照明、混合动力火车头、耐用的轻量材料）同等重要。虽然各国大力推动转向可再生能源，但我们知道，世界上大多数国家将在很长一段时间内继续使用煤炭和天然气发电。故此，如果我们能推出减少化石燃料污染的产品和服务，就能为阻止全球变暖做出极大的贡献。同时，通用电气还承诺减少自身的碳足迹。我们的口号是"绿色就是绿色"。

如今，气候变化已经被越来越多的人挂在嘴边，现在已经很难回忆当时这一工作有多么大胆，而且还不太受欢迎。一开始，哪怕是在通用电气内部，也很少有人认为这是个好主意。2004 年年底，在克劳顿维尔，康斯托克第一次向通用电气公司执行委员会（公司职位最高的 30 人）提出"绿色创想"计划，她介绍了此举的利弊、谬见和潜在回报，并播出了一段旨在向世界宣告的全新电视广告，BBDO 广告公司称之为"跳舞的大象"，因为它表现的是一头年轻的大象，伴着电影《雨中曲》（*Singin' in the Rain*）的旋律，模仿吉恩·凯利（Gene Kelly）标志性的舞蹈动作。画外音解释说，"水变得更纯净，喷气式发动机、火车和发电厂的运行更加清洁。在通用电气，我们正通过绿色创想来创造与自然相协调的技术"。广告以一连串表现通用电气的画面结束：标志性的灯泡、风力发电机、分子、X 光之手、发电厂、喷气发动机、"绿色创想"的绿叶和通用电气的标志。

灯光亮起，现场一片嘘声。"你会让我们看起来像白痴。"后排有人喊道。大家提出无数反对意见，但其中不乏可取的意见。考虑到我们在哈德逊河的遗留问题，这会不会让我们像是伪君子？如果我们的技术无法兑现承诺会怎样？有人担心，我们似乎在鼓励更多监管，这会把客户吓跑。还有人对后勤感到疑惑：因为"绿色创想"是一个为通用电气所有分公司设定新目标的项目（但它本身又不是一种业务），所以，每个部门都弄不清参与该项目需要付出多少费用。当时在场的只有两个人愿意给"绿色创想"一次机会：康斯托克和我。

我本身并不是环保主义者。和普通人一样，我也喜欢远眺干净的海滩，但这并不是从环保狂热分子的角度出发来看的。相反，"绿色创想"是对一种全球趋势的回应，我相信，在这种全球趋势的推动下，我们需要为新的产品和服务创造需求。我感觉，不管是对环境，还是对通用电气的商业战略，"绿色创想"都是那个特定时刻应该采取的正确举措。（我们很快就会告诉环保局，通用电气将在 10 年内花 30 亿美元来疏浚哈德逊河。）

我联系了世界资源研究所（WRI）所长乔纳森·拉什（Jonathan Lash）。拉什是少数几个希望与私营部门合作、制定更强有力的政策、收获更佳绩效的环保领袖之一。不过，我第一次邀请他到洛克菲勒中心见我时，他的幕僚建议他拒绝，他们担心有人认为这是在跟通用电气勾结。

但拉什和我很合拍，他相信我的动机是真诚的，不仅仅是为了提升通用电气的形象。他同意出席"绿色创意"的启动仪式：一场对通用电气全体员工直播的新闻发布会。我首先发言，宣布通用电气将把能源和环境技术的研究预算增加一倍，达到 15 亿美元。我承诺，7 年内，通用电气自身的能源效率提高 30%，全球温室气体排放减少 1%（如果做不到，就将能源效率增加40%）。接下来，拉什发表了一场激情洋溢的演讲，至少在我看来这很有意义，因为我们没有要求事先审查他的讲演稿。在对通用电气员工的讲话中，拉什鼓励他们努力工作，让"绿色创想"获得成功。"这是一项了不得的大事业。"他说。

我知道，要让"绿色创想"变成一项大事业很困难。最关键的是，我们需要来自公司基层的支持。为唤起员工的兴趣，我需要找到一位曾在通用电气各个业务部门工作过的强势领导者，让他在企业内外不懈地推销"绿色创想"。我感觉，只有一个人，具备所需的技术背景和讨价还价技巧（他知道怎样打动同僚）。

罗琳·博尔辛格（Lorraine Bolsinger），时任通用电气航空公司的首席营销官，她是一位训练有素的工程师，曾在宾夕法尼亚大学主修生物化学工程，在前往辛辛那提之前，曾在通用电气电力公司工作。我见过她从事一线销售活动，所以我知道她总是准备好要为客户提供所有答案。她说话直率，但也善于说服他人。有一回，她甚至让纽约现代艺术博物馆接受了 GE90 发动机的一片风扇叶作为永久性藏品。她妙语连珠，滔滔不绝。

我打电话给博尔辛格，承认"绿色创想"是一项有待完善的事业，并无成功保证，对此她心存疑虑。首先，她喜欢自己目前的工作。但我也挺能说服人的。"我想要你把'绿色创想'变成你眼里应该是的样子，"我说，"我需要的经手人，必须有一部分工程师背景，一部分营销人员背景，一部分销售人员背景。这就是我来找你的原因，我再也找不到类似的人选了。"

最后，我告诉她，她的疑虑也是一笔资产。只要她接受了这份工作，必定会面对一些批评者，如果她自己也有点类似的批评态度，反倒正好能帮上忙。为什么呢？因为如果我们无法兑现承诺，就会遭受舆论的谴责。反过来说，如果我们通过创新来解决环境问题，但无法从中赚到钱，那么"绿色创想"就会被贬斥为"做善事"，我想要博尔辛格用事实还击这种说法。每当我们没能履行承诺时，我希望她能对我还以颜色。哪怕我指派她担任"绿色创想"最大的推动者，我仍希望她像批评者那样思考，只有直言不讳才能让这项事业取得成功。

博尔辛格对我说，她要考虑一下。可等我放下电话的时候，我很确信自己已经激发了她的兴趣。接下来的星期一，她给我打来电话，提出了几个条件。首先，她说自己需要一些"走动资金。"

"走动资金？"我问。

"是的，"她说，"通用电气的所有人离伟大都隔着 100 万美元的距离。如果我要员工去做点事，他们会说需要 5 万美元做点市场调查或者启动测试，这种时候，'走动资金'能帮我脱困，我不可能每次有人找我要 5 万美元时都跑来找你。你知道，我的手很紧，我兴许并不会花这笔钱。但不管怎么说，给我几百万美元到处走动走动，给轮子上点润滑油吧。"

"成交。"我说，同时无比确信自己选对了人。还有什么别的条件吗？"指标，"她说，"这是通用电气员工唯一真正在乎的事情。所以，我需要明确的指标来告诉各个业务部门，总部期待他们做些什么，这样他们才会明白这不仅仅是'漂绿'——这很重要。"

"没问题。"我说。电话结束时，"绿色创想"计划有了它的新大使。

接下来的两年里，每当博尔辛格打电话来，我都会接通。她告诉我她见了哪些客户，正在做些什么样的交易。她向我讲述我们如何改善温室气体排放和能源效率的故事。她更换通用电气航空公司一座老旧水塔的故事，很好地说明了她是如何开展工作的。她先是请求航空部门的高管更换系统来改善水质，高管告诉她，不行，那太昂贵了，于是她冒出了个主意。她正好知道，对接设施的供应链负责人急于获得一些提前退休的特殊名额，但公司已经停止提供这类服务了。于是，她找到通用电气负责财务规划和分析的副总裁肖恩·菲茨西蒙斯（Shane Fitzsimons），找他要 50 个名额。菲茨西蒙斯一开始有些犹豫，但博尔辛格指出，在特殊退休名额上花费的每一美元，从达成航空公司"绿色创想"的目标而言，相当于 10 美元。最终，菲茨西蒙斯勉强给出了名额，负责设备的人安装了一座高效的新水塔。这就是博尔辛格典型的作风。她在工作中表现出色，因为她本能地理解人们做事的需求和动机，用她的话来说，"我知道每个人的用意是什么"。

贯穿始终，博尔辛格都把"绿色创想"视为一桩生意来运营，尽管严格地说来，它不是一桩生意。我记得，她和我前往阿肯色州的本顿维尔，和沃尔玛进行一项重要谈判。通用电气生产的灯泡，在沃尔玛一直都摆在货架最好的位置上。他们告诉我们，我们必须把 LED 灯换成紧凑型的荧光灯，要不然他们就把货架位置让给喜万年（Sylvania），博尔辛格毫不退缩。"别担心，"她说，"我会搞定的。"

我希望我们在影响公共政策方面的尝试也能取得同样的成功。2009 年，包括通用电气在内的 20 家公司试图掀起舆论声势，支持《美国清洁能源和安全法案》。法案设定了排放标准，以遏制科学家认为的与气候变化有关的温室气体。法案在众议院以 7 票的微弱优势获得通过，但未进入参议院。我想说的是：由于缺乏连贯的政策，对清洁能源的投资变得十分困难。核能产业经历了大约 40 年的发展，价值数百亿美元的太阳能电池、清洁煤和其他概念上的投资都被一笔勾销。通用电气的"绿色创想"计划，处境已经比大多数公司都要好。

当然，从福克斯新闻到绿党，所有人都嘲笑我们。2006 年，在《名利场》一篇关于"绿色创想"的长篇文章里，我说："如果左翼人士说我做得不够好，而右翼人士又说这是企业做善事一类华而不实的东西，我就知道，我肯定在做正确的事。"不过，值得注意的是，各大环保组织反倒没有批评我们，他们称赞我们采取了"勇敢的立场"——这是皮尤全球气候变化中心主席的原话。《纽约时报》专栏作家托马斯·弗里德曼（Thomas Friedman）甚至一度建议乔治·W. 布什总统找一个具有眼光重塑美国能源格局的人取代副总统迪克·切尼——这个人，他指的就是我。

那些担心"绿色创想"将给通用电气带来不利影响的人，也并非完全错误。我们的确损失了一些生意。运营 TXU 能源公司的约翰·怀尔德（John Wilder）听说我们的计划之后，打电话给我说，他要带着自己的 1 亿美元业务去别的地方。（他打算建造燃煤发电厂，虽说最终此举并未付诸实施，但在当时，这让人感到痛心。）

然而，每有一个人发表批评，我们似乎就能听到另外两个支持者的声音——一些支持者甚至出乎我们的意料。我记得曾接到中国国家发展和改革委员会负责人的电话。"下次你到中国来的话，我想见个面。"他说，并表示推进清洁能源技术是他的首要任务之一。从他那儿我听说，"绿色创想"正改变关于通用电气的对话。

"绿色创想"是营销策略吗？毫无疑问，是的。我们想要改变自己的形象，但我们也付出了努力去实现真正的改变。过不了多久，我们就能展示出真正的、可衡量的有利影响。诚然，我们收录在"绿色创想"项目下的 17 项技术当中，有一些已使用多年。这包括 H 系统燃气轮机，在 2000 年刚上市时它用 1000 立方英尺[⊖]天然气所产生的电力高于任何竞争对手，此外还有波音 787 梦幻客机的 GEnx 发动机，每座位英里的油耗减少了 15%。但执拗地强调通用电气已经具备环保意识的逻辑，我并不太认同。

"绿色创想"是否把每件事都做到完美了呢？当然不是。但这是通用电气历史上最成功的商业努力之一。我们推向市场的环保新产品，从卤素灯到沼气发动机一应俱全。我们投入了大量资金：2008 年，我们最初承诺投入 7 亿美元，2010 年承诺再为研发投入 14 亿美元；在接下来的 5 年里，我们又为"绿色创想"的预算增加了 100 亿美元。10 多年来，"绿色创想"创造了 2700 亿美元的收入。

数字未来

2009 年，纽约尼什卡纳全球研发中心有一群科学家做了一项预测。"你

⊖　1 立方英尺＝0.0283 立方米。

知道我们的新款通用电气喷气发动机上的传感器，收集了海量数据吗？"他们问我，"将来有一天，这些数据会与机器本身同样有价值，甚至更宝贵。"我默默记住了这件事。

几个月后，我在克劳顿维尔参加通用电气维修委员会的一次会议，这是通用电气各维修部门领导出席的季度会议。这些部门负责执行公司已经签订好的发动机、涡轮机和成像设备维修合同，我们经常邀请客户参加此类活动。伯灵顿北方铁路公司的人也在现场，他们购买了我们的柴油机车发动机，而且，他们想要投诉。

几十年来，我们一直对他们说："这是我们的发动机，这是它的成本，这是它的油耗。"我们把焦点放在了燃油效率上。现在，他们告诉我们："谢谢，但我们真正需要知道的是，在任何给定时间，我们的火车机车在哪里，它们的速度是多少，我们需要能够完成计算机辅助调度（基本上，这就是要将客户的需求与车辆可用性匹配起来）。为此，我们需要 GPS 输入和大量的数据，我们需要有能力预测故障。"

与此同时，医疗保健行业从早期便采用了数字技术保存患者记录，如今正转向借助机器学习来改善诊断。我拜访了斯坦福大学放射科主任萨姆·甘比尔（Sam Gambir），他向我介绍了利用人工智能改善药物分期的潜力。过去，MR 或 CT 扫描仪是医学上的主要诊断工具，解读这些扫描结果的放射科医生，发挥着类似口译员的作用。甘比尔告诉我，未来这些"口译员"不光可以依靠自己的眼睛，还可以依靠储存在计算机云里的补充数据。和在成像领域一样，通用电气需要在这一领域夺取领先地位。如若不然，我们就可能遭到边缘化。

2020 年，似乎人人都在谈论"数字转型"的重要性。但 10 年前，我没想过这么华丽的词汇。相反，我想开发一种技术，改变我们与客户关系的性质，让通用电气变得与众不同。100 多年来，通用电气销售的都是成套的复杂机器。在工业方面，我们的商业模式是以低于成本的价格出售硬件，等硬件坏了，我们靠维修它来赚钱。现在，我感觉我们需要转向一种不同的模式：不光要销售硬件，还要销售定制的、提升性能的、带软件支持的解决方案。工业企业尤其迫切需要解决所谓的物联网问题，也就是说，通过分享数据，让机器提高效率。

我们知道，以数据驱动的维修服务，是发展我们维修业务的一个途径。但要是我们未能采取行动，它也可能威胁到我们的生存。如果通用电气不走这条路，其他公司会的。我让运营全球研发中心的马克·利特尔为潜在的数字举措拟定相关指标参数。此外，我还请正在克劳顿维尔学习的几个班级的领导者替我完成一些功课。有一个人偶然发现了一项令人震惊的事实：IBM和几家高科技初创企业正从通用电气的客户手里收集数据，以便在航空和电力等行业开发基于数据的服务。竞争对手竟然已经在使用我们的数据了，而且，还以扰乱我们的业务为目的。

我可以预见，用不了多久，埃森哲、IBM或谷歌等公司就会向飞机机身制造商和其他客户提供通用电气飞机发动机的基本数据，并做出提高效率、节约成本的承诺。要是我们不赶紧采取行动，竞争对手不光很快就会染指我们的维修业务，而且，它们使用的数据也将来自通用电气制造的机器。

这是个两难的情况。和大多数传统公司一样，20年前，通用电气就把我们的数字化能力外包出去了。甲骨文等企业技术公司告诉我们该做什么，我们在印度的业务流程外包合作伙伴帮我们执行。通用电气自己的信息技术领导者并不是真正的技术专家，他们是项目经理。从理论上说，把管理软件外包出去并无问题，但这就使得我们在人工智能和数据分析方面出现了人才缺口。这两样东西，是我们未来产品和服务的核心。

过去几年，每当我们进行业务回顾时，信息技术部门或许在桌边有一席之地，但往往很少有插嘴的机会。更宽泛地说，如果你读过2015年以前各大公司的年报，你会发现很少有人提到信息技术。然而，眼下，数字革命终于来到了工业世界。我一直相信通用电气有能力做任何事，但我们接下来要做些什么的打算（成立通用电气数字公司），将检验这一信念。

2010 年，我和团队前往通用电气董事会争取种子资金时，我们的想法受到了来自过去的错误的影响。在我担任通用电气医疗系统公司的首席执行官时，我们进入医疗信息技术业务领域，并取得了一些成功，但我总是后悔自己错过了机会。在信息技术业务扩展到企业软件领域的时候，我感觉我们做事只做了半截儿。后来，到 2006 年，我们收购了美国五大医疗软件公司之一的 IDX 系统，但并未从这桩价值 12 亿美元的交易中获利。一方面，我们说要追求卓越，但另一方面，我们又任由公司中缺乏必要专业知识的人来运营这一新业务，于是，我们不仅损失了市场地位，还损失了许多优秀的人才。我当时就知道，如果我们想在数字领域再度有所尝试，就必须在通用电气总公司之外的地方一试身手，把它设在加利福尼亚的硅谷或是附近，从通用电气外面聘请领导者。

2011 年，我们创办通用电气数字公司，在加利福尼亚州圣拉蒙（位于旧金山湾区）开设了软件中心。接着，我们又从思科请来了对物联网充满热情的全球战略家比尔·荣（Bill Ruh）来运营。比尔·荣记得，当他和我第一次坐下来探讨的时候，我的提议在他听来有些模糊。我知道我们需要做点什么，但因为缺乏专业知识，我不太确定到底是做什么。我请他组建一支干练的团队，帮助我们敲定通用电气数字公司的商业命题。几年来，比尔·荣拿着 2 亿美元的投资，开始在通用电气的机器中嵌入传感器和其他仪器，采集和研究客户数据，并为通用电气的所有业务开发软件应用程序。

我们知道，使用数据可以从三个方面为客户提供帮助：首先，数据将有助于优化每台机器的性能，比如降低通用电气的喷气发动机在着陆时所消耗的燃油；其次，数据处理软件可以让通用电气预测机器何时需要维修，并在发生故障前识别早期预警信号，将停机时间降至最低（一旦停机，代价将极为高昂）；最后，通用电气的软件可以提高机器运行所属系统（比如伯灵顿北方铁路公司，或者油田、风力发电场）的整体性能。

建立通用电气数字公司需要一些时间，但到 2012 年，我认为我们踩准了一些东西。这一年，通用电气为客户和软件开发人员举办了一场名为"头脑＋机器"的年度活动。第一次的聚会规模并不大，参与者大约 400 人，但很多参与者很快就变成了客户，把通用电气公司的分析纳入了其主流业务。一点一点地，我们开始让通用电气内外的人明白，数据可以让我们的机器运转得更好、寿命更长。

虽然谷歌和 Facebook 为消费者创建了平台，微软也为自家的办公软件创建了平台，但目前尚无平台来连接复杂机器。我们认为，通用电气可以为我们的工业客户搭建这些数字商业联结。通用电气数字公司尝试利用分析，改善机器性能。Predix 是一套基于云的平台，可以为通用电气内外部的软件应用，促成大规模的工业数据计算。Predix 的工作原理是，为每台机器建立一套计算机模型，即"数字孪生"，实时显示其运行情况、部件何时磨损。该系统还创建"数字线程"，记录机器生活的方方面面（就跟医疗记录一样），从最初的组装，到修理，再到更换部件。

我们喜欢说，在任何一个既定的瞬间，Predix 都可以在喷气发动机在空中运行时监测其性能，或是在涡轮叶片旋转时调整其角度，提高功率输出。我们知道，考虑到我们机器的庞大成本，即使极小的效率提高，对客户来说都具有巨大的价值（对我们来说也有着巨大的价值，因为我们的工具所促成的任何成本节约，我们均可从中获取部分回报）。

公司可以通过两种方式打入新市场并保持影响力：收购现有业务，或者从零开始建立业务。我已经讨论了安玛西亚收购案，它让我们在医疗保健领域实现了发展。这么做有风险，但合乎情理，因为它建立在已经成功的业务之上。可对通用电气数字公司来说，外部收购是不可能的。

对于一家大型上市公司来说，开展有机的培植性投资，要比收购困难100 倍。我们必须招募新的人才，重新分配资金，创建并整合新的文化，建立新的流程，而且全都要同时推进。我不得不说服团队跟我一起在数字领域下赌注。这将是一场艰苦的战斗，所以我请了通用电气三位资深老兵来帮助比尔·荣在通用电气内部穿梭导航。曾在通用航空公司工作的詹妮弗·沃尔多（Jennifer Waldo）将负责运作人际关系。吉姆·福勒（Jim Fowler）将从通用电气金融公司调任通用电气数字公司的首席信息官。我还任命霍泽马·希潘德勒（Khozema Shipchandler）为首席财务官，我希望他能像罗琳·博尔辛格之于"绿色创想"，为通用电气数字公司做出同样的贡献。在人们眼里，这三个人都是通用电气内部的人，他们的存在增加了员工信任感。

争夺人才

我们在招聘一流的软件工程师时遇到了困难，但我们需要他们。这就是把基础设施关键部分外包出去所带来的问题：它使得我们专业技能有所不足。而在我们力争有所改变的时候，我们面对的竞争企业是谷歌和苹果，它们的创新声誉让它们显得更具吸引力。尽管通用电气历来以制造复杂机械设备著称，但数字公司的最佳候选人，起初并不认为我们拥有技术专长。在硅谷设立总部并聘请比尔·荣等经验丰富的人才，有助于极大地消除此种误解。但我们还需要把口风放出去：我们制造的产品能帮助人们。我们面试的年轻求职者，一想到自己的工作将为医疗保健和工业领域带去切实的利益，就大感兴奋。为《糖果传奇》等游戏编写代码固然有趣，但比起拯救生命或者让世界变得更美好一类的事情，它带来的成就感就没那么强了。

我向康斯托克寻求帮助，她和我一起去见了负责人力资源的沃尔多。

沃尔多说，通用电气数字公司的一名员工和她讲过这样一件事：此人去参加邻里的烧烤，并介绍自己在为通用电气工作。有人疑惑地说："我还以为你是搞科技的。"康斯托克一直以来信奉"占据市场份额之前要先占据思想份额"的理念，她立刻想到一个精彩的创意。她和 BBDO 广告公司合作，拍摄了一系列诙谐自嘲的电视广告，并推出这样一个理念：没错，通用电气也从事软件业务（而且为通用电气工作令人心满意足）。广告中，身材瘦长、戴着眼镜的电脑工程师欧文试图向困惑的家人和朋友解释自己在通用电气的新工作。在一则广告中，兴高采烈的欧文宣布："我将为机器编写一种新的语言，让飞机、火车甚至医院都运行得更好！"听到这话，他的一个朋友失望地问："那你现在是要从事火车方面的工作吗？你不打算再搞软件开发了？"

不过，获得最多关注的广告，一方面承认通用电气在数字业务上羽翼未丰，另一方面又拿科技行业开起了玩笑。欧文的一名程序员朋友刚刚在 Zazzies 找到了工作，Zazzies 是一款能给动物戴帽子的应用程序。通用电气的欧文回应说："我将改变世界的运转方式。"但他的朋友对一张头上顶着甜瓜的猫咪照片更感兴趣。欧文的朋友夸口说："不管是狗、仓鼠、豚鼠，只要你能想到的动物，我都能为它们戴上水果帽子。"广告在结尾斩钉截铁地说："为自己找一份能改变世界的工作。"

广告发布不到一个月，通用电气在线招聘网站的访问量就增长了 66%。半年后，申请为通用电气工作的人数增加了 8 倍。如果你是一名热爱数据科学的年轻工程师，正在设计表情符号或者编写遛狗应用程序，这场宣传活动让你知道：在通用电气，你可以用自己的才华去为更重要的问题发明解决方案。

带领团队

通用电气的工业互联网平台 Predix，将成为我对"创新者的窘境"（这个术语出自哈佛大学教授克莱顿·克里斯坦森在 1997 年出版的同名作品，它也因这本书的流行而广为人知）现象的初体验。克里斯坦森认为，老牌公司在尝试创新时会面临一种两难的困境，因为创新有可能意味着现有市场被蚕食，至少短期内如此，但长期而言，不创新又有可能意味着会碰到更糟糕的局面——技术过时，最终遭到淘汰。

假设你在通用电气石油和天然气公司工作，你把一台压缩机卖给客户赚到的钱很少，甚至完全不赚钱，但在未来几年，你可以通过出售压缩机的零部件，对机器进行保养和维修来赚钱。现在，通用电气成立了一个新部门，它的主要产品Predix承诺帮助客户减少零部件的购买量。很容易看出，对专注于让季度业绩数字好看的石油和天然气部门高管来说，这样的安排听起来糟糕透顶。

当然，我们努力从更长远的视角来反驳这种看法。我们反复强调，直至声音嘶哑："听着，变化就要发生了！要是通用电气不这么做，竞争对手就会把这些收入都夺走！是的，Predix短期内会带来损失，但长期来看，它是我们唯一的机会。"即便如此，通用电气内部仍然有许多反对者。数字部门的首席财务官希潘德勒甚至给这些人起了个名字："内部抗体"。

这些"内部抗体"排斥建立通用电气数字公司，至少一开始是这样。毫无疑问，这是一种"我们对他们"的心态。从雇用新员工这方面来说，通用电气现有的信息技术团队觉得受到了威胁（而且，看到新同事拿到高于通用电气标准的薪水加入这家制造业巨头，他们感到甚为不满）。

但是"内部抗体"不仅仅是在信息技术部门工作的人。由于对Predix的投资必然会切断通用电气其他业务的资金来源，因此，现有业务和新的数字业务之间存在竞争关系（特别是在Predix起步阶段，所有资金都是现有业务部门产生的）。为了节省经费，我尝试从每一家分公司的IT部门划拨预算给比尔·荣，如此一来，这些分公司的首席执行官大为不满。我必须承认，我一方面要求人们给我短期的绩效数字，另一方面又让他们支持不确定的长期创新。

我们面临着另一个许多大公司进行变革时所面临的挑战：是集中行动，创办一个独立实体为整个企业工作，还是让各业务部门让自己的数字部门去处理各自的事情？我们选择以通用电气数字公司的形式集中行动，因为我觉得我们主要是在解决一个涉及多种业务的问题（即改善客户服务）。此外，独立的通用电气数字公司有助于我们招募人才。不过，这种方法限制了各个业务部门内部的尝试。如果我们采取另一种方式，可能会得到更多支持。

还有一个问题是，数字业务的烧钱速度，不符合通用电气的文化。很多人指责我们为通用电气数字公司花了太多钱，但我觉得这些批评没有意识到其他初创软件公司是怎样做的。像 Splunk 这样的初创公司（编制软件，用于搜索、监控和分析机器生成的大数据）一开始就花了大量资金，甚至没能实现盈亏平衡。科技初创企业对成功的定义，尤其是在最初 10 年，取决于它们在获取客户、建设产能和渗透新兴市场方面的表现。就传统而言，这不是通用电气对成功的定义。我们的目标是增加收入、实现目标。按照这一指标分析，这家位于大型母公司内部的小型初创企业，让很多人感到失望。

所以，除了搭建 Predix 平台本身，我们还花了很多精力在内部为它赢取支持。希潘德勒记得，他曾多次前往克劳顿维尔，试图说服他的高管同事，通用电气数字公司并不是他们的敌人。作为一个来自印第安纳州小镇的孩子，希潘德勒可能会成为通用电气的代言人。他喜欢说，通用电气开阔了他的眼界，让他看到了生活的种种可能性，也就是做一件重要工作所带来的满足感。但他加入通用电气数字公司的时候，已经为通用电气效力近 20 年，在塑料、航空、公司审计等各个业务部门工作过，他待过的地区，也早就不再仅仅是美国中西部。所以，他在同僚中很有可信度。

"听我说，"他曾回应批评者说，"我不是通用电气数字公司的'原住民'，我理解你为什么不愿意接受它。通用电气一直是一家帮助创造未来的企业，数字部门不过是在延续这样的传统，我们需要它来取得成功。我是你们中的一员，我全力支持你们的业务实现成功。你为什么不能以同样的态度对待我呢？"

通常，这会改变谈话的基调。希潘德勒回忆说，事后人们跟他联系，想知道自己能做些什么，以发掘自身业务中的数字协同效应。但进展缓慢，尤其是因为一些刚进入通用电气数字领域的新人有时会被排挤，从而疏远其他业务部门的同事。有人觉得比尔·荣太沉迷于建设大帝国，想毕其功于一役。但我知道"内部抗体"在这种评价中扮演了什么样的角色，所以我保护了他。

2013年，数字领域的杰出创业家、人工智能软件平台及应用公司C3的创始人汤姆·西贝尔（Tom Siebel）和我谈起了通用电气数字领域的努力，他说："杰夫，你的目标瞄得很准。但你永远无法在一家大公司内部做到这件事，你的公司不允许你那么做。"他说得再正确不过了。

事业未竟

2016年，我们举办了第四届"头脑＋机器"大会，与会人数（包括通用电气所有业务部门的客户和员工）是2012年的10倍。在一系列的专题讨论中，我们请客户谈一谈Predix如何帮助他们实现目标。

一次又一次，他们肯定了我们的举措，并向我们证明：通用电气的确踩准了点。不同的发言者一个接一个地站起身，讲述自己的特殊经历时，我都感觉，他们认同通用电气向数字公司的转型。最近，信息技术咨询公司高德纳（Gartner）在其"魔力象限"（Magic Quadrant）系列中将通用电气数字公司提名为领军企业，同样对我们做出了肯定。所以，当我登上讲演台说出新的战斗口号"为什么我们不能"时，我感觉很好。为什么通用电气不能成为一家以数字平台服务于工业互联网的企业呢？

我们没有想象到物联网的重要性。一个接一个的客户告诉我们，他们需要帮助。其他行业也需要它。想想任何一家传统汽车公司的首席执行官，随着电动汽车甚至自动驾驶汽车时代即将到来，他们所有的选择现在都很糟糕。当我们迈入这个技术变革的时代，领导者必须敢于在无法确定回报的情况下投资。

有人说，在大公司，你要么前进，要么后退，但绝不会空转。动起来的势头真的很关键。你可以花 7 年时间建设某样东西，但毁掉它只需要一分钟。如果一家大型组织的领导者说"我拿不准"，组织内部的人就会感到茫然。这就是为什么我总是以首席执行官的身份站到前面，推动我们全力以赴。这是我从前任杰克·韦尔奇那里学到的。他着手创办六西格玛制度时，没人认为这是个好主意，但对那些不接受它的人，韦尔奇不予以理会。对于通用电气数字公司，我的态度也一样。

尽管有不容否认的战略潜力，但自从我离开后，我们在通用电气数字公司建立的许多东西都遭到了废除。2017 年，有几家公司希望投资 Predix，对其估值超过 50 亿美元。而在我看来，有一年多的时间，通用电气的新领导班子对数字战略的态度并不明朗，而且前后不一。大多数最优秀的人才都离开了，并在科技行业找到了不错的工作。如今，霍泽马·希潘德勒到云通信平台 Twilio 担任首席财务官，詹妮弗·沃尔多是苹果公司的人力资源高级主管，吉姆·福勒到 Nationwide 担任首席技术官。凯特·约翰逊是我们从甲骨文挖来的数字原住民，如今是微软公司的高级主管。

如今，我看到了数十家颠覆者（并得到了数十亿美元投资的支持）都瞄准了 Predix 原本要解决的工业维修服务市场，其实这些平台都不具备 Predix 的优势。改造一家传统的大公司需要付出坚持不懈的努力，很难让所有人都感到满意。在对数字业务进行投资时，我基本上对批评者的意见充耳不闻，我相信自己这么做是正确的。你可以批评我在通用电气数字公司上花费过多，或是批评我没有借助微软等老牌合作伙伴来推动这项工作，我看到了这些不足，但我让通用电气进入这一业务是正确的。还记得汤姆·西贝尔吗？他警告过我不能在一家传统企业内部创业。没过几天，我又碰到了他，他的公司正从通用电气的涡轮机上提取数据，执行 Predix 以前着手从事的项目。

在传统公司，新任领导者并不能改变一切。有时候，你必须亲自下场去比赛，我的意思是说：接过某件并非由你启动的事情，并把它做得更好。从这一角度来说，我曾希望通用电气的新一代领导者能改进公司的数字战略，而不是把它彻底关停。通用电气主动选择放弃领导地位，毫无疑问是在数字化的未来削弱了自己的存在感。对工业企业而言，未来 10 年将是实体资产与数字技术相结合、创造新价值的 10 年。新冠肺炎疫情的蔓延，只会加速这一趋势。

我对这一失败也应负有部分责任。我或许低估了多年外包为通用电气带来的数字赤字。而且，我们没有造就足够多的数字"移民"——我指的是，愿意积极拥抱数字未来的通用电气自身的员工。我们尽了最大的努力，提供培训，希望能弥合通用电气现有部门与加州这个刚起步的新贵（通用电气数字公司）之间的文化鸿沟。在很多方面，工业领域和数字领域有着截然不同的规范（慢对快、审慎对敏捷、规避风险对承担风险）。但我真希望自己之前能够更清楚地阐述数字业务对通用电气整个企业的生存是多么重要。

离开通用电气之后，我到了硅谷一家风险投资公司工作。最近，我带着 Twilio（我在这家公司的董事会任职）创始人杰夫·劳森（Jeff Lawson）去见了我从前的一些熟人。我们拜访了 20 家传统公司，从摩根大通、达美航空到万豪。我感觉这就像是旧日重现，因为每一位首席执行官都告诉我，他们相信数字创新将是自己公司成功的关键。10 年前，他们也是这么告诉我的。

此外，新冠肺炎疫情深刻地揭示了数字鸿沟现象。数字企业在推动远程办公的同时获得了蓬勃发展，工业企业却因为需要人的密集接触而受到影响。在通用电气 2012 年的"头脑＋机器"大会上，我在摆着一台喷气发动机的讲台上碰到了马克·安德森（Marc Andreessen），他刚在《华尔街日报》上写了一篇备受关注的文章——《为什么软件正在吞噬世界》。我那时大胆地跟安德森争论说："软件永远没法吃掉这台发动机！"我错了。在 2020 年新冠肺炎疫情大流行期间，网络会议软件 Zoom 飞速发展，商业航空被碾得粉碎。

第 五 章

领导者在危机中的韧劲

我从来不是个爱怀旧的人。我觉得我的童年过得挺幸福，多年来我一直给我少年时代在辛辛那提城郊芬尼镇上过的公立高中捐款。不过，虽然野猫队体育馆外荣誉墙的树脂玻璃镜框里仍然展示着我当年穿过的橄榄球队服，但我并不渴望那些日子能再来一遍。那些已经是过去时了，如今才是现在。

这种不动声色、不伤春悲秋的眼界，在 2006 年年底派上了用场。当时，我正和通用电气塑料公司的同事进行业务回顾。他们的业绩一直没能达到预期数字，会议结束后，有个我很敬重的人，叫布赖恩·格拉登（Brian Gladden），那时他是该部门的首席财务官，悄悄把我拉到一边，问能不能对我说实话。"我知道你还记得我们部门,"他说,"但那些日子已经过去了,它再也不会是你想要的生意了。"我尊重格拉登,我知道他是对的。

我已经意识到,我们怎样错失了对通用电气塑料公司未来的投资。我们的主要竞争对手杜邦公司收购了玉米种子公司"先锋"(Pioneer),将业务扩展到农业化学品领域,其他公司如孟山都、拜耳、陶氏化学和巴斯夫也竞相效仿,但通用电气塑料公司一直固守现状。如今,由于缺乏多元化,我们变得十分脆弱。石油和苯的价格上涨,意味着我们的塑料生产成本比以前更高。而且,由于未能后向整合(我们没有任何油井),我们也无法控制供应链。虽说绰号"疯狗"的通用电气塑料公司对我个人的职业生涯很重要,我也喜欢许多在那里工作的人,但我能看出它属于通用电气的过去,而非未来。

2007年5月,我们答应将通用电气塑料公司出售给位于利雅得的化工企业沙特基础工业公司(Saudi Basic Industries)。他们本身拥有油井,所以这次收购对他们来说合乎情理。沙特基础工业支付的价格(116亿美元现金)远远超出通用电气内外分析师的预期。所以,交易结束后,通用电气塑料公司有差不多40位高层管理人员举行了一场晚宴,在晚宴上他们给了我几套泰特利斯(Titleist)高尔夫球,每颗球上都印有通用电气的标志和"116亿"字样,还有一尊青铜雕塑:一口大钱袋(类似富国银行马车轿厢上顶的那种[⊖])架在大理石的底座上,铭牌上写着:"恭喜,杰夫。116亿美元。通用电气塑料公司的朋友们致。"

这时的我并不知道,这尊青铜纪念品,外加它蚀刻的美元符号,在我和团队的眼里很快会变成一个充满讽刺意味的视觉象征。整个2008年,这包假钱都蹲在我会议室的书架上,俯瞰了好几场没有任何人希望参加的最激烈、最焦心、利害关系牵扯最大的会议。

在我讲述全球金融危机怎样彻底撼动了通用电气和美国经济的故事之

⊖ 富国银行创办于1852年,它的标志是一辆6匹马拉的驿站马车,车厢顶部载着一袋袋金子,是以作者这里这么说。——译者注

前，请各位读者务必记得，通用电气金融服务公司的业务模式与银行有多大的不同。银行吸纳存款，然后根据存款发放贷款，这些存款由联邦政府提供担保。相比之下，通用电气金融公司以低价借款（因为它拥有罕见的 AAA 评级），并以较高的利率放贷。2008 年，通用电气金融是全世界最大的非银行金融公司，拥有资产 6960 亿美元，负债 5450 亿美元。如果它是一家银行，那么它会是美国第五大银行。几十年来，我们都能比银行享受到更多优势，其中最为关键的，是融资成本更低，监管更少。但同样关键的是，由于我们不是银行，所以无法获得政府的救助。

由迈克·尼尔（Mike Neal）领导的通用电气金融团队非常棒。尼尔毕业于佐治亚理工学院，是土生土长的桃州[⊖]人，他喜欢把自己描绘成乡巴佬——他常说，老祖母告诉他要时刻为世界末日做好准备，囤积弹药、火腿罐头和黄金（以便贿赂边境警卫）。但我才不信他这一套呢。他是我共事过的最聪明的家伙之一。正是因为有了他，通用电气金融才在大多数银行都举步维艰的商业贷款领域表现出色。

关于尼尔有个精彩的故事，说的是 20 世纪 90 年代末，他前往曼谷竞标泰国汽车贷款组合。去竞标的路上，他误入一间坐满高盛银行家的办公室，那些人在为拿下同一笔交易而奋战。"该来颗手榴弹的时候，你手里总是没有。"尼尔一边往外走，一边开玩笑。这就是他，步伐敏捷，好胜到极点。他也培养了一批具有相同特质的同事。

自寻麻烦

金融危机爆发之前，通用电气金融和许多银行有一个共同点：抵押贷款过多。事后来看，我发现我们在 2006 年就第一次出现过麻烦的迹象，当时

⊖ "桃州"是佐治亚州的别称。——译者注

WMC（一家次级抵押贷款经纪公司，2004 年被通用电气金融以 5 亿美元的价格收购）开始感到入不敷出。说得简短些，故事是这样的：我们收购了一项当时很多人都在进入的业务，我们从惨痛的教训中意识到自己犯了错误。

WMC 发起抵押贷款，并将其转售给银行，银行再将其打包成抵押贷款证券，也就是俗称的"抵押担保债券"（CMO）。WMC 靠向银行出售尽可能多的抵押贷款来赚钱。但在 2006 年，住宅零售市场开始出现大幅逆转，WMC（当时是全美第五大次级抵押贷款发行商）发起的抵押贷款的持有人接二连三地违约，其速度令人警觉。这降低了以抵押贷款作为担保的债券的价值，也让 WMC 戴上了"抵押贷款质量不佳"的帽子。

我的团队做了几次审查，到 2007 年第一季度，我们决定让 WMC 结束运营。我们再也不会发起一笔抵押贷款，而且，我们还要全力为我们现在已经持有的 35 亿美元抵押贷款寻找买家。最后，我们在解散 WMC 时蒙受了巨大损失（后来，在 2019 年对次级贷款行业所进行的全行业调查中，我们同意以 15 亿美元的代价与美国司法部和解）。我真希望我们从来没涉足过这项业务。

然而，大约在同一时期，我们做了一件事后看让人大松一口气的事情：我们减少了对所谓杠杆贷款的敞口。在那些年，通用电气向有着大量债务（或杠杆）的公司发放了大量贷款；我们从不会保留 100% 的贷款，大概只保留 20%，然后把其余的卖给其他金融机构。然而，在发起一笔贷款到出售期间，我们会把它囤在一个我们称为"仓库"的实体内。有时候，仓库里的贷款高达 250 亿美元。我们认为，不能再这样了。到 2007 年年初，我们的"库存贷款"已经缩减到 50 亿美元。

总的来说，我认为自己对通用电气金融公司看得很紧。在信贷危机降临前的繁荣岁月，它贡献了通用电气一半左右的总利润。从一开始，我的目标就是重新评估通用电气金融公司所扮演的增长引擎的角色，但在我任职 6 年后，它在通用电气的主导地位几乎毫无改变。部分原因在于通用电气电力公司出了问题。

我们要先将电力和航空部门恢复元气，再对通用电气金融做更多重组工作，投资者也支持我们的做法（因为我们的交易价格仍然高于各部门的总和）。2007 年夏天，通用电气股票的市场价格是每股 42 美元（PE 值为 19），而通用电气 50% 的收益都来自金融服务。

在此期间，我们缩小了通用电气金融的规模，但我们做得还不够，行动速度也不够快。举个例子，2006 年秋天，我的几位副手曾建议出售手里的商业地产业务，但我拒绝了，因为我觉得我们有一支强大的团队，能够运营该业务并保证获得丰厚的回报。2007 年，我们停止了一切新的交易，很多人想把这个部门分出去，好让它得以发展。但那时我们恰好在更换该业务的负责人，所以我再次拒绝了。这是个错误。我认为商业地产是通用电气金融的核心平台，但我们让它变得太大了。

自我开脱地说，那时即将到来的暴风雨尚未暴露端倪。2007 年年中，为了监控通用电气金融的风险，我委托咨询公司麦肯锡进行了一项研究。60天后，麦肯锡告诉我们，在可预见的未来，来自中国等拥有贸易顺差的国家和主权财富基金的资金，能为通用电气金融的贷款和杠杆融资提供足够的流动性。按照麦肯锡的说法，通用电气金融没问题。

当心寒流

有很短一段时间，麦肯锡看上去是对的。2008 年 2 月，我们发布了年报，回顾了公司上一年的工作。报告的标题是《投资与兑现每一天》（*Invest and Deliver Every Day*），我对我们能做到这一点颇有信心。

因为下定决心要接触到 200 万极少受邀参加通用电气投资者关系活动的股东（约占投资者群体的 40%），因此我们宣布接受在线提问。2008 年 3 月

13 日下午，我参加了一场网络直播，有超过 6000 名投资者提出了问题，我解答提问并宽慰他们。我手里不乏好消息：在过去 5 年，通用电气的平均收益和收入均实现了两位数的增长，我们强劲的海外销售足以弥补美国经济放缓带来的损失。至于通用电气金融，我说的是我所知道的真实情况：它实力强大，而且赚钱。我说，虽然金融市场存在动荡，但不必因此担心通用电气。相反，这是一个收购待售业务的机会，这些业务将为通用电气的金融投资组合增值。

现在只要一想到那场直播后发生的事情，我的胃就忍不住绷得紧紧的。这场网络直播 3 天后的 3 月 16 日，全球性投资银行贝尔斯登就因为抵押贷款所支撑的资产的风险敞口不堪重负而濒临破产。信贷市场冻结，通用电气也因之元气大伤。

几十年来，通用电气金融公司一直是我们最可靠的绩效明星。在正常情况下，金融资产的流动性远高于有形资产，通用电气金融公司可以找准机会变卖金融资产以赚取利润。但如今，它的业务模式正受到威胁。亏损不断扩大，它也越来越难于有赚头地变卖资产（有赚头地变卖资产是多年来的常态）了。

贝尔斯登破产后，几乎再无可能为此类金融资产找到愿意接手的买家了。我们下调了盈利预期，但幅度不够。结果是：当 4 月 11 日我们宣布第一季度的收益时，比预期少了 7 亿美元。这对通用电气来说是一个无法想象的失误，但老实说，要不是我们通用电气金融团队的努力工作，这个失误还要大得多。他们忙得脚不沾地，努力把通用电气金融的亏空减少到最低限度。公布业绩失误后没多久，我去参加一次会议，看到通用电气金融的首席财务官杰夫·伯恩斯坦（Jeff Bornstein）戴着一顶保护头部的橄榄球头盔。每当回忆起这件事，我都会笑个不停。

伯恩斯坦可能的确很难相处——有人觉得他直率得近乎生硬，但我知道他完全是为了通用电气好。他出生在缅因州一座常年被冰雪覆盖的磨坊小镇，从美国东北大学（NU）毕业后就加入了通用电气，对通用电气爱得很深。因为我比他高一些，所以有人称我们为"大杰夫"和"小杰夫"（不过，比我小 10 岁的伯恩斯坦却更喜欢"老杰夫"和"小杰夫"的叫法）。

回到那一天，当我走进房间，看到小杰夫整装待发准备战斗，我忍不住哈哈大笑了起来，随即整个房间都爆发出笑声。一瞬间，紧张的气氛松弛下来。伯恩斯坦愿意戴上头盔来自我调侃，这是为了让大家记住我们是个团结一心的集体。

相比之下，6 天之后，我们连缩水之后的第一季度预期收益都未能达到，我想笑都笑不出来了。杰克·韦尔奇上了通用电气旗下的有线电视台CNBC，威胁要杀了我，我没开玩笑。主持人问他，要是我再次错失收益预期，他会怎么想。杰克·韦尔奇说："我会震惊得难以置信，我会去找支枪来打死他……快点兑现收益。"他继续说，这句评论是直接冲着我来的："告诉他们，你会实现 12% 的增长，交付 12% 的收益。"

我为通用电气工作了超过 25 年，被杰克·韦尔奇训斥过无数次，但这次尤其伤人。领导一家像通用电气这般规模的组织，你会收获很多"名义上的朋友"，但我没有想到杰克·韦尔奇竟然也是其中之一。我记得杜邦公司的首席执行官贺利得（Chad Holliday）在这段时间曾打电话向我表示支持，还有其他几个人。可杰克却不选择做个真正的朋友。

我记得杰克在一个星期四上 CNBC 时大发脾气。第二天，他给我打电话，我有史以来头一次正面回应了他那不太完美的离任馈赠。"跟在你后面一点儿也不好玩，"我说，"你遗留下来的问题，我从来没对人说过。我为你的'传奇'留够了面子，但我本可以轻而易举地让它千疮百孔。多亏了我守口如瓶，您才至今仍是'20 世纪传奇首席执行官'杰克·韦尔奇。但现在，我正需要你帮助的时候，你却跑到我背后捅我一刀？我就是想不明白。"

杰克·韦尔奇用他的方式表示了懊悔。"听我说，我很抱歉，"他说，

"虽然你搞砸了，但我不该在电视上说那些话。"我明白他的沮丧——真见鬼，我跟他感同身受。我也无法反驳他在 CNBC 上提出的另一个观点：我存在"可信度问题"。你答应完成任务，可三个星期之后就失言了，这足以叫大多数人摸不着头脑。没人想要听什么"信贷市场存在不可预见的变数"这种业内行话。不过，我仍然觉得这是私人恩怨。杰克·韦尔奇比任何人都清楚他留给我去收拾的是"一袋子屎"——这是乔治·辛普森爵士说的话。杰克·韦尔奇也知道我从没对他戳戳点点，哪怕这能让我的日子变得容易些。他后来收回了自己的言论，称我为"很棒的首席执行官"，但伤害业已造成。这基本上结束了我们的关系，因为我终于意识到，他是在通过批评我来推广他自己的品牌。我担任首席执行官的 16 年里，杰克·韦尔奇上了 50 多次CNBC。

厄运临近

实情是，我们把数字弄错了。当时的背景是（虽说还不那么明显），金融危机已隐隐逼近，我们的流动资金问题很快就会变得更加严重。

2008 年 4 月，我们再一次看到天边露出了一层黑影。全球性金融服务公司雷曼兄弟打来电话，问通用电气是否有兴趣买下它。我让杰夫·伯恩斯坦和迈克·尼尔去看一眼。他们并不热心，没有人会忘记 1986 年杰克·韦尔奇收购基德尔·皮博迪（Kidder Peabody）证券公司后发生过些什么。它在 6 年间就让我们经历了两起备受瞩目的交易丑闻，我们迫不及待地将它卖给了普惠投资银行。我们再也不会那么干了。

但就在我们放弃此事后不久，雷曼兄弟的人又打来电话，说他们正在筹集资金，想发行一些优先股，这意味着他们在出售一种承诺比普通股拥有更高股息或资产分配权的股票。他们陷入了困境，虽说我们这些身在通用电气的人并没有预料到他们这次的麻烦会有多大。出于如前所述的理由，通用电气仍然没有道理插手此事，但雷曼兄弟是我们的长期合作伙伴，我想帮帮他们。初夏的时候，我们从雷曼兄弟手里购买了 2.5 亿美元的优先股。3 个星期后，我们加价 20% 卖掉了它。我们兴许是最后一批给雷曼兄弟投钱的实体之一，但也并未因此受到损失。

2008 年 8 月，资本市场发狂了，接着来到了 9 月（见图 5-1）。第一个星期，美国财政部和美联储决定接管房地美和房利美（即联邦住房贷款抵押公司和联邦国民抵押贷款协会）。第二个星期，三大汽车制造商——通用汽车、克莱斯勒和福特，向国会申请 500 亿美元的救助，同时，美联储担心美林证券没有足够的流动资金运营，敦促美国银行收购这家陷入困境的零售经纪公司。

合并的消息于 9 月 14 日星期日宣布。事有凑巧，谢林在同一天的晚上安排了一场领导层会议，通用电气 300 多名财务高管齐聚一堂。我们考虑过取消会议（因为人们害怕），但我拒绝了。取消会议意味着更大声地广而告之："恐慌来啦！"再说了，在一起会让我们感到稍微安心一些。

9 月 15 日星期一，雷曼兄弟申请破产。道指下跌 504 点。保险业巨头美国国际集团的股票下跌 66%。很快，美国经济将陷入自由落体运动。

事发同时，星期一下午，我正在美国财政部部长汉克·保尔森（Hank Paulson）的办公室里和他谈论另一件事：通用电气希望将海外的现金储备汇回美国，而无须支付高额罚款。美国的公司税税率高于其他国家，故此跨国公司会把利润囤积在海外。但这些钱实际上也就困在了海外，因为要把它带回美国，需要支付外国与美国税率之间的高额价差。我和保尔森很熟（我们都在达特茅斯打过橄榄球，虽然一前一后隔了 10 年），我知道，在经济衰退即将来临之际，他明白鼓励美国公司尽可能多地把现金带回国内有什么好处。但那天，我提出这个议题时，发现他心不在焉。

9月 **2008**

日	一	二	三	四	五	六
	1	2 三大工业化国家的中央银行降低存款利率，并向全球金融体系注入超过2008亿美元	3	4 · 美国政部和美联储决定接管房地美和房利美	5 · 和联邦住宅企业监督局（OFHEO）开会	6 · 告知房地美和房利美将由美国政府接管
7 · 公布房地美和房利美将由美国政府接管的消息	8 · 三大汽车制造商申请500亿美元的救助 · 保尔森与伊梅尔特特通电话	9 · 雷曼兄弟第三季度亏预39亿美元	10 · 雷曼兄弟股价下跌45% · 华盛顿互惠银行股价下跌20%	11 · 出售雷曼兄弟&美国国际集团	12 · 美国财政部和美联储召开各银行首席执行官参加的会议	13 · 美联储全天处于紧急状态；雷曼兄弟出售已出售；美林现有关美国集团&摩根士丹利的谣言
14 · 雷曼兄弟银行救助努力失败 · 美国银行与美林银行交易 · 通用电气被政资者猛烈抨击 · 商业票据项目"稳健"	15 · 雷曼兄弟申请破产 · 道指下跌504点 · 美国银行集团股价下跌66% · 保尔森与伊梅尔特特会晤	16 · 850亿美元救助美国国际集团 · 货币基金Reserve Fund"跌破面值"	17 · 道指下跌449点 · 金价创新高 · 3个月的短期国债利率为负 · 英国证券交易所禁止空头 · 摩根士丹利股价下跌24% · 高盛股价下跌49% · 摩根士丹利和美联银行开始并购谈判	18 · 英国和美国禁止做空 · 保尔森提出"不良资产"救助计划（TARP）	19 · AMLF公布 · 美国财政部为货币市场基金担保 · 美国禁止做空799只股票	20
21 · 高盛和摩根士丹利成为银行控股公司	22	23 · 高盛宣布，巴菲特将购买其50亿美元优先股	24	25 · 上午8:30通用电气披露不良消息发布会 · 下午3:15查封华盛顿互惠银行，摩根大通买下华盛顿银行业务；增和股产，300亿美元次债 · 财务经济陷入混乱状态不顺畅，通用电气受一笔又一笔减记 · 8.51电子邮件，通用电气被迫卖出了目的的努力 · LIBOR-OIS息差②扩大30基点	26 · 华盛顿互惠银行申请破产 · 美联银行一天缩水50亿美元，股价下跌27%；CDS翻倍至1560基点 · 摩根士丹利CDS>1000基点 · 美联银行股价下跌27%	27 · 花旗银行和富国银行在美联银行的出售谈判中展开竞争
28 · 比利时富通银行获163亿美元的救助	29 · 英国政府收购银行Bradford&Bingley · 德国联合抵押押银行Hypo Real Estate近500亿乙美元救助 · 花旗宣布收购美联银行 · 道指下跌>700点，单日跌幅创历史最大跌幅；市场蒸发10 000亿美元	30				

图5-1 2008年9月大事件

① 资产支持商业票据货币市场基金流动性工具。

② 伦敦银行同业3个月美元期美元利息与隔夜指数掉期利率之间的息差。

"我们准备对美国国际集团放手。"他一度这么说，意思就是说，他不打算救助这家保险公司。但危机助长了实用主义，仅仅过了几个小时，保尔森就改变了主意。第二天，他宣布对美国国际集团注入850亿美元的救助资金。我相信，这一纠正做法是为让整个社会得益，但我在这里想要表达的是：在那些日子里，没有什么是铁板钉钉的，情况瞬息万变。此外还有重要的一点：后来，保尔森在回忆录里说，我在9月8日打电话告诉他，通用电气的商业票据业务在出售短期债务方面遇到了困难，还在9月15日的会议上重申了这一点。其实这是错的。保尔森在书里提醒说，他的回忆依靠的是记事簿里列出的电话和来电人，但记事簿并未记录来电人所洽谈的主题。通用电气当时并不存在此类问题。9月初到9月中旬，我和保尔森沟通的事宜和税收改革有关，所以，我们的税务主管才陪同我参加了后一次会议。

保尔森的错误（迟至2020年，它仍在各公开报道中反复出现）使得美国证券交易委员会对9月14日投资者对通用电气商业票据项目的猛烈抨击展开调查。为澄清事实，我们的律师制作了一张巨大的彩色表格，展示了2008年9月这不同寻常的日子里到底发生了些什么。美国证券交易委员会随后结束了调查，没有对通用电气采取任何行动。

每当我看到那个月的日历，我就会想起，我们欠了保尔森、盖特纳、伯南克及其团队一笔恩情，是他们携手在那段艰难时期把世界经济从悬崖上拉了回来。我列出这张日历，是为了让商学院的学生们了解我和同事在这段时间里经手处理的各种惊心动魄的无情事件。

～

9月16日，我答应和美国前副总统阿尔·戈尔一起参加谷歌"2008时代精神"会议，这是一场为期两天的关于全球问题的思想盛会，与会嘉宾包括电影明星莱昂纳多·迪卡普里奥（Leonardo DiCaprio）和墨西哥商人卡洛斯·斯利姆（Carlos Slim）。那个星期二一大早，我的首席公关负责人加里·谢弗尔（Gary Sheffer）便和我一同飞往硅谷，我正在准备自己的发言稿，便得知美国规模最大的货币市场基金"首要储备基金""跌破面值"（每股股价不到 1 美元）。

长期以来，人们一直认为货币市场基金跟银行储蓄账户一样是没有风险的，但首要储备基金持有雷曼兄弟银行发行的债务证券（许多基金也同样持有），而这些证券如今基本已一文不值。多米诺骨牌开始倒塌了。

我受谷歌邀请就通用电气"绿色创想"计划发表演讲，这是件我很喜欢做的事情。但现在，我必须回到通用电气总部。尽管我们已经飞了 4000 多公里，我还是告诉谢弗尔，我们要临时取消讲演，赶紧回去。匆匆道歉之后，我们示意司机掉头。去机场的路上，谢弗尔不太开心。"你不应该走的，"他不停地说，"这是谷歌举办的大规模活动，又不是地方商会开会。现场有那么多媒体，如果你走了，人们会知道你受到了惊吓。"

我们的飞机正准备起飞，我急着想走，但谢弗尔坚持认为我们应该回到谷歌。他打电话给会议主办者，问他们能不能提前几个小时取消我的评审席位，他们说可以。与此同时，我给通用电气首席财务官凯斯·谢林打去电话，他正帮儿子搬进西北大学的宿舍。他的电话已经被打爆了，我是最新一个。我们短暂地宽慰了一番彼此——整个世界都疯了！——接着我问他，我应该留下还是回总部？

"就待在那里，"他告诉我，"保持镇定。"趁着为儿子往新宿舍搬东西的空隙，谢林也在这么做，他给自己的团队打电话，努力让他们放轻松。我想说，在金融市场爆炸时发表关于环保的演讲，这可比搬行李难多了！谢林听得出我有多慌乱。

最后，我挂断电话，转向谢弗尔，他看起来紧张得简直想把铅笔咬成两半。"你说得对，"我说，"我应该留下来把事情做完。"说完，我和他下了飞机，再次上车，回到谷歌。

几个小时后，我们出发返回康涅狄格州，飞机上电视一如既往地调到了CNBC。我请空乘人员把它关掉，因为我不忍心听下去了。我给保尔森和时任美国财长的蒂姆·盖特纳（Tim Geithner）拨了电话。两人都说他们非常担心商业票据市场。我告诉他们，通用电气商业票据的销售能力没有出现任何问题。

晚上9点左右，我们在美国东海岸着陆，谢弗尔和我直接前往办公室。谢林和通用电气财务主管凯西·卡西迪正等着我们。这两个人的分析能力比许多小国的执政者都要强，而且他们手里掌握的预算也比很多小国要多。如果说卡西迪是我的磐石，谢林就是通用电气的瑞士军刀，他什么事都做得到。

"好吧，"我问他们俩，"明天我们有哪些商业票据要滚动？"

滚动票据

滚动商业票据是通用电气金融公司这台盈利机器的关键发动机。我们有一个大型的商业票据项目，平均到期时间是60多天。我们利用这类资金，加上一些一年期和两年期的短期债务，为消费者信用卡和其他应收款项、经销商库存以及其他经常重新定价、余额每天可能都有涨跌的资产提供融资。之前我就已经提到过，通用电气的AAA信用评级让我们能以非常具有吸引力的利率（一般接近联邦基金利率，当时大约为2%）在所有市场上借到长期或者短期资金。

这并非通用电气金融公司唯一的借款，我们的目标是让公司的资产和负债"资金匹配"，以避免承担利率风险。也就是说，与银行不同，我们的大部分债务是长期债务。因为我们发起并持有长期固定利率的飞机租赁、商业地产贷款、房地产股权，所以我们在长期债券市场上以 3 年、5 年、10 年甚至 30 年为期限借款。这意味着，总体来看，如果你把我们的短期和长期借款放到一起，我们的利率差额（即我们向借款人收取的费用，与我们为借款支付的费用之间的差额）非常稳定，而且可预测。

但是，眼下信贷市场陷入停滞，我们的借款成本提高了。接下来的两个星期内，我们非但无法再为自己发行的商业票据支付 2% 的利息，反而需要为 60 天以上的借款支付高达 3.5% 的利息。人们仍然想借钱给我们（购买我们的商业票据），因为通用电气的评级是 AAA 级，而银行的评级仅有 A。即便如此，我们持有的短期债务显然也太多了：900 亿美元。

在这段时间，我们周末全天工作。每个星期天，会有一个名叫 H. 罗金·科恩（H. Rodgin Cohen）的人来到通用电气位于费尔菲尔德总部的办公室，和我们一起坐在圆形大会议桌前，为我们的生存提出各种各样的选择。罗金是一位以精通公司法闻名的律师。我们把他当成我们的常驻"智者"，他既富有创造力，也有点疯疯癫癫的。有一次，我们考虑过以 30 亿美元的价格将自有品牌信用卡业务（它们可为在沃尔玛和杰西潘尼购物的消费者提供服务）出售给摩根大通。（谢天谢地，这个点子落空了。后来，我们把它剥离出来，成立了一家名为 Synchrony Financial 的公司，目前市值为 300 亿美元。）我们讨论过把通用电气金融公司从母公司剥离出来，但那样可能会让前者破产，因为它是靠着整个通用电气公司来筹措资金的。我们还花了很多时间和罗金讨论通用电气接受银行控股的利弊，但美联储否决了它。又一次，这说不定是最好的结果。

我们曾经常讨论应该让商业票据项目保持多大的规模。在进行收购时，企业财务结构中的这部分很容易增长，因为你需要资金。但照理说，商业票据是一项安全投资。一旦人们担心资金的流动性，哪怕是通用电气的商业票据也会变得弱不禁风。回头看去，我意识到我们在看待商业票据问题上犯了一个整体性错误。我们很高兴商业票据只占负债的 15%，这正是评级机构希望我们在 AAA 等级上所维持的水平。但 15% 本身也是一个非常庞大的数字，有时，我们没有把通用电气的总规模考虑在内。

"那我们就去弄点钱吧"

在整个过程中，我深感幸运的一点是，当时负责通用电气财务事宜的是凯西·卡西迪。自从 2001 年我提拔她以来，她已经证明自己是个强有力的领导者，在公司内外都维持着极佳的人际关系。在她的敦促下，我们与评级机构（通用电气的 AAA 评级有赖于它们）取得了一些进展。早在危机发生前，她就游说我要控制公司商业票据的规模。她聪明、有战略眼光，而且专注。2007 年 7 月，雷曼兄弟倒闭前两个月，她的丈夫因动脉瘤过世，年仅54 岁。她家的三个儿子最小的还在上高一。即便如此，除了应对家里的情况，她仍全力以赴地投入通用电气的危机处理当中。

这一时期的每天早晨，卡西迪 7 点便来到办公室和团队开会。他们的目标是准确跟踪我们哪些债务即将到期，哪些债务当天需要延期。7 点半，她会接到吉米·李询问相关信息的电话，李是摩根大通的副董事长，极具影响力。吉米·李爱穿细条纹西服，袖口使用定制袖扣，是个复古派（不像银行家，倒像个顾问），他凭借深厚的人脉推动了交易。但他也很有创造力，他将市场上最大的商业票据发行商通用电气金融视为一个主要指标。

"今天你们会在商业票据市场上出问题吗？"他会这样问，而卡西迪则会回答："不会，吉米。我们很好，别担心。"

随后，商业票据市场会开市，卡西迪会滚动通用电气的票据，用我们的货币市场证券来换取现金，再用这些现金来偿还短期债务。几个小时后，她会打电话告诉我做得怎么样。每一天，那通电话都让我感觉像是又被宽限了 24 小时。没有哪一次挂断电话后我会想："这一回我们总算脱离险境了。"

我知道这需要一天又一天的努力。为了让自己平静下来，我开始在办公室后面的小浴室里洗澡。每天到了某个时候，我都会告诉秘书我暂时不接电话，好让自己站在滚烫的热水下，努力放松。

9月25日上午，谢林和我做了一场投资者消息发布会。"你们会进行股权融资吗？"有人问。我认为通用电气状态很好，我们有很多现金，我们的商业票据正在交易，所以我回答："我想不会，我们觉得目前通用电气很安全。"但我们的机构投资者并不放心。那天晚上，卡西迪给我转发一封来自一家投资机构的电子邮件，它的寄出时间是当晚8点51分。邮件里说："你们公布的消息并没有扑灭大火，我们的债券持有人都吓坏了。"

第二天，也就是9月26日，华盛顿互惠银行申请破产保护，而摩根士丹利看上去也快迫不得已要走上这条路了。对我来说，这是大难临头的一天——它清楚地表明我们所面临的危机有多么严重。互惠银行申请破产后，美联银行遭遇50亿美元规模的挤兑，股价下跌27%。这对我们来说是个可怕的消息。持有通用电气债务的实体往往以信用违约掉期的形式购买保险。现在，我们的信用违约掉期崩溃了——当持有我们商业票据的人尝试购买保险的时候，要么买不到，要么贵得吓人。

就在这时，高盛给谢林打来电话。他们想在当天晚上见个面，敦促我们考虑做一件不到24个小时前我还说不会做的事：公开募股。

我永远不会忘记，下午5点左右谢林走进我办公室时的表情，他把高盛的人刚刚说的话告诉了我：我们需要增发股票。我表示拒绝，但谢林态度坚决，我不得不听他的。谢林有一种"真实的声音"，我的意思是，他始终把公司放在第一位，不顾个人的自尊。如果他感到担心，我知道，我也需要感到担心。几个小时后，我们跟高盛团队开了会，草拟了一个方案。

星期六上午，我前往办公室，与通用电气董事会成员举行了电话会议。我尽我所能，概述了通用电气的环境突然变得有多么凶险和不可知。我告诉董事会，我们需要筹集至少 150 亿美元，并且需要立刻动手。电话那头陷入一片似乎永远不会终结的死寂。最后，罗杰·彭斯克（Roger Penske）——他是位赛车大亨，我个人最喜欢的通用电气董事之一——开口了。"那我们就去弄点钱吧。"他说，董事会的其他成员很快也同意了。我们揽下的任务有多鲁莽呢？不妨介绍一些背景：就在几个月前的 2008 年 3 月，维萨（VISA）进行了史上规模最大的募股活动，筹资 180 亿美元。他们花了几个月的时间来准备这轮股权融资。我们没有几个月的时间，我们只有几天。

打捞锚点

我们需要一位锚定投资者，他的参与将鼓励其他人跟进效仿。理想而言，我们需要来自奥马哈的传奇选股大师沃伦·巴菲特（Warren Buffett）。我见过巴菲特几次，但我没有亲自去联系他，因为我知道他更喜欢通过自己唯一信任的银行家——高盛投资银行业务副董事长拜伦·特罗特（Byron Trott）来做生意。特罗特和巴菲特同样来自美国中西部，从不说废话。上个星期，他说服巴菲特向陷入困境的高盛注资 50 亿美元。现在，我们请教特罗特，是否愿意代表通用电气接洽巴菲特。

最初，我们打算在 9 月 28 日（这天是星期日）晚上启动股权融资，不管是否得到巴菲特的支持。所以那一整天，我的团队都在费尔菲尔德工作，跟律师和其他人开会做准备。我们必须在晚上 7 点（亚洲时间的星期一上午）投放，但到了大约 6 点半的时候，我告诉大家我需要一点时间好好想想。一楼的礼堂里聚集了大约 50 名通用电气内部人员和外部顾问。我走出礼堂后，前往三楼的办公室，审视当前所了解的情况。有传言称，拟议中的问题资产救助计划正面临国会的反对。这将使我们难以进行股票融资，风险似乎不小。但拖延同样让人感到危险重重。

我知道大家都在等着我开绿灯放行，所以我又朝楼下走去。途中，我经过一处洗手间，我真想溜进去，把自己锁在隔间里，再也不出来。但我继续往前走，等我回到同事们身边，我已经拿定主意：我们要推迟发行时间。

第二天，即 9 月 29 日，众议院否决了"问题资产救助计划"，道指下跌超过 700 点，创下当时最大单日跌幅。7 家欧洲银行宣布即将破产。如果我们按计划发行，我们也会崩溃。

星期二，也就是 9 月 30 日，特罗特去给巴菲特做工作，说明我们对他的期待，以及巴菲特将如何获利，但谁也不清楚他会不会答应。

次日（10 月 1 日）一早，我的团队就聚到我办公室旁边的会议室——通用电气塑料公司送给我的那尊钱袋铜像就放在这间会议室的书架上。特罗特计划在上午 8 点打电话到巴菲特位于奥马哈的家里。我们能做的，只有满怀希望地等待。

等待消息期间，气氛异常紧张。"如果巴菲特拒绝，我们就惨了。"谢林把胳膊支在桌子上，手撑着额头。谢弗尔日后用同样生动的语言回忆了当时的场景："房间里的每个人都汗如雨下，人人都需要一条新裤子。"

终于，上午 8 点半，我的电话响了。来电的是和特罗特共事的高盛高管约翰·温伯格（John Weinberg），他带来了一个好消息：巴菲特答应由伯克希尔－哈撒韦公司投资 30 亿美元，换取我们新发行的优先股，以及允许伯克希尔－哈撒韦公司在未来 5 年内购买同等数量普通股的认股权证。我长出了一口气，从桌子旁站了起来，走进隔壁的办公室，我想亲自向巴菲特表示谢意。一拨通他的电话，我长话短说道："谢谢，沃伦，我们不会辜负你。"

人能在一瞬间产生出那么多种不同的感受和情绪——感激、疲倦，当然还有恐惧，真叫我感到惊讶。就在我们准备宣布巴菲特注资，匆忙撰写新闻稿的时候，又涌出一股逆流。上午 11 点前，德意志银行的一名分析师宣布，他将大幅下调通用电气 2008 年的利润预期。我们的股票转眼就跌了 9%。

当天下午 2 点前，我们发布了巴菲特支持通用电气的消息，并说我们将向公众出售 120 亿美元的普通股，即刻开始。"我有信心，通用电气在未来几年将继续收获成功。"巴菲特在声明中说。现在，我们得让更多的人同意他的看法。星期三剩下的时间里，我的下属们在不同的办公室之间奔波穿梭，给阿拉伯联合酋长国的穆巴达拉（Mubadala）等主权财富基金，以及富达（Fidelity）等共同基金打电话，跟任何愿意购买的人交谈。这就像是一出加长版的《打电话找钱》（*Dialing for Dollars*）情节剧。

我永远不会忘记 10 月 2 日星期四凌晨我的团队跟高盛的温伯格及苏德巍（David Solomon）之间召开的那场电话会议，我们的上市筹资，是这两人帮忙精心安排的。"伙计们，我们成功了。"苏德巍说。"我们筹到了所需资金。"温伯格补充道。在 24 小时多一点的时间里，我们筹集了 150 亿美元。

第二天，美国总统乔治·W. 布什签署"问题资产救助计划"（TARP），最终由国会通过，成为法律。我想，这一下我们兴许能够稍作喘息了。我预料得不错，但它并未持续太久。

要命图表

10 月中旬，我在克劳顿维尔参加通用电气的一场高层会议。在人们陆续就座时，房间里的几台电视机都播放起了 CNBC 的头条新闻。就在那时，所有人得知，美国联邦存款保险公司（FDIC）将推出所谓的"临时流动性担保计划"（TLGP）。这一设想是创建一种保单，允许银行发行债券、筹集现金。接下来会有一套商业票据回购机制，同样由联邦政府担保。你兴许以为这与通用电气没有关系。如我所说，我们的金融部门，也就是通用电气金融公司，它不是银行，所以不属于联邦存款保险公司的管辖范围。再说了，到那一刻之前，我们的商务票据销售并没有碰到任何问题。

然而，眼下"临时流动性担保计划"已成现实，通用电气的成本也变得一目了然：政府把我们排除在这一计划之外，这就意味着我们的长期债务变得一文不值。不是所有人都认为通用电气无法偿还债务，问题在于，如果银行出售的债券有政府担保（而通用电气没有），没有哪个脑袋正常的人会购买通用电气的债券。接下来会发生两件事：①想让任何人借钱给我们都会越来越困难；②我们的借款成本飙升。虽然通用电气并未出现流动性危机，但这些新计划似乎将要给我们带来一场危机。

连带影响对我们来说太可怕了。我们需要提出强有力的理由，证明通用电气金融公司哪怕不是一家银行，也应受到旨在保护银行的全新联邦制度的保护。若非如此，我们只有倒闭一途。我们要传达的信息很简单：我们的规模比政府想要保护的大多数银行大得多，对美国经济也更重要。

杰夫·伯恩斯坦和其他几个人草拟了一份只有一页内容的文件，我们戏称为"要命图表"。它简要介绍了通用电气金融公司开展业务的关键贷款领域，并展示了它在各领域的市场地位。飞机融资？第一。设备贷款/租赁？第一。车队租赁、医疗融资、自有品牌信用卡？全是第一。这样的例子举不胜举。通用电气金融公司是美国三大商业房地产贷款机构之一，它在破产融资和能源基础设施领域处于领先地位；通用电气金融公司还是农业机械和卡车运输领域最大的贷款机构。这些业务领域，事关全美普通民众。"通用电气金融公司"，要命图表上用粗体字宣告，"持续为经济关键领域提供流动性"。

我把这盒"弹药"揣进衣兜，登上了前往华盛顿的飞机。陪同我的是通用电气的法律总顾问布拉克特·丹尼斯顿（Brackett Denniston）。我们的第一站是保尔森的办公室，位于第十五街美国财政部总部三楼。我知道他天生性子急，也知道这些天来他一定累坏了。他只给了我们10分钟，但仔细听取了我的陈述。

"我知道你手上有上千个烂摊子要收拾，但你必须得想一想我们为之提供融资的客户，"我说，"不管是航空公司，还是小企业主，我们要让所有人都能继续做生意。"我递给他一份"要命图表"，他读了一遍，点点头，仿佛是明白了。他提出要给联邦存款保险公司的负责人希拉·贝尔（Sheila Bair）打电话，请她与我们见面，我大受鼓舞。

几分钟后，我们正前往财政部一楼拜访戴维·内森（David Nason），他是财政部负责金融机构的助理部长，丹尼斯顿在走廊上看见了保尔森，他手里拿着"要命图表"。这又是一个好迹象。

我们立刻前往联邦存款保险公司拜访贝尔，该机构位于离此地不远的第十七街，是一栋看上去有些阴森森的大厦。那时已经很晚（快到晚上8点了），但她还在。然而，我们到了她的办公室门口，却走出来一名警官说她没时间接待我们。

"我们哪儿也不去，"我说，"我们就在这儿等着。"警官瞅了瞅我，把我上下打量了一番：我脸上的表情表明我不会主动离开，而且我体重有近110公斤，想动手把我赶出门很难。所以，他让我们留了下来。

我们在联邦存款保险公司的大厅走来走去，晃悠了足足一个多小时。附近有个清洁工在擦地板，那"咔嚓咔嚓"的声音，在如同古墓般的走廊里回荡。最终，贝尔邀请我们进了她办公室，但显然她对通用电气的提议没什么兴趣。但我们给出了最充分的理由，我们论证的目的，不是要贝尔为我们感到难过，而是要告诉她，惩罚我们将给美国经济带来灾难性后果。

"银行不会告诉你这些情况，因为他们很乐意看到我们倒霉，但通用电气在维系美国经济的持续运转。"我说。贝尔提出了一些尖锐的问题，我则不断地强调通用电气金融公司在全美大大小小无数家企业的日常业务里扮演着多种角色。我解释说，我们一直通过现金流形式帮助通用电气的投资人，甚至偶尔允许他们提前赎回商业票据，但政府的新计划让我们无法继续回购。

"人们来找我们，"我说，"是因为没有其他人能帮上忙。如果你不帮我们继续做下去，这些人又要怎么生存呢？"

会面很快就结束了，我们离开时并不知道赢面有多少。但在回机场的路上，保尔森给我们打来电话。"我们会搞定这件事的。"他说。他明白，通用电气倒闭，对任何人都没有好处。

接下来的几天，我们跟联邦存款保险公司讨价还价："看，既然我们是商业票据的最大发行商之一，如果我们主动说，我们会使用你们创建的这一机制，那就等于是为你们做了强有力的背书。没人会担心使用它有什么坏处。"换句话说，通用电气能为"临时流动性担保计划"提供可信度。我们用了三个星期游说，最终，联邦存款保险公司修改了计划，为我们敞开了大门。

我想要非常自豪地说，通用电气信守了对监管机构的承诺。一些银行在金融危机期间背弃了对中等市场规模私募股权公司的承诺；与此相反，我们为每一项承诺提供了资金，并履行了每一项义务。我们是强硬的贷款机构，但也很可靠。我想讲一讲印第安纳州埃尔克哈特的故事，这里是美国移动式房屋行业的中心。整场危机期间，我们是唯一一家继续为流动住房提供融资的贷款机构，埃尔克哈特从未忘记这一点。多年后，他们甚至举办了一场聚会，感谢通用电气让他们的企业生存下来了。我受到邀请，很高兴地去参加了。美国中西部地区的这一类业务是通用电气聚焦的关键部分，能为它们的生存提供帮助，我们深感荣幸。

回归流动性

一如我们的承诺，我们大量使用"临时流动性担保计划"——我想，我们总共动用了 1300 亿美元的贷款担保。不过，在反复讲述的过程中，这一点经常遭到曲解。就在前几天，我读到一篇文章，说通用电气金融公司在那段时间非常拮据，不得不向美联储借钱。这几乎成了主流的说法（尽管通用电气金融公司还从来没有哪个季度是不盈利的）。只可惜，这种说法是错的。美联储从来没有给过我们钱，我们为借债提供资金，而它提供担保（并向我们收取费用）。我们使用这些支持举措，一部分是为了帮助我们自身，但另一部分也是使得整个计划合理地运转起来，我们相信，他们创建这些计划，是为了让美国重新站稳脚跟。此外，还有一点事实很少有人报道：通用电气是第一家退出这些计划的机构。

应该向"临时流动性担保计划"和其他在这一时期就位的货币政策的设计师们——保尔森、贝尔、盖特纳和即将接替他职位的比尔·达德利（Bill Dudley，2009 年 1 月，他将担任美国联邦储备银行主席）、美联储主席本·伯南克致以最真挚的谢意。这些项目颇有创意，因为它们为实体提供了激励机制，把钱借给有需要者，同时，这些激励机制又验证了资本市场的有效性；反过来，这使得通用电气金融公司能够履行自身的职责。我记得，我们在 2009 年 1 月做的一笔交易（一笔 30 年到期的 50 亿美元融资）让金融市场再度向所有人开放。坦率地说，是我们让银行重新回归贷款业务的（这不免让它们有失颜面）。所以，我们信守了对美联储的承诺。

不过，对任何从事金融行业的人来说，熬过全球金融危机，就像是熬过一场持续 18 个月的肠胃感冒。对通用电气来说，情况甚至来得更早。还没有哪支团队曾带领一家金融 - 工业聚合体经历类似 2008～2009 年这样的金融大风暴。和银行一样，我们也面临着生死存亡的威胁。但和银行不同的是，通用电气还有其他许多不容拖延或忽视的紧迫问题。比方说，我们必须为下一代喷气发动机的研发提供资金；我们必须重新定位在中东和亚洲的电力业务；随着奥巴马总统就职，我们必须让 NBC 新闻台为报道新一届政府做好准备；我们要在伊拉克销售燃气轮机；我们必须继续为世界各地的客户提供支持，为我们的医疗保健、可再生能源、石油和天然气业务投资，让它们准备好迎接未来。

2008 年，我曾答应通用电气负责中东、北非和土耳其业务的纳比尔·哈巴耶布（Nabil Habayeb），跟他一起到当地去 6 次，见见客户。即便置身前文所述的空前混乱中，我还是按计划去了那些地方。我记得，有一回我对公关负责人加里·谢弗尔说，我希望通用电气每天至少发布一份新闻稿。如果通用电气在卡塔尔卖出了一台超声仪器，我想让全世界都知道。哪怕全球的金融支柱濒临崩溃，我们也要努力给自己创造出动力来。从 2001 年 9 月到 2008 年年底，我的团队成功地重塑了通用电气的业务组合，改变了我们所拥有的近 40% 的资产，同时继续尝试创造价值。我们在困难重重中仍然取得了进展。

削减分红

随着日历翻开进入 2009 年，争议焦点转向了通用电气金融公司的资产负债表，许多人认为它需要收缩[⊖]。评级机构正在考虑下调我们的评级。此外还有一件事：我此刻完全被烤焦了。每一天，在美国各大报纸的商业版上，通用电气金融公司及其对母公司的影响，都如同显微镜下的细菌，被分析来分析去。我们会削减通用电气的分红吗？还是说，我们愿意支付分红，但失去令人垂涎的 AAA 评级（维持 AAA 评级，需要我们手头拥有大量的现金）会有失去的风险？每个人都有自己的一套看法。也许，审查并没有比平常更严格，但我筋疲力尽，我对此事的忍耐力也日复一日地不断减弱。碰到压力，我总爱吃零食——脆嘣嘣的咸味零食能给我带来安慰。这几个月来，我吃了太多的金鱼切达奶酪饼干，体重超乎以往。我还记得，有一天我打开衣柜，只找到一件能勉强塞进我的西服。

2008 年年底，我们拟订了一项商业计划，在 2009 年照常分派年度股息

⊖ 它的意思就是：我们的债务仍然太多了。——译者注

红利，此事得到了通用电气董事会的批准。1月24日，我宣布了这一计划：通用电气将支付每股 1.24 美元的分红。如有必要，我们会在 2010 年削减分红，但我认为公司不至于会落到那般地步。在我眼里，依靠通用电气股息分红的退休人员可不是什么抽象概念，我的父母就是其中一员。一想到在我任内要削减分红，我可受不了。自 1899 年以来，通用电气的股息分红从来都是照常发放，唯一的例外只有 1938 年（那一年削减了分红）。

然而，到了 2009 年 2 月，我再次和通用电气董事会开会时，他们不太高兴了。我们的股票，去年夏天还是 40 美元，如今已经跌到了区区 9 美元多一点。我们的股票成了对冲基金的宠儿，这导致了股价的剧烈波动。每一天，围绕公司的噪声都越来越大：今天会削减分红吗？它真的要折磨死我们了。

会议上讨论声四起。经过大约 45 分钟的激烈辩论之后，主持会议的董事拉尔夫·拉森（Ralph Larsen）转向我。"我们要削减分红，现在就动手，"他严肃地说，"要是我们不这么做，媒体每天都会追问：'它们会不会削减？'我们必须削减，只能这样了。"

我的决定遭到否决，可我记得，我当时的感觉很奇怪，有些失望，又怀有感激。我很尊敬拉森，他把强生公司打造成了一家跨国巨头。他拥有杰克·韦尔奇的全部智慧和领导才能，又没那么自负。听到他的决定，我如同一头幼狮挨了老狮子一记耳光。我知道拉森是对的。我在不经意间努力维护着自己的自负情绪。不管情况有多焦灼，不管有多少人不断告诉我这不是我的错，我始终不想成为大萧条以来首次削减通用电气传奇性分红的首席执行官。

在此期间的某个时候，我联系了通用电气前首席财务官丹尼斯·达默曼（他绰号"3D"），是他把我招进了通用电气，"9·11"恐怖袭击事件期间，他一直是我的坚实后盾。他于 2005 年退休，但我们一直保持着联系，此刻，我只需要一个可以说说话的人。我们通了几分钟话，这时达默曼突然插了一句话:"这让我想起了墨西哥1994年的货币危机。"我目瞪口呆。他指的是那一年墨西哥中央银行突然决定让比索贬值并提高利率,毫无疑问,这么做会导致严重后果,但跟我们正在应对的事情相比,它简直是小菜一碟。我意识到,哪怕是我最聪明的朋友也无法理解我们正在经历的一切,因为他们之前从未见过尾部风险。挂上电话后,我感觉比从前更孤独了。

不过,我的第二通求助电话取得了好的结果,这让我感到很高兴。尽管前一年杰克·韦尔奇在CNBC上公开指责我,但我觉得,现在是寻求他指点的时候了。我没空使性子埋怨别人了。我们一起讨论了些问题,权衡了我在6个月里第二次改变立场带来的种种后果。最后,杰克说了一句有着典型其个人风格的话:"杰夫,你要么做个食言的聪明人,要么做个言出必行的傻瓜。可以吗?"

我选择了做"聪明"的事。但我感觉,公司的骄傲,还有我自己的骄傲,遭到了践踏。2006~2008年的3年,是通用电气工业业务创纪录的3年,我们的业绩一路飙升。即便如此,我仍在2009年2月宣布拒收奖金(这笔钱超过1200万美元)。我总是说,我的薪酬应该反映公司的财务绩效,我说到做到。

我还考虑过辞职。

我记得,在纽约的一辆出租车里,我把这个打算告诉了加里·谢弗尔。天气热得不合时令,出租车的车窗敞开着——司机说,车窗坏了,摇不起来。"我希望你做好心理准备,"我说,空气从我们耳边嗖嗖而过,"一旦我们削减分红,我就辞职。"挫败感几乎击倒了我。但谢弗尔并没有。"这不是你的错,"他坦率地说,"你不能辞职,别再跟任何人说这话。"

2009年2月27日,股市开盘之前,我们与通用电气董事会全体成员通了电话,同意将分红从31美分减少到10美分。市场看起来波动很大,所以董事会想等一等再宣布决定。遗憾的是,有人向CNBC早间节目《华尔街直播室》（Squawk on the Street）的联合主持人大卫·费伯（David Faber）泄露了我们正在削减分红的消息，上午 10 点左右，费伯发布了一则报道。这一下，我们腹背受敌：哪怕我们不削减分红，仍然会为此付出代价。我催促董事会尽快做出决定，那天他们投票通过了削减计划。该决定为我们节省了近 90 亿美元。

但即使这样也不足以维持我们的评级。仅仅两个星期后，标准普尔就将我们下调了一个等级到 AA+。2009 年 3 月，我们的每股收盘价来到了 6.66 美元的低点。我们知道，必须当众反击才行了。

在这类危机中，这一层面的沟通往往很难。媒体会带着敬重之意，准确地报道了"9·11"悲剧。但在全球金融危机发生的时候，投机者却在操纵媒体赚钱。他们是这么做的：做空我们的股票，购买信用违约掉期，接着打电话给 CNBC 或福克斯商业频道，谎称通用电气陷入困境。我知道，危机期间媒体有时会误信传言。我还知道，光是保持沉默，是无法澄清误解的（不管是事实错误，还是背景错误）。我们必须把讲故事的主动权抓在自己的手里。

首先，我在摩根大通举办的一场首席执行官大会上接受了著名记者查理·罗斯（Charlie Rose）的采访。他给我看了几段从《华尔街日报》上摘选的并用黄色荧光笔标示的片段，考验了一番我的能力，我想，我应该是顶住了高压。

同一天，凯斯·谢林接受了 CNBC 长达 45 分钟的采访，澄清了一些做事不择手段的、对冲基金四处散播的有关通用电气的谣言。他锁定了胜局。最后，迈克·尼尔和杰夫·伯恩斯坦针对投资者和分析师召开了一次大型会议，试图平息恐慌。面对大约 250 名现场观众（还有 300 多名通过电话收听的听众），尼尔谨慎地说明了我们的情况（以及我们打算怎么做）。会议开了近 8 个小时。

这三场紧锣密鼓的公开露面，为我们打下了更稳固的立足点。这是公开透明带来的胜利。

我经常提到，"9·11"恐怖袭击事件发生的时候，虽说这件事十分可怕，但到中午之前，你已经多多少少知道了所有关键的事实：多少人死亡，多少建筑被毁，甚至是谁干的。相比之下，金融危机期间，你往往感觉自己对任何事都一无所知。而且，这种不知情状态会持续好几年。直到最后，我们才了解尾部风险会是什么样子。

这并不是我最后一次经历尾部风险事件。仅仅一年以后，英国石油公司发生石油泄漏事故，我便借鉴了 2008 年和 2009 年学到的一些经验。2011年，日本东北部地震引发的海啸冲垮了福岛第一核电站的海堤，这座核电站的 6 个活跃反应堆均由通用电气设计。在这次危机中，我采取了同样的做法。但回头望去，我认为金融危机带来的挑战性最强，部分原因在于，你需要持续不断地做出应对。我很高兴能够说，在雷曼兄弟破产后的 8 个多月，通用电气实现了最优秀的团队合作。为什么呢？因为每个决策都将产生巨大的影响，还因为我们必须常常在对事态进展根本没有清晰洞察的情况下果断采取行动。

金融危机带给我的教训是：一些人在危机中互相指责，另一些人则解决问题，这两类人之间几乎没有什么交集。在责备文化中，为了掩盖自己的过失，人们停止工作。如果你能培养起一种"人人为我，我为人人"的精神，就能让你免遭失败。在一场正义的战斗中，好人会站在你的身边。如果有一支强大的团队，你能度过任何危机；没有它，你会陷入迷失。

我了解到，在危机中，领导者必须为公司的声誉而战。有时，律师和公关人员会警告首席执行官："说话不要听起来像是在自我辩解！别听那些批评你的人的话！"领导者不能纵容谎言和半真半假的传言蔓延至不可收拾的地步，也不能让团队的叙事遭受不可逆转的玷污，太多的人等着从有关你的烂故事里坐收渔利了。尤其是在危机中，领导者应该把真相把握在自己手里。

很多人会把 2008 年全球金融危机与 2020 年新冠肺炎疫情大流行相提并论。但在我看来，2008 年 9 月发生的事情，在经济层面上有着最强的震级，没有其他事情可与之相比。2020 年，美国政府迅速推出了若干救助计划。12 年前，政府的反应比较缓慢，因为在此前的一段时期，政府在支持经济方面的作用，每一天都在被彻底重新定义。此外，整个全球金融服务领域都彻底重组了，没有一家机构未受波及。

还有一点，在金融危机中，凡是从事金融服务工作的人，都被当成了恶棍。如果你在这个行业里开展业务，你是在为公司的生存而战，同时也在公众舆论的法庭上遭受鞭笞。相比之下，在新冠肺炎疫情期间，人们可以选择自己眼里的渎职者：是特朗普总统，还是世界卫生组织？但没有人会因为整个世界的苦难而指责经济领域的某一个部门。

第 六 章

领导者让大公司变小

蒂娜·菲⊖在乎这事儿吗?

那是在 2006 年,我向洛恩·迈克尔斯(Lorne Michaels)提出了这个问题。洛恩是《周六夜现场》(*Saturday Night Live*)节目多年来的制作人兼主创人员,他打电话给我,希望我支持他制作的新剧集《我为喜剧狂》(*30 Rock*)。那一年,NBC 推出了两套(而不是一套)聚焦于现场喜剧节目主持人镜头外生活的节目。迈克尔斯制作的这套节目,由刚刚在《周六夜现场》里取得了极好成绩的蒂娜·菲撰写剧本并出演。但另一套节目,名为《日落

⊖ 蒂娜·菲(Tina Fey),美国剧作家、喜剧演员。——译者注

大道 60 号演播室》（*Studio 60 on the Sunset Strip*，简称《60 号演播室》）更受期待，因为它的主创是阿伦·索尔金（Aaron Sorkin），他也是《白宫风云》（*The West Wing*）中为总统办公室增添吸引力的幕后操刀手。

我记得《60 号演播室》首播时有一集精彩的试播，向西德尼·吕美特（Sidney Lumet）的电影《电视台风云》（*Network*）致敬——一名陷入困境的制片人在电视直播中崩溃了。《60 号演播室》的收视率很高，而《我为喜剧狂》的"粉丝"却增长缓慢。迈克尔斯很少在节目决策上游说我。但现在他告诉我，如果 NBC 不给《我为喜剧狂》足够的时间来吸引观众，我们会后悔的。"蒂娜会全力以赴，"他告诉我，"这将是她的一次全面展现。我向你保证：通用电气将永远为这套节目感到自豪。"

直到今天，在我和迈克尔斯碰面的时候（这种机会如今很少），我们仍然会为接下来将要发生的事情开怀大笑。2007 年，《60 号演播室》的收视率直线下降（而且制作预算飙升），NBC 决定放弃此节目。相比之下，《我为喜剧狂》播出了 7 季，获得了 11 项"黄金时段艾美奖"。迈克尔斯是对的：通用电气过去会，将来也永远会为旗下子公司播出的《我为喜剧狂》感到自豪。不过，我们开怀大笑的原因在于，从一开始，蒂娜·菲在剧集里虚构的另一个自己利兹·莱蒙（Liz Lemon）和她的同事们就不留情面地嘲笑通用电气。

节目喜欢打趣通用电气对首字母缩写（这是六西格玛流程带来的一个副作用）和六西格玛本身的依赖（他们嘲笑它以"团队合作、洞察力、残暴、雄性角力、握手、不择手段"为核心原则）。有一集，亚力克·鲍德温（Alec Baldwin）扮演的通用电气东海岸电视及微波炉项目副总裁杰克·多纳吉解释说，在寻找员工给予指导时，他所寻找的是"值得我花费时间的动力（drive）和雄心，能够理解所面临的挑战的智慧（intelligence），愿意接受我帮助的谦逊（humility），还有最后一点，如同无底沼泽般混乱（chaos）的生活。"换句话说，他要找的是"DIHC"[⊖]（想想它的发音，你

⊖　其发音接近 bitch（婊子）的发音。——译者注

明白了吧）。

无论通用电气多么具有创新性和前瞻性，没有哪项活动在《我为喜剧狂》里能安然幸存。就在我们发起"绿色创想"项目时，鲍德温扮演的角色宣布了一项覆盖全公司的环保计划，并设计了一款穿着氨纶的绿色吉祥物，名为"绿崽"（Greenzo）。（"在保持盈利的同时拯救地球！自由市场将解决全球变暖问题——如果全球变暖真的存在！"扮演绿崽的是《老友记》里的大卫·修蒙，他自豪地宣传，通用电气是"美国第一家不带成见的商业友好型环保倡导机构"。）

通用电气不光容忍了这些奚落，我们还很欢迎它。有时候，节目的编剧甚至会联系我的公关团队，请后者帮忙寻找可以用来写笑话的不知名产品。我说过，我一直在想办法让通用电气看起来更年轻、更松弛。2013 年，《我为喜剧狂》推出两集联播的大结局，通用电气制作了一段电视广告插在节目里播出，画外音说："通用电气感谢《我为喜剧狂》7 年来为我们带来的笑声。"

这则广告值得特意一提的地方在于，那时通用电气已不再拥有 NBC 环球。2011 年，我们把 NBC 环球 51% 的股份卖给了美国最大的有线电视供应商康卡斯特（《我为喜剧狂》也嘲笑了它，把它称作"康镇"）。为了让通用电气能够筹集到所需现金摆脱金融危机带来的阴霾（虽说不一定能毫发无损，但至少要屹立不倒），我觉得自己别无选择，只能把 NBC 环球的姊妹影业公司（也是线上流媒体服务平台）孔雀（Peacock）网络及其一切配套设施卖掉。

面对现实

雷曼兄弟公司破产后，我知道，这不仅预示着通用电气要进入低迷周期，也预示了我们商业模式的毁灭。通用电气金融公司是一家举债融资的大型金融机构，它对缓冲资金的需求严重拖累了母公司。我越来越意识到，我们必须剥离通用电气金融公司，而这兴许要花上 10 年时间。不管多久，此举肯定会遭到事后批评。

批评之声几乎是应声而起。美国财政部正在制定针对金融机构的新规则，最终将成为《多德－弗兰克法案》。2009 年 5 月或 6 月，奥巴马总统的新财长蒂姆·盖特纳公布了初稿草案，其中包含的规定（虽然并未提及通用电气的名字）似乎是直接针对我们的。盖特纳强烈暗示，今后再也不允许大型金融机构拥有工业部门，而除了通用电气公司，没有哪家大型金融服务公司拥有工业部门。他说的就是孤零零的个例！要不是盖特纳的话让我感到惊恐，这本来会很有趣。我们的股价下跌了 7%。

为什么此举让人如此胆寒？因为它表明，政府可能真的会强迫通用电气拆分掉金融部门，让它独立运营。2009 年年初给人的感觉就像是一场濒死体验。但一如盖特纳的暗示，最近的情形，真正威胁到了我们的未来。为拆分通用电气金融公司，我们需要为它拿出 300 亿～400 亿美元的现金做支撑（如果我们无法兑现债务，那就强迫债券持有人将债券重组为股权）。

没有人愿意为了给房子供暖而烧掉家具，但置身隆冬时节，哪怕是你最心爱的扶手椅，也开始变得像柴火。NBC 环球一直是通用电气内部的"局外人"。自从我们拥有电视网络（以及后来的电影制片厂和主题公园）以来，总有人觉得，跟我们的工业核心放在一起，这些娱乐资产会叫人想起儿童节目《芝麻街》里布偶唱的那首歌："这里有一件东西跟别的不一样，这里有一件东西不属于这儿。"我向来很喜欢 NBC 环球的员工，多年来，它也在显而易见的协同效应之外弥补了许多缺失，但金融危机让 NBC 环球成为我们再也负担不起的奢侈品。

自从担任首席执行官以来，我收到过不少对我们娱乐资产的收购要约，但我一直不愿出售它们，因为这样做会让我们的工业基础变得更小，让金融服务成为通用电气内部更庞大的业务。可眼下，我们放出风声说有意出售

NBC 环球。我们吸引了几方买家，包括新闻集团和时代华纳。不过，因为我知道传媒行业的核心在于定价，我相信，控制了分销渠道的有线电视运营商拥有最大的影响力，故此，我青睐的是规模最大的有线电视运营商——康卡斯特。2009 年 12 月，我们宣布把 NBC 环球卖给它们。这笔交易对 NBC 环球的估值为 300 亿美元，将在 4 年内分两次完成。交易的第一阶段完成之后，通用电气获得了 160 亿美元。

许多批评人士会说，康卡斯特在这笔交易中占了便宜。回想起来，我同意他们的看法。但当时一切都是为了保护未来——我们需要更多的现金。如我所说，在通用电气的呵护下，NBC 环球拥有一大批才华横溢的高管，我可以自豪地说，他们中不少人至今仍在经营媒体企业。唐娜·兰利（Donna Langley）至今仍担任 NBC 环球的董事长，当时电影部门智囊团的大多数成员都还在那里。在电视方面，兰迪·法尔科后来着手运营美国在线和环球电视网（Univision），大卫·扎斯拉夫（David Zaslav）担任了发现频道的首席执行官，朱克成为有线电视新闻网（CNN Worldwide）的总裁、华纳传媒新闻和体育公司的董事长。

挽留佼佼者

在出售 NBC 环球以筹集现金的过程中，我担心通用电气可能会受到另一方面的冲击。我们会失去最优秀的员工吗？我们的声誉遭受了损害，我们的股价跌至谷底，眼前还有很长的路要走。对通用电气金融公司重新定位需要花上一段时间，我需要所有人都坚守岗位。现在，我们比以往任何时候都更需要员工感受到彼此心意相通，让自己与通用电气同呼吸共命运。

但当我反思金融危机时，我开始怀疑：通用电气上下的联系是否出现了问题？我们对员工的管理方式，会不会有什么地方让我们忽视了预警信号？

通用电气内部是否有人本可以帮助我们避免灾难，却没有机会（或因性格原因）向我或领导团队说明？公司里是否有人在想，"杰夫，你知道吗，我们的负债太多了"，却找不到合适的公开场合发表这番言论？

我和团队决定采取行动，重建通用电气的精神动力。我们努力奋斗的目标之一是减少内部官僚结构的复杂性，另一个目标是扩展我们的教育课程，为高层管理人员设计培训项目，让他们重振活力，便于大家彼此依靠。在这些黑暗的日子里，我相信，如果我们为自己的员工投资，让他们感到自己有价值，他们就会继续为企业做出贡献。

我深知，人在公司里的职位越高，就越难以看清下面发生的情况，人们不喜欢把坏消息告诉老板。他们不想发牢骚，或者让自己显得糟糕；他们不想冒险问一些可能被视为无知的问题，以免显得愚蠢。尤其是在大公司，首席执行官很容易生活在错觉里。最优秀的管理者会想方设法地从下属口里套出真相。我发现一个行之有效的做法，那就是从外面找来讲演者，比如美国运通公司的肯·切诺特、Salesforce.com 的马克·贝尼奥夫（Marc Benioff）等商业领导者，拉姆·伊曼纽尔（Rahm Emanuel）等政治家，斯坦利·麦克里斯特尔（Stanley McChrystal）等军队将领，接着抛给员工一个宽泛的问题："今晚我们学到了些什么？你们对他说的话有些什么看法？"这听上去很简单，但引入外部人士的声音，可以让人们畅所欲言。

此外我心里还惦记着另一件事。金融危机提醒我，领导工作有多么高处不胜寒。为 30 万人及其家庭的生计负责，这感觉恐怕让人难以承受。看到企业遭到媒体大肆抨击，我很受伤。我的精神疲惫不堪，需要再次充电。

所以我决定花更多的时间，与通用电气的资深领导者进行一对一的交流。每个月的星期五，我都会邀请通用电气的一位高层领导者及其伴侣到康涅狄格州新迦南（我和安迪住的地方）共进晚餐——就像两对伴侣，在漫长的一周结束后一同举杯，用一顿丰盛的美食打破僵局。我们总是去一家叫"卡瓦"的休闲式意大利餐馆，离我家大约 10 分钟路程。我们会点宽面条和鲑鱼，通过兴趣爱好、旅行、孩子、世界大事等日常闲聊（也就是通用电气之外的任何话题）来了解彼此。

然后，在星期六上午，我和这位领导者会在我的办公室再一次展开两人对话，就其职业生涯、对业务的见解、个人抱负、对通用电气的认识等再聊上四五个小时，没有固定的模式。我只是想听听他们的声音，他们的想法，他们的不同意见。

就从你开始

莫尼什·帕托拉瓦拉（Monish Patolawala）是一位来自印度的优秀财务人员，他从班加罗尔的大学毕业，加入通用电气之前曾在会计巨头毕马威工作过一段时间。我们共度周末时，他在宾夕法尼亚州伊利市通用电气的一家机车生产厂担任首席财务官。就座前，我还记得他的同事们提交给我的反馈差得吓人。人们说帕托拉瓦拉是一柄铁锤——他为人过于苛刻。"他设定的标准太高了。"一条典型的评语这样写道。但星期六上午的会面进行了一半，我都找不到任何证据支持我从人力资源部简报里所看到的情况。帕托拉瓦拉是个深思熟虑、大公无私又勤奋的人。我想我知道问题出在哪儿了。

"你知道吗，莫尼什？去把别人写的关于你的废话全都撕掉。他们错了，"我说，"你得到的反馈是文化偏见，这很不公平。"他看上去惊呆了，我看见泪水涌出了他的眼睛。虽然他肯定知道，一些白人下属觉得让印度高管评价他们会不舒服，但他永远不会向我提到这事。很快，我们不止一次地晋升了他。2015 年，我们任命他担任通用电气医疗公司的首席财务官。（2020 年，他离开通用电气，到跨国巨头 3M 担任首席财务官。）

科琳·阿森斯（Colleen Athans）是通用电气航空公司供应链的负责人，她手下有 80 家工厂，大约 3 万人向她汇报工作。周末聚会的时候，我坐在她对面，心想："这个女人太能干了，而且毫不自负。"我喜欢说通用电气是一家强调"我们"而不是"我"的公司，但在和阿森斯共处之前，我还从见过这个概念完完全全地展现出来。她在介绍自己怎样应对一连串难以置信的挑战时，并不自我吹嘘，她有条不紊，全身心投入。我们都知道，通用电气正要推出六款全新的喷气发动机，这代表了数十亿美元的投资，所以在会议结束时，我很诚实地说："你绝不会得到晋升。这份工作对你而言合适至极，我们需要你继续做下去。"她脸上露出明显的宽慰表情。"谢谢你，"她长出了一口气，"我热爱自己正在做的事。"

帕托拉瓦拉和阿森斯有一个共同点：他们把纯粹的快乐带给了自己的工作。他们都经手过艰难的任务，但他们会通过机遇的棱镜去看待这些任务，他们认为自己在改变世界。这就是这些美好周末聚会的意义所在。

我对早前工作的记忆帮助我形成了这些周末聚会。用不着在福特的装配线或仓库里长时间工作（这是我大学的暑期工），你也能明白，如果你理解自己的员工在做些什么，他们会觉得受到了尊重。这与平等主义没关系（尽管平等主义也没有坏处），而是要我们抛开职位头衔，深挖员工的日常体验。我相信，如果我能让同事们畅所欲言，我就能了解怎样让他们开心，让通用电气变得更好。

我举办了大约90场周末聚会，每次都让我对这家公司和为它效力的员工有了更丰富的了解。我的人力资源主管是苏格兰人，名叫约翰·林奇（John Lynch），我和他会谨慎地挑选与会者。我想把这段时间花在那些有着明显潜力的人身上，尤其是那些正处在职业生涯关键时刻的人。我希望双方的对话，对他们同样有用，就像对我一样。

和与你共事的人建立强有力的人际关系，需要两样东西：时间和真相。你必须花时间，也必须说出真相。用一个周末的时间来关注每一位领导者的成长，这展示了我对他们的承诺，我特意给出了极为详尽的评估和职业发展指导。我力争考虑周全地、有针对性地与他们交流。最好的指导，是提出建设性的批评意见，又不乏建议鼓励，这也是我力争实现的东西。

通常，我会这样开启对话："请给我讲一讲通用电气里我还不知道的事情吧。"接着，我会有几个必问的问题，不仅为了梳理事实，还为了弄清相关背景。"在通用电气，谁是你最喜欢的上级？"我会问，答案会向我揭示许多东西。（喜欢上级对自己严格要求的人，给我留下的印象最深。）"你是怎么解决自己惹出来的问题的呢？"（能够识别并承认错误很难，但又必不可少，很多人都做不到这一点。）"为什么你的业务对通用电气很重要？"（他们能看出自己要如何融入更大的整体吗？）"你会跟踪什么样的细节？"（选择正确的指标是一种少见的技能。）"请说出你曾领导的一项投资。"（在大公司，不承担风险更容易。我想看看谁有胆量，能够跳出从众思维。）

然后我会问几个问题，了解他们怎样培养通用电气下一代领导者。"你正在培养什么人吗？"（我眼前的人能辨识人才吗？）"你想要提拔谁，为什么？你在用高管评估分析谁？你打算送谁去克劳顿维尔深造？"（我想确保我们的最高领导者愿意给下属提供机会。）对我来说，这些问题的答案，和这个人的收入、他带来多少运营收入同样重要（数字也能说明一些问题，因为我是个看重数字的人）。如果你没有展示出有意帮助寻找自己接班人的决心，你就无法长期担任领导者角色。

这些周末聚会，就像是打了兴奋剂的工作回顾。多亏了我们的人力资源部，我总是准备得非常充分。我会提前审视每个人在通用电气的经历，我会坦诚地评价当事人的优点和缺点，以及我认为他们将来怎样能为公司提供最好的服务。但我对周末聚会的期待不止如此。到最后，我希望我们能打破老板-员工、首席执行官-基层领导者这一等级制度里的部分僵化因素，为我们打开一些坦率前进的机会。

这些人通常非常直率。通用电气水处理技术部门的总经理海纳·马克霍夫（Heiner Markhoff）告诉我，我们在这项业务上进展不够（所以我们把它卖掉了）。时任通用电气财务总监的杰米·米勒（Jamie Miller）极为详细地陈述了我们复杂的系统带来了怎样的合规和业务风险（我立刻任命她担任通用电气的首席信息官）。航空部门负责商业发动机的总经理比尔·菲茨杰拉德（Bill Fitzgerald）陈述了与推出 LEAP 发动机相关的风险（我修改了薪酬计划，把重点放在发动机成本上）。医疗部门的总经理基兰·墨菲（Kieran Murphy）说服了我，他认为自己未能实现收入增长是组织方面的问题，而非我们技术上有问题（我们替换了该业务的首席执行官）。我们从甲骨文聘请来担任通用电气数字部门首席商务官的凯特·约翰逊（Kate Johnson）提醒我，为发展 Predix 项目，我们需要新增多少人才（以及我们该为他们支付多少薪水）。

我记得和巴西工程师拉斐尔·山塔纳（Rafael Santana）一起度过的那个周末。他在奥地利为我们运营一家小型分布式电力公司，他对自己业务的熟悉和洞察力，令我彻底折服。我注意到，他很谦虚，他能够非常详尽地描述自己从谁那里了解到了什么东西，以及为什么会这样；他口才极好，也擅长主动倾听。在共度周末之后，我立刻就晋升他去管理石油天然气业务中更大的一个部门（该部门叫作"涡轮机械及工艺解决方案"），后来，他相继担任了通用电气拉丁美洲分公司及通用电气运输公司的首席执行官。（他现在是公共机车制造商西屋制动的首席执行官。）

有一些周末，我会跟会面的人发生过争吵（有一次，会面一开始，我就对面前的领导者说："你知道，我一年前就该炒了你。"），也有少数周末过得很无聊。有一些人没有很好的答案，只能以一个冗长的答案取而代之。有时候，我跟人力资源主管开玩笑说，我曾忍不住想切掉自己的小手指，这样就能推说工作中发生了紧急医疗事故，以求逃离现场。还有些时候，我碰到员工的配偶或伴侣，忍不住想："真希望是他们在替通用电气工作。"还有一点，有些人是很棒的员工，但必须丢掉他们那自以为是的傲慢态度。我提出这样的批评以后，他们有时会听，有时不听。有时候，我能看出，坐在我眼前的人比他们为之工作的上级更优秀。最糟糕的人，是那些有天赋但却懒惰的人，他们放弃了自己。

但总的说来，这些经历很有趣。安迪提醒我，有很多个星期五，我下班回家时抱怨说，我再也不想跟公司的高级主管共进晚餐了。可过上几个小时，我几乎总是会精力充沛地出现。通用电气照明部门的首席执行官说话轻言细语，我对她说，她需要在会议上多发言，可她反过来对我说："如果你能多叫我起来发言，那就太好了。"（她是对的。在那之后，每次开会的时候，我都会努力记住这一点，不光多让她发言，也让其他比较内向的领导者多发言。）还有一位来自通用电气金融房地产部门的高管，我告诉他我们正着手削减他所在的部门，他说他很受伤，但明白此事在所难免。我欣赏他的无私和坦率。

没有人能仅靠自己就能管理 30 万人，我的目标是管理那些管理基层员工的人。我经常告诉高层："如果你重视诚信、绩效和变革，你的员工也会这么做。如果你有雄心，能够造就卓越，能够做到四件事——想象、解决、建设、领导，那么你能创造一家伟大的公司。"我的观点从来没变过：一切从你自己开始。

通用电气之魂

通用电气培训出的领导者，在这个动荡的现代世界能够取得成功吗？2009 年，这是我脑海里位置最靠前的问题。我和公司领导者们在一起共度的周末，让我得以一窥答案，但我感觉，我们还需要做得更多。是时候发挥创造性了，我鼓励自己的高管团队尝试各种新方法。

我们开始举办每月一次的晚宴，跟通用电气的 10 名高管，以及一位来自公司外部的思想领袖（比如哈佛大学社会学家拉凯什·库拉纳、古巴裔组织行为学家艾米妮亚·伊贝拉等）讨论领导力问题。我们推出了一个试点项目，把高潜力员工与私人教练配对——这种做法，从前只用在需要补救性帮助的员工身上。我们还仔细考察了位于纽约奥辛宁的韦尔奇领导力发展中心，大家都叫这地方"克劳顿维尔"。

通用电气历来对培训都很舍得下本钱。我们每年投入 10 多亿美元用于企业合规训练和专业发展（就连经济衰退的年份也不例外），我相信，这个数字是其他任何企业难以比肩的。如果你问我们的 185 位高管，过去 10 年他们花了多少时间参与领导力培训，平均回答是 12 个月。现在，我决定要保证这些钱和时间用得有成效。我希望保证我们正利用克劳顿维尔尽量让领导者更具竞争力和责任心。在培养能够创新、执行和推动变革的人才方面，我有一种预感，我们能够更上一层楼。

苏珊·彼得斯（Susan Peters），我从 20 世纪 80 年代就认识她了，她负责为通用电气组织和培养人才，她的头衔是"首席学习官"。她是做劳动关系起家的，但她曾在通用电气的多个业务领域工作过，如塑料、NBC、家电。而且，她还曾在美国以外的地方生活过。这给了她在人力资源方面的优势。她可以坦率地给出反馈（她当然也给过我一些），人们也能向她吐露心声。她备受信赖。

刚一到任，彼得斯就升级了克劳顿维尔的客房，此前那里有一种廉价汽车旅馆的味道（亮闪闪的花床单一类的）。2007 年，自翻新以后已经又过去了 21 年，所以当年的一些基本改进再次过期。2009 年的春天，我请彼得斯对我们的教学内容、教学环境，以及决定了学习过程的体验进行批判性的审视。克劳顿维尔的课程是否满足了我们的需要，让通用电气变得更强大？我还请她负责分析我们是否充分利用了克劳顿维尔这块宝石来调动客户参与。

为克劳顿维尔重新构想

多年来，我每个月都会到克劳顿维尔露几次面，与那里的领导者接触，了解通用电气面临的挑战，这让我有机会不加过滤地倾听他们的想法和担忧。身为首席执行官，我有大约 1/3 的时间用在了改善通用电气人力资本（即我们的员工）方面。如果说，全球研发中心是通用电气的大脑，那么，我认为克劳顿维尔就是它的心脏和灵魂。

通用电气的发展让克劳顿维尔变得更加重要。当你数以十计地大规模收购新企业时，有必要让每一位新老员工都能了解公司的发展方向和规划。同样，当你在世界各地开展业务时，克劳顿维尔便可以作为常设机构，哪怕是在不同的国家，也能提供有着连续性的企业文化。到 2009 年，我们在上海、慕尼黑、班加罗尔的研发中心都教授了它的部分课程。它的覆盖范围很广，50 000 名通用电气的员工利用笔记本电脑参加了按需点播的课程，35 000 人在自己的工作地参加了克劳顿维尔的基本技能课程，每年还有大约 9000 人在克劳顿维尔短暂居住，完成较长期的课程。

彼得斯聘请了两位职业调查员——安迪·斯特凡诺维奇（Andy Stefanovich）和巴里·桑德斯（Barry Saunders），他们在弗吉尼亚州里士满运营一家名为"玩耍"（Play）的营销公司（可算得上是名副其实了）。他们敦促彼得斯带着团队从徒步游览克劳顿维尔开始。团队回来之后，发现了几点情况。在占地 59 英亩的园区，只有大约 20 英亩在使用；克劳顿维尔本来是为了临时来此地学习的人兴建的，这些人构成这里人口的大多数，这也就是它存在的原因，但它的设计合理性却更多地着眼于那些每天居住在这里的人；入口处没有通用电气的标识，所以，要是有人从机场搭乘出租过来，会花很长时间才知道自己在哪里。这是我们希望人们获得的体验吗？

教室和聚会区让人感觉乏味和过时，不像是主动学习的中心，更像是博物馆。考察人们怎样学习的研究表明，带窗户的教室有助于激发创造性思维，而通用电气学员们共事的大多数地方（包括最著名的那些，比如被戏称为"坑"的下沉式礼堂），却没有窗户。从团队笔记中可以看出，需要优先考虑的事项包括：更多的窗户（"坑"现在只有一扇）、更多不那么四四方方的非传统空间，以便大大小小的团队在其中开展交流（不久之后，我们将新增户外篝火和健行步道，并改建这处物业里一座来自1909年、配有马厩的老式谷仓，以方便人们在更轻松的环境里进行讨论）。

在研究克劳顿维尔的课程时，彼得斯的团队与历史学家多丽丝·基恩斯·古德温（Doris Kearns Goodwin）及未来学家埃迪·韦纳（Edie Weiner）进行了一轮"如果……那么会怎么样"式的交流，主题是"在培养领导者的过程中，我们应该考虑哪些基本要素"。为确认现代领导者将越来越多地遇到哪些新挑战（也就是西点军校里所称的VUCA：波动性、不确定性、复杂性和模糊性），人们已经做了大量的学术研究。如果我们要启发、联结、培养今天和未来的领导者，我们必须让他们为这类（以及其他）压力源做好准备。

麻省理工学院斯隆管理学院的系统科学家彼得·圣吉（Peter Senge）的工作，为我们提供了灵感。我们从一开头就认定，员工需要能够更轻松地适应圣吉所说的动态复杂性。在充斥着动态复杂性的情况下，领导者的行动或决策不会立刻显现出效果，而是随着时间的推移逐渐清晰。反过来说，这意味着传统的预测和规划方法不再适用了。在动荡的变化（比如"9·11"事件后的几个月）中，制定一个全年规划，并要求每个人坚定执行，可能是个完全错误的举动。我们越来越需要领导者能够容忍模糊状态，并随着新数据的出现灵活应对。只有这样，他们才能像我们需要的那样敏捷。

故此，我们大幅调整了对领导者的教学方式。我们的高管发展课程（通常包括通用电气的15名高级管理人员），长期以来一直采用教室授课形式，现在不再这样了，只要有可能，高管发展课程的学员将通过体验来学习。例如，如果主题是"在地缘政治不确定性中领导"，那么，我们就要求学员睡在死海旁的帐篷里，每天早晨6点，让以色列的巡逻军队把他们叫醒。他们会拜访埃及官员，和我们设在开罗的通用电气发电厂的现场工程师及其家人共进晚餐。我们的目标是让人们走出舒适区，把他们放在新的环境里，通过亲身体验了解彼此，也了解自己。

这不仅仅是学习新的事实性知识。如我所说，促进领导者之间的人际联系，也是一项主要目标。课程结束后要求每位参与者为自己的所有同事提出非常具体的反馈："我从你身上观察到的这件事，你应该继续做下去；关于那件事，你应该考虑改变一下领导风格。"不过，我们希望，这种坦率的谈话只是一个开始，我们更希望的是，哪怕课程结束已经很久了，这些领导者仍能携手共同解决问题。

有些人会把这看成噱头，但对我来说，绝非如此。我越来越相信，通用电气的成功取决于培养一种真正的互相问责的文化。只是与高层领导一对一地见面，在我看来还不够。我希望通用电气的员工拥有一条横向的纽带，联结彼此，给予彼此支持。

领导力探索

更新克劳顿维尔的综合课程，使之更具现代感，极大地改善了我们对中青年中层领导者的培训。但在思考怎样留住最资深的领导者（通用电气的180名副总裁）时，我们意识到，这里同样存在课程设置上的缺口。他们中不少人最后一次接受有意义的培训是在 40 岁出头。如果我们希望他们在公司再待上 20 年，我们需要他们对通用电气有责任感。我认为，激发这种感觉的最好方式，是向其展示通用电气对他们全情投入。

通用电气制造不能够出故障的产品。如果飞机发动机或核磁共振仪发生故障，就可能有人因此丧生。这就是为什么六西格玛在通用电气有如此重要的意义：这一切都是为了提高质量，消除错误。但现在，为了提高创新性，我们需要找到方法，在保持这种精神的同时，强调另一个重要的理念：如果你害怕失败，就不可能发挥创造力。我们需要向高层管理者清晰地传达出这样的理念：我们需要他们去拓展、去冒险、去奋力争取。

我们的目标群体（即整个通用电气中仅占 0.06% 的佼佼者）本就忙碌地肩负着很多责任，我们知道，我们没法让他们一次性地离开工作岗位好几个星期。我们需要发明一些比其他沉浸式课程更短、冲击力同样强的课程。此外，我们还想要一种机制，把彼此不太熟悉的人聚集到一起。一些高层领导者在自己负责的业务里缺少同行，所以，如果我们能让这些副总裁和公司里其他同级别的人建立联系，那就将成为一笔额外收获。

彼得斯及其团队构思了一种为期 4 天的课程，它能达到上述所有目的，甚至做得更多。课程名称叫作"领导力探索"，有一轮迭代版本起名为"最漫长的一天"，它围绕"我信任自己的团队吗"这个疑问展开。培训地点设在法国诺曼底。第一天，20 多名参与者在中午时分抵达俯瞰英吉利海峡的奥克海角。站在这个地方，他们很容易就能看到 1944 年 6 月 6 日诺曼底登陆那天，美国士兵要抢攻的海滩。午饭时分（一份军用盒饭或任何即食餐），一名历史学家和美国退伍老兵会概述我们的部队和指战员在奥马哈和犹他海滩上的英勇战斗。他问道：这跟现代企业领导力有什么相似之处吗？

接着，人们要步行通过拉菲艾桥（那里曾发生过一场恶战），想象在这条可爱的乡间小路上凝视着敌人，或是在进入战斗的路上从倒下战友的身体上迈过去。（"在这些课程里，一切都是隐喻。"课程设计师金伯利·克莱曼－李告诉我。）随后，参与者集结在一座至今仍留有二战期间交火痕迹的教堂里进行汇报。他们坐在 10 条长凳上，描述自己作为领导者时所克服的最艰难的障碍。这样的课程有可能会让人情绪激动，但这正是它的用意所在。我们相信，脆弱有助于人们建立联系。

课程涉及的行程多种多样。有一次学员们前往印度的一处修行所，另一次前往加利福尼亚硅谷参加风险投资速成班。有一次课程我们的人到非洲与马赛人短暂生活；另一次课程找来两名喜剧演员，站在租来的百老汇舞台上教通用电气的人怎样表演脱口秀，接着让他们到纽约时代广场现场表演。（那一堂课程的主题是："我是否愿意为了进步，进行实验、遭遇失败、改变方向、调整焦点、重新定位，从所有这一切里学习？"）

我们想培养具备全球眼光的企业家，并想把他们留下。这些旅行帮助我们做到了这一点，但并不是因为它们是奢华的公费旅游（它们也压根儿不是）。相反，"领导力探索"课程为高层领导者提供了一种互为导师的途径。他们发现，把焦点放在一项并不纯粹与业务相关的活动上，不知为什么反倒更容易建立起在未来几年内都有利于通用电气的人际联系。在这些年里，我们的高层管理者的留任率非常高（我们想留下的高管仅流失了 3%）。

阅读至此，有些人会认为这些项目流于轻浮（尤其是考虑到通用电气当下的困局）。但请记住我想要解决的问题：在我们刚刚从一场近乎致命的打击中恢复元气期间，保留一支强大的领导团队，培养他们的相互责任感。通用电气的各个团队都有需要实现的财务目标。但在一家企业集团里，一项业务或一位领导者的失误，有可能牵连其他所有人。克劳顿维尔开发的领导力项目，帮助我们避免了这种最糟糕的情况，因为我们的高层领导者有机会了解并喜欢上自己的同僚。他们不光想要为了自己，也想为了彼此的利益而竞争。我希望，如果他们能建立起彼此之间的尊重与同情，就能更好地反馈于我，让我也变得更好。

我们的许多高管人才，本可以在其他地方赚到更多的钱。他们留在通用电气，是因为他们彼此关心，信任通用电气的目标，还因为他们感觉到公司对自己是有所投入的。一位高管告诉我，诺曼底之行是他人生中最美妙的一周。通过这些培养项目，我们与员工建立起了信任的契约，这是很难用价格来衡量的。

重视每个人

我接管通用电气的时候，这里是一个极度男性主导的地方。2000 年 9

月，《纽约时报》发表过一篇文章，题为《通用电气的不足之处：高层多样性》。文章指出，我们的高管中，女性只占 6.4%，而在《财富》500 强公司中，这一比例的平均值是 11.9%。这并不意味着通用电气缺少女员工，我们有许多女员工，而且工作做得非常好。但当时的企业文化看重某种做作的强硬气质。通用电气对自己的描述是，我们是无所不能的"坏小子"。我相信我们无所不能，但我也明白，很多时候这种自我形象是在美化"硬汉"态度。

这对女性员工有些什么影响呢？在众多方面都影响颇大。记得我还在家用电器部门工作时，杰克·韦尔奇告诉负责植入式广告的人，他应该让一位女性担任炉灶业务线的产品经理，因为女性比任何男性都更了解烹饪。他这么说并非出于刻薄，只是很过时。好在这个例子里，刻板印象反倒为女性员工创造了机会。但更多的时候，这类想法妨碍了女性的发展。

我一直相信，人的价值，无关性别、种族或性取向。晋升最优秀的人才，对通用电气来说是件好事。让最优秀的人做他们最擅长的工作，对通用电气也是一样。还在管理通用电气医疗部门时，韦尔奇起初本有意拒绝我在该部门总部设立日托中心的请求。他担心，如果我们在部门总部这么做，那就不得不在所有地方都这么做。但我解释说，医疗公司位于密尔沃基郊外的沃瓦托萨镇，这地方位置太过偏僻，如果员工已为人父母，很难全力以赴地为通用电气工作。我打赢了这场战斗，这家日托中心迄今仍在运营。

同一时期，在威斯康星州，我很幸运地参加了一场晚宴，它拓宽了我对通用电气有色人种员工日常生活体验的理解。晚宴的想法来自一位人力资源领导者欧内斯特·马歇尔（Ernest Marshall），他当时主持着医疗部门非洲裔美国人论坛。这是通用电气内部亲和网络系统的一部分，旨在澄清我们的人事政策，为非裔员工彼此会面、互相扶持提供环境，并搭建起正式的导师辅导项目。

马歇尔是一个真正的人才（他后来到大型工业公司伊顿担任人力资源主

管，执掌该公司的是通用电气的另一位黑人校友克雷格·阿诺德）。有一天，他打电话给我的助理凯西，说想让我与 6 名黑人员工对话，请凯西询问我的意见。他担心我们部门缺少黑人女性管理者，所以他以此作为切入点。但后来他告诉我，其实他更宽泛的目标是让我对通用电气黑人员工的日常体验有个更整体的了解。

我记得，凯西转达这个建议时说，马歇尔认为晚宴最好别设在西摩尔乡村俱乐部（我们的许多活动都在那里举办）。"我希望就像跟家人坐下来吃顿便饭一样。"马歇尔解释为什么我们要在另一位同事家里用餐时这么说。我和人力资源主管讨论了这一邀请，后者劝我别接受。难道公司没有充分的机制让员工表达担忧吗？这让我感觉不太对劲。"人们士气低落，"我说，"我想知道为什么。"

在约好的那天晚上，我到了主人的家，受到了一大群人的热情欢迎。他们 6 个人我之前都见过，但对其中几个更熟悉。我们坐在餐桌边，人人都向我做了一番简短的自我介绍：在哪儿长大，怎么来到通用电气的。接着，我们到厨房去取食物（马歇尔至今仍为菜单感到自豪，他说那是有意为之的"我们的食物"，有炸鸡、通心粉、奶酪和羽衣甘蓝）。我们捧着堆满食物的盘子回到桌边，谈话变得更走心了。一个人流着眼泪说，自己从前从未受邀与白人同事一起吃饭；另一些人提起了自己晋升被拒的原因。在他们看来，像自信这样的品质，放在白人候选人身上就是积极的，放在黑人候选人身上就会被视为"傲慢"。有一个人形容了这给人造成的心理影响：你不知道这是不是自己多心，但如果你想置之不理，又太过幼稚。我试着解答一些问得很好的问题，但大部分时间我在倾听。

3 个小时后，我和他们逐一握手、拥抱，走出了门。我五味杂陈，但很感激他们对我的信任和坦承。回家路上，我给人力资源主管打了电话。我说，是时候在通用电气医疗公司设立一个专注于包容性和多样性的职位了，我希望这个岗位尽快公布出来。

3 年后的 2002 年，我在首席执行官的位置上继续强化努力，任命黛博拉·伊拉姆（这是一位为通用电气效力了 15 年的老员工，她当时是通用电气金融公司商业融资部门的人力资源总经理）负责全公司的多样性和包容性领导力项目。（4 年后，我又任命伊拉姆出任通用电气的首席多样性负责人。）我责成伊拉姆将通用电气国内的多样性举措（到目前为止，它已经扩大到包括了面向女性、西班牙裔、亚裔及同性恋员工的亲和网络）与全球业务战略结合起来。

我想让伊拉姆围绕多样性创建一套可以称之为"操作系统"的东西。换言之，我们需要构建产能和指标。伊拉姆帮助我们聚焦于人员的招聘、挽留和晋升。我们让各级领导者对上述各方面的改进负责。

当我们在大学校园里招聘时，我们的员工知道，理想的情况是雇用同等数量的男性和女性。我们并不总是能达到这个目标，但我们用尽一切办法来表明，这家老牌工业公司是一个非常适合女性工作的地方。我们改变了我们的产假和陪产假，让它达到了与科技公司不相上下的水准。为了鼓励女性对理工科目的兴趣，2011 年，我们为中学女生开办了通用电气夏令营，并持续至今。最后，在我担任首席执行官的最后一年，我们发起了一项倡议，在工程和技术岗位上，建立起一支 2 万名女员工的队伍。

一贯以来，我们会在电视广告中向世界传达平等观念。2014 年，我们在冬奥会期间推出了广告片《我的妈妈》。"我妈妈？"一个棕色眼睛的小女孩叙述着，"她制造用潮汐发电的水下风扇。我妈妈可以制造会说话的飞机发动机。我妈妈可以让你将医院捧在手里（掌上医院）。我妈妈可以用她的电脑打印出各种神奇的东西。我妈妈制造对环境友好的火车。我妈妈在通用电气工作。"

为了招募更多有才能的非洲裔美国人，我们的触角跳出大学校园，伸入兄弟会和姐妹会系统。这是一张巨大的人际网络，这种传统渠道外的招聘方式，为我们带来了回报。

伊拉姆和我依靠上述亲和网络，为每一个社群带去认同感和支持系统，保留目前在岗的多样化领导者。我认为自己的角色不是指挥这些网络做些什么，而是充当它的催化剂。我会参加每个群体一年一度的座谈会，一般是发表主题讲演。有一段小插曲我永远不会忘记：在通用电气GLBT[○]及友好者联盟年会上，一名年轻男子站起身，唐突地问我，为什么会在那儿。我回答的时候，房间里鸦雀无声。"有一件很重要的事情，你必须知道，"我说，"通用电气是我们每一个人的公司。"

不过，除了招聘和保留员工，我把晋升视为自己能产生最大影响的地方。因为，如果高层本身就是多样化的，非白人／非男性的领导者即可发出强有力的信息，而且还会招募和提拔跟自己一样的人。我会按季度和每个业务线的首席执行官及其人力资源主管进行评估。我们会审视公司的每一级别，并以找出三四名不同的"最佳人选"（这些人所在的团队都觉得他们有能力到更高级别发展）为目标。一旦列出了"最佳人选"名单，每当我们的多样化人数陷入停滞，我就会把它翻出来，敦促我下属的业务线领导者从未能得到充分代表的群体里晋升一名最合适的人。这让一些高管感到不怎么舒服，但我把自己的关注点贯彻到了整个公司：我希望看到快速、可衡量的改进。

这就是为什么我们会让通用电气的各级领导者致力于做一件在部分人眼里十分矛盾的事情：我们的领导者必须维持精英体制，同时又扩大多样化领导者的数量。如果有任何人抱怨这太困难，我不会给他好脸色看。我认识公司上下形形色色、属于不同多样化群体的人，而且，我知道任何地方都可以发展出多样化来。我给团队的信息是：放手去做。

晋升女性是我的一个特别目标。我是一名聪明女性的儿子、另一名聪明女性的丈夫，外加一个聪明女孩的爸爸。我从她们以及通用电气许多了不起的女性身上（我在前面已经提到了其中一些人），都有所学习。身为首席执行

官，我用了很多心思支持、晋升和招募女性。我相信（我也经常告诉公司的面试人员），女性比男性更忠诚，更愿意尝试新的方法来解决问题。有时候，我所说的"忠诚"，会被人误解为我重视女性是因为我认为她们更顺从听话，这绝非我的感受。相反，我认为，女性比男性更擅长投入到一个共同的愿景当中，她们更容易管理个人的自负情绪。

在我任内，我们努力让通用电气成为一个不光公平对待而且给予女员工指导和晋升的地方。举个我深感自豪的例子，在通用电气航空这一男性为主、工程驱动的部门，80%的员工一度为女领导工作，这种局面在此前近乎闻所未闻。我们的供应链和工程负责人均为女性，女性在领导团队中占到2/3。

通用电气在这一领域树立了强有力的榜样，国内外其他公司也纷纷效仿。我们的团队与国际客户会面时，通用电气的代表团成员大多是女性，而对方都是男性。不管这是给我们的客户留下了深刻的印象，还是只让他们略感尴尬，反正它似乎产生了影响。我不止一次地听到通用电气的高管说，到下一次他们去拜访客户时，桌子对面会多出来一位女性在场。

说到通用电气如何从基层培养领导者，段小缨（Rachel Duan）是一个绝佳例子。段小缨是上海人，父母都是工程师。她在威斯康星州立大学麦迪逊分校读研究生，研一暑假首次加入通用电气，到金融分公司实习。1996年，她获得工商管理硕士学位后，我们聘请她到通用电气审计部门工作，这里是我们培养财务领导者的训练基地。她表现出色，但工作4年后，她说自己想回到亚洲。还不到30岁，她就成为通用电气塑料公司亚太地区的六西格玛质量主管，2006年成为通用电气硅树脂公司大中华区的首位女性首席执行官。然而，在这次升职后的几个月，我们卖掉了该部门，段小缨离开了通用电气，继续运营该业务。

要不是苏珊·彼得斯和我们人力资源部门员工的勤奋努力，我们兴许将就此彻底失去这员干将。彼得斯等人经常和段女士保持联系，得知她在中国境内（以及整个亚太地区）不依托通用电气提供的安全网，运营起一条独立业务线，这给彼得斯留下了深刻印象。所以，2010 年，我们重新聘请她管理通用电气医疗系统（中国）公司。从那时起，我和她真正开始为彼此投入时间。身为中国人，她很熟悉我们请她负责的地方有什么样的环境动态，这一点非常关键。许多企业派驻海外地区的管理者，在当地欠缺可信度，不熟悉当地文化习俗，不了解当地市场需求。我们谈了大量和规避风险相关的内容：怎样规避没有其余退路的风险？关键是要降低这类风险。

段小缨真正证明了自己的价值。她不仅能说英语、汉语，还算过得去的日语，更是一个强硬而讲求实际的谈判家，她懂得怎样建立一支强大的团队。卡拉 OK（她自己很热衷）是她的秘密武器，尤其是对东亚人士。（"你当着员工的面唱起仙妮亚·唐恩或席琳·迪翁的歌，一切等级壁垒都随之打破。"她补充说，自己还能唱几首日文歌曲呢。）她还替自己的员工出头：美国的领导人在安排会议时，常常不考虑亚洲的多个时区，东亚的员工往往对此保持沉默，不愿声张。段小缨不怕挑战现状。"我们为什么不能轮流在半夜开会呢？"她提议说。

2014 年年初，我让段小缨进入公司执行委员会，想借此再向通用电气上下传递一条消息。从历史上看，我们的最高管理委员会一直将区域业务的领导者排除在外。让段小缨加入进来，是我能想到的最好办法，表明我对通用电气的全球扩张（我将在下一章讲到）有着认真的态度。那年晚些时候，我们扩大了段小缨的职责范围，让她负责通用电气在中国的所有业务，这在中国分公司是一件大事。我记得，有一次访问，一位政府官员把我拉到一旁，告诉我他对段小缨有多么敬重。"你对她的晋升，证明通用电气看重人才。"他说。

段小缨是我在任期间任命的最后一位高级副总裁。我真希望能说她至今仍在为通用电气工作。2020 年，在为通用电气工作了 20 年后，她离开了公司。

数字只是衡量进步的一个指标。一如 1999 年，我在通用电气医疗公司与非洲裔美国同事共进晚餐时学到的一课：我们不仅要关心多样化员工的人数，还要关心他们工作时的体验。这是一个持续的过程，总是有更多的事情要做，但我仍然为我们所取得的进步感到自豪。2017 年我离开通用电气时，只有 41% 的管理者是白人男性（从我上任时的 80% 一路降到这一水平）。如果有人嘴里说着要促进多样化，但重视的指标却与此不一致，别听他们的。依我的经验来看，他们那是口是心非，优秀的领导者会让两者相辅相成、并驾齐驱。

HOT
SEAT

第 七 章

领导者逐鹿全球

和我一起吃早餐的是两位年轻人，我猜，都不满 30 岁。两人都出生于西非，是通用电气在加纳仅有的高管。那是 2010 年年初，在加纳科托卡机场一座仅为一星级的假日酒店（那是通用电气在该国事实上的总部），我们在一张简陋的四人餐桌旁就座。他们还没开始说话，我就感受到了他们的热情。

他们问，由通用电气帮加纳建设一座综合性天然气发电站怎么样？当时，加纳的人口约为 2500 万，但只有大约 2000 兆瓦的电力（仅够供应不到200 万户家庭）。加纳近海海域刚刚发现了石油和天然气储量，并拥有丰富的矿产和农产品。它想要实现工业化和现代化，但如果没有可靠的电厂（停电太常见了），这就不可能实现。两位同事的话越说越快，他们想要我知道：他们有一整套计划！

这将是一个雄心勃勃的项目：首先，液化天然气必须经海上运输而来；其次，我们必须建造一座再气化工厂（把液体转化为气体）；接着，还必须建造发电厂，同时兴修向人口稠密地区和工业集群地输送电力的线路。通用电气不仅要开发这个项目，很可能还要为它提供资金。但两位年轻人说，这会带来很大的不同！他们只需要一点点帮助。

"瞧，"他们对我说，"政府也认为我们需要建一座新电厂，它们愿意给我们一份承购协议。"所谓承购协议，基本上就是允诺在发电厂建成运行后购买电力。他们继续说，壳牌石油公司愿意投资，一家全球投资基金愿意跟进。他们解释说，这个项目需要 10 家以上的企业合作，建设一整套生态系统。"两台燃气涡轮机都将采用通用电气的技术，你能帮我们把梦想变成现实吗？"

我喜欢他们的专注精神，我说我会尽力。离开加纳之前，我们就名为"加纳 1000"的计划跟政府签署了一份谅解备忘录，该项目力争将该国现有的电力供应扩大 50%。但我知道，这必定是个艰辛的过程。当时，通用电气并未组织起来支持这种复杂的地区性项目。具备专业技术的员工，远在4000 公里之外的美国。我担心，我们在美国具有官僚气息的机构，往好了说，会对"加纳 1000"造成妨碍；往坏了说，甚至会扼杀掉它。

不久之后，我来到澳大利亚。在中国建设热潮的推动下，投资者将大量资金投入到矿业和石油天然气领域。澳大利亚拥有丰富的铁矿石、煤炭和液化天然气，但要想把这些资源尽快从地下开采出来，把它运送到需要的地方，澳大利亚碰到了困难。我永远不会忘记，掌管通用电气金融公司亚太地区的史蒂夫·萨金特（Steve Sargent），给我看了刊登在昆士兰《每日水星报》头版上的一张照片。照片上，100 艘空仓的运油船排在澳大利亚海岸线，等待装满煤炭后前往亚洲。问题在于，运到港口的煤炭不够装满这些船。

当时，通用电气在澳大利亚的年收入已达 50 亿美元，相当于一家《财富》500 强企业的规模。这个国家的基础设施和电力需求，恰恰是通用电气的产品能解决的。但萨金特 [我喜欢叫他 "萨金"（也有 "警长" "中士" 的意思）] 告诉我，他担心通用电气在本地缺乏足够的人力资源，这会让我们付出巨大的代价。"坦率地说，我们还没有准备好迎接这里蕴藏的巨大机遇。我们在澳大利亚没有资源，没有合适的人才来培养高层关系，为我们拿下一些最丰厚的合同，我们需要帮助。"

萨金给我举了一个具体的例子。我们参与了澳洲航空公司（它租用了通用电气拥有的一些飞机）一份 70 亿美元合同的竞标，为了让这一投标更有吸引力，我们在澳大利亚的团队许诺向澳洲航空公司提供一名质量控制人员，以帮忙改善客户满意度。但通用电气航空分公司的人（位于 15 000 公里之外的辛辛那提）却不愿为此买单。我们最终拿下了合同，但那是多亏了位于悉尼的通用电气金融公司吸收了新增人员的成本。萨金懂得协助通用电气旗下其他业务线的价值所在，也很乐意使用通用电气金融公司的资源。然而，很明显，我们的系统并未发挥应有的作用。

没过几个星期，我们在中国的医疗业务领导者（一名巴西人，名叫穆思礼）又说了一些话，让我如同置身回音室。穆思礼报告说，和美国市场的低迷相比，中国市场充满机遇。中国政府正在医疗保健领域大举投资，新的医院每天都从各地冒出来。但当穆思礼向常驻美国的上级申请雇用一支合适的队伍，想把机遇利用起来时，上级仅授权他雇用 10 人。"真是荒唐，"我说，"去雇 1000 人吧。"但我开始看到一个规律。

金融危机后，通用电气在美国的业务增长极为缓慢。有人认为，美国国内市场可能永远无法恢复了。但像我们这样的高科技基础设施公司，在海外有着大把的机会。通用电气需要扩大自己在全球的业务范围和收入——根据我的估计，我们需要在 30 多个国家开展至少 10 亿美元的业务。然而，世界各地的通用电气员工不停地对我说，我们以美国为总部的中央决策系统妨碍了这一目标的实现。

从这一点来说，通用电气称自己为全球性企业，仅仅是因为我们在美国以外的地方有收入。但我们的注意力仍然集中在地球上相当狭小的一片区域，对通用电气的大多数高管来说，"国际旅行"仍然仅限于出访伦敦、巴黎或东京。21世纪初，通用电气将全球划分为若干个地区：美国、欧洲、日本和世界其他地区（并按此顺序排列）。这一"世界其他地区"，最终将为我们带来500亿美元的业务（约占全公司收入的1/3），但我们为此要先做出一些重大调整。把一家美国公司全球化非常困难，反过来说，身在总部的领导者却很容易为新兴市场的交易无法完成找到借口。真正的全球化，需要把权力从总部转移到现场，它要求你信任那些你无法近距离亲眼见到的人。在新冠肺炎疫情肆虐的时期，到总部工作变得不再安全，企业意识到必须对那些离现场最近、最便于采取行动的人授权。这需要文化上的改变，在今天，它已成为一股持续不断的趋势。而回到我们应对通用电气全球化的时代，总部思维仍然占据主导地位。

对一些人而言，"全球化"几乎成了一个不好的词，它仅仅意味着外包，把美国的工作机会转移到海外。但在2010年，我逐渐意识到，是时候采取一种更微妙的方式来应对全球化了，我们要在国内和国外同时创造就业岗位。我觉得我们别无选择。没有全球市场，我们没法发展，反而会陷入萎缩。

在我的成长过程中，我一直认为，美国将永远保持贸易领先地位。但从这些年开始，美国在世界上的作用逐渐减弱，运转了数十年的体系〔全球贸易协议，以及世界贸易组织（此前叫作"关贸总协定"）〕渐渐失效。美国政府过去用来帮助出口商在全球获得成功的美国进出口银行已经丧失威力。中国在向全球销售商品上的投资，是美国的100倍。

我能理解政客们为什么对北美自由贸易协定抱怨连连。这一协定的主要结果是获得了廉价的墨西哥劳动力（而不是在墨西哥销售我们的产品），大量美国人失去了工作。1991 年，出于对北美自由贸易协定的期待，通用电气与墨西哥知名家用电器公司玛贝（Mabe）组建了一家合资企业。这家合资企业分为两个部分：制造煤气灶和冰箱，送回美国销售（这是典型的劳动力套利）；同时，在墨西哥和拉丁美洲销售我们的产品。人们认为，两个部分的价值大致相当，但这是错的。随着时间的流逝，这家合资企业的利润，100% 地来自为美市场外包家电生产制造。

劳动力套利的做法，确实塑造了我们这一代的商业领导者。我们生活在世界上最大的市场，如果我们可以把工作转移到海外，从而获得更高的生产力，那为什么不这么做呢？身为资本家，我认为这是我们的权利，可我们没有对后果做过太多的思考。但我可以看到，随着美国逐渐走向民粹主义，事情正在起变化。2012 年，我们决定将冰箱生产搬回美国，我的团队认为我发疯了。但那时候，美国的总成本已经与墨西哥差不多了。更重要的是，我感觉，美国的商业领袖（甚至全球主义者），必须更多地重视保住美国的就业机会。我们必须自己弄清怎样变得更加全球化。为打入新市场（并最大限度地扩大现有市场），我们需要把自己庞大宽泛的业务变得更加本土化，赋予当地高管更多行动权，培养能在这些市场理解细微区别的当地领导者，对客户的需求给予更积极的回应。我们需要让更多的高层管理者靠近自己努力吸引的客户，允许这些领导者做更多的决定。

因此，2010 年 11 月，在通用电气董事会的支持下，我们成立了"全球增长组织"（GGO），我请了一位我的老朋友、我们最精明的高管之一约翰·赖斯前往中国香港领导该组织。赖斯为人坦率，在新泽西州长大，曾经是一名很难对付的曲棍球守门员。1978 年，他从汉密尔顿学院毕业，以审计员身份加入通用电气，随后一直为公司效力。他曾在 6 个部门工作过，包括家用电器、塑料和电力公司（他在电力公司干了 6 年），广受喜爱和尊敬，这一点十分重要。"全球增长组织"注定要打破现有的固定模式，激怒他人，但认识赖斯的人都不会怀疑他对通用电气的一片忠心。赖斯总是坦率地说出自己的想法（而且他曾不止一次地反对我），但他从来不是个自私的人。

还有一件事：因为赖斯和我年龄相仿，他不会参加接替我的竞选活动。所以，如果有人怀疑他的动机，至少不会想到个人野心这方面。任命赖斯传递了一条信息：如果像他这样成就斐然的人都支持这项倡议，这必定是件值得认真对待的事情。后来，赖斯开始招募其他资深领导者（比如让曾负责通用电气1200亿美元资产管理业务的杰伊·厄兰德主持通用电气非洲分公司），这种感觉就更强烈了。为通用电气效力了31年的厄兰德要进入一个只有不到1000名员工、收入不过8亿美元的新兴地区，一定会有大事发生。

接下来的7年，"全球增长组织"利用全球资本市场来解决当地问题，帮助通用电气蓬勃发展。我们在华盛顿游说的时间减少了，而是把更多的时间用于在185个我们有业务关系的国家和地区推销。我们的目标是：建立能承受住哪怕是最强烈的经济民族主义浪潮冲击的企业与国家关系。当然，我们还想要赚大钱。

我希望通用电气旗下能拥有可以在世界任何地方（不管是墨西哥、伊拉克还是泰国）开展业务、能形成竞争局面的分公司。这就是"全球增长组织"的意义所在，我把手里有的一切都给了它。我告诉赖斯，一年里，我可以拿出10个星期听凭他调派差遣，他照做了。为了推广"全球增长组织"，我奔波了不下300万英里。

与此同时，我们也在寻求文化上的改变。我希望通用电气拥有一支占主导地位的工业销售团队，能够解决客户的问题并达成交易。我们提升了销售团队的融资能力，把从前的财务团队转移到销售团队。我们简化了交易审核，使其更快，并减少了妨碍成功的内部屏障。你真的能够感觉到，30万人本着"要么赢、要么回家——别找借口"的态度团结在一起。

"全球增长组织"不是凭空变出来的。一年前，即2009年，我们在印度开展了一项尝试，检验给予当地领导者更多自主权能否带来回报。当时，通用电气已经在印度开展业务近一个世纪，但我们的年收入仍无法超过 10 亿美元。我们派驻新德里的团队不像是企业家，更像是大使团。

所以，我们进行了一些改变，任命约翰·弗兰纳里（John Flannery，一名为通用电气效力 23 年的资深老兵，是我高级领导团队中值得信任的一员）为印度分公司的首席执行官兼总裁，通用电气在印度的所有业务，由他全权负责，该国通用电气的所有员工都向他汇报工作。他有自己的利润表，有权根据需要雇用、解雇员工，兴建工厂和推出产品，不必由我或康涅狄格总部领导团队中的其他任何人再签字核准。我唯一的要求是：增加收入。

弗兰纳里如约达到了我的要求。到我们创办"全球增长组织"（它基本上是把印度模式扩展到了全球）的时候，弗兰纳里的团队已经提高了在印度的销售，还将印度制造的通用电气产品销往世界其他地区。而且，他们才刚刚起步，前途不可限量。

成为"就业沙皇"

同一时期，2011 年 1 月，时任美国总统的奥巴马问我是否愿意担任美国就业与竞争力委员会的主席。自大萧条时代以来，美国的失业率从未在这么长的时间里严重低迷，他希望全国最顶尖的首席执行官们共聚一堂，想出立刻实现长期就业增长的办法来。在一些人看来，这似乎与我试图扩大通用电气全球足迹的目标背道而驰。我承诺要让通用电气在海外发展，岂不是威胁到了美国的就业？我从未这么想过，但就连一些最亲密的朋友也问我，为什么我会接受这样一个有可能费力不讨好的任务。我对他们说，在2008～2009 年的金融危机期间，联邦政府帮助了通用电气，这至少是一件我能有所回报的事情。更重要的是，我是爱国者。虽然我是共和党人，但我相信，如果总统打电话来要求你做一件事，你会答应的（哪怕总统是民主党人）。

身为所谓的"就业沙皇"，我承受了由此而来的结果。2011年秋天，委员会在匹兹堡开会，我把我们分成三四人的小组，并让每个小组与当地商业团体一起开会，向他们汇报进展，听取其意见。我永远不会忘记和英特尔首席执行官保罗·欧德宁（Paul Otellini）和美国劳联－产联（AFL-CIO）主席理查德·特拉姆卡（Rich and Trumka）共同主持的一次会议。参与会议的300人主要是当地企业主、国际电气工人兄弟会的部分成员，以及五六名"茶党运动"[⊖]的追随者，这最后一小部分人，把矛头对准欧德宁和我，痛骂了我们一个多小时。

"你们这些家伙拿了钱！"他们指控说，"如果没有对你们有利的东西，你们才不会花时间在就业与竞争力委员会上呢。你们拿的薪水过高，你们见鬼去吧。"当天媒体也在场，有人认为，报道对通用电气的形象不利。我记得奥巴马后来打电话向我表示感谢，副总统乔·拜登、财长蒂姆·盖特纳，还有当时担任总统高级顾问的瓦莱丽·贾勒特（Valerie Jarrett）也都打来了电话。"我们知道这很难，"他们每个人都用不同的方式说，"但我们感谢你们，因为我们正在取得进展。"

我对奥巴马印象颇深，尽管我时常与他意见相左。我也更清楚地察觉到，"大商业"（我指的是像商业与竞争力委员会和商业圆桌会议这样的团体）已经变得多么无能和无情。记得有一次，我组织了一场面见总统的会议，想要说服他允许企业将海外现金储备汇回国内时无须支付高额罚款。我们四名来自就业与竞争力委员会的人站在总统办公室门外等着召唤，我试着为其他人提供一条小小的策略性建议。"他是总统，"我提醒同僚们，"所以我们别说，'我们希望你这么做'，我们应该努力让自己听起来像这样，'如果我们是你，我们会这么做'。"

⊖ "茶党运动"（Tea Party movement），是一个于2009年年初兴起的美国财政保守政治运动。该运动的成员呼吁降低税收，并通过减少政府支出来减少美国的国债和联邦预算赤字。——译者注

过了几分钟我发现，他们很明显没听进去。等总统出现在我们面前时，同僚们开始猛劲游说。"让这些钱滞留海外太愚蠢了！我们被征了两次税！"奥巴马就像是有史以来最优秀的冰球守门员：他牢牢把持着底线，从未让球越过自己。他很聪明，他用自己更好的论点反驳了我们提出的每一个观点。我们空手而归。

近距离观察奥巴马，我认为他和商界并无共情，但他可以用它来实现目标。例如，他明白，企业领导者们在海外有牢固的人脉，他可以利用这些关系来促进美国的利益。"阿拉伯之春"[⊖]之后，美国政府对改善埃及当地民众的生活条件几乎无能为力。但当出现大范围停电时，通用电气可以提供埃及民众需要的东西：20亿瓦的应急电力。奥巴马看到了这能对他有怎样的帮助，所以，尽管他在资本汇回问题上对我们展开迎头痛击，但当我们真正需要某样东西的时候，他有时会帮忙。

我的主要联系人是瓦莱丽·贾勒特，她是总统的特别顾问，瓦莱丽和我成了朋友。我尊重她的强硬和对总统的忠诚。在总统的行政班底，最应该为他人服务的人，往往主要是在谋取自利，而贾勒特则全心全意地支持总统，每一天、每一分钟，无论好坏，我对此深感敬佩。

不过，随着时间的推移，担任就业与竞争力委员会主席让我感觉有点像是膝盖里的软骨组织：夹在两个坚硬的表面之间。事后，我这样总结这一轮对国家的效力："我别无所求，也一无所得。"

最好的例子来自《60分钟》节目里曾播出的一个片段，主持人莱斯利·斯塔尔（Lesley Stahl）对我进行了盘问。我们一起前往巴西，我带她参观了位于彼得罗波利斯的通用电气制造和服务中心，此地距离里约热内卢大约90分钟车程。

⊖ "阿拉伯之春"是阿拉伯世界的一次颜色革命浪潮，发生在突尼斯的自焚事件是整个运动的导火索。相同或相似的文化背景、语言环境及社会状况使得突尼斯的动乱迅速蔓延至其他阿拉伯国家，并逐渐席卷整个阿拉伯世界。——译者注

回到美国，斯塔尔来到我的办公室采访我，我对她说："我在思考时，会从一家全球性企业首席执行官的身份出发，但归根结底我是个美国人，我经营的是一家美国公司。为了让通用电气在未来岁月取得成功，我必须把我们的产品销往世界各个角落。"

斯塔尔露出怀疑的表情。"你自己可能认为你是美国人，但你的客户在海外，你的工厂在海外，你的研发甚至也在海外……"

我打断了她："如果我不追逐世界每一个角落的订单，我们在宾夕法尼亚州、俄亥俄州、马萨诸塞州和得克萨斯州的员工就会有数万人失业。对此我没有什么好道歉的，完全没有。"

那还不是最后的火花。斯塔尔坚持说："美国人认为企业除了贪婪再无其他，我听够了这套说辞。""我希望你为我加油，"我最后对她说，"你知道，每个德国人都为西门子摇旗呐喊，每个日本人都支持东芝，每个中国人都为华为叫好。我希望你说，'加油，通用电气'！"

"你不明白为什么公众不肯把美国企业抬到这么高吗？"她一边说，一边把手举到与眼睛齐平的位置。我毫不退缩，"我认为这种观点，也就是美国民众反对美国大企业，是错的。"我说，"我和你或者任何人，走过（通用电气的）一家工厂，你知道，我们的员工基本上都喜欢我们，也为我们加油，他们希望我们赢。我不明白你为什么不这么做。"

总有地方藏着危机

由于"全球增长组织"建立在通用电气印度分公司试点项目成功的基础之上，所以，在印度为这项新计划举行启动仪式合乎情理。2011 年，趁着公司执行委员会的 35 名成员齐聚新德里参加季会之际，我们举行了启动仪式。

执行委员会是通用电气公司的最高管理委员会，但在"全球增长组织"这件事上，我不是在请求他们的许可。我想要传达的信息是："我们将加大对全球市场的投入。如果肯尼亚、新加坡或孟加拉国有我们能够解决的问题，我们就会去。"

为了支持这一计划，我们邀请了印度商界领袖和企业家发表演讲：他们分别是印度信实工业集团（Reliance Group，印度最大的私营企业集团）、汽车制造商马恒达公司、信息技术咨询公司威普罗和印孚瑟斯的高管。他们站在客户的角度，一个接一个地回应了我方团队所传递的信息。"我们需要你们最优秀的头脑，"他们对通用电气的执行委员会说，"变革正在发生，通用电气需要挺身投入变革，成为它的一部分。"

我希望，通用电气各业务部门的领导者能够把"全球增长组织"（它由首席执行官办公室资助）视为一种可推动自身增长的"免费"资源。但我们知道，美国的部分领导者会担心"全球增长组织"削弱自己的权力。有些情况下也的确如此，他们将丧失最终决定权。但我在执行委员会上告诉与会者："从现在开始，如果你跟我们在利雅得本土的员工发生竞争，有时候赢的会是他们。"

幸运的是，约翰·赖斯明白，如果自己和下属经常踩业务领导者的红线，或是变成后者眼里发号施令的家伙，"全球增长组织"就不会成功。赖斯知道怎样运用自己的影响力，又不明显抬高自己的地位。即使和级别低得多的人交谈，他也深知自己必须令人信服。他一次又一次地强调，美国的业务部门将保留大部分权力，只不过，"全球增长组织"将带来本土洞察力这一优势。

与此同时，执行委员会会议召开的那个星期发生在日本的事情，将永远在我的记忆里留下烙印。3月11日，也就是执行委员会抵达印度的前两天，日本东北太平洋沿岸发生了里氏9.0级的地震，地震引发的海啸使海水朝着陆地足足冲入10公里。海啸以每小时700公里的速度移动，造成近2万人丧生。地震发生50分钟后，汹涌的海水淹没了福岛第一核电站的6座反应堆（它们均由通用电气设计），并破坏了核电站的所有电力供应。反应堆按设计意图正常关闭，但洪水破坏了本应为水泵（水泵用来冷却反应堆）提供动力的应急发电机，反应堆很可能发生熔毁。我们每时每刻都在监控这场危机，我几乎没睡觉。

我在通用电气担任首席执行官的近 10 年里，很少会想到公司的核能业务。它的规模相对较小，年收入不到 10 亿美元，而且正深陷于长达 30 年的艰难时期。投资者从未就它提出过问题。所以，当福岛核危机突然发生时，它逼得我重新认识这一行业的细节。在新德里，我让助理给我发来通用电气与东京电力公司就安全反应堆所签订的商业协议。这份文件长达 280 页，成文于 20 世纪 60 年代。

我别无他法，只能连轴转。执行委员会会议结束后，我飞到澳大利亚的珀斯拜访客户，探访在石油和天然气部门工作的近 1000 名通用电气员工。考虑到他们所做的工作（"全球增长组织"只会增加他们的工作负荷），澳大利亚团队希望我能去给队员们加油打气。但受海啸的影响，我仍惊魂未定。

我记得，坐在珀斯的一间会议室里，我努力想要集中精神。我头顶上挂着一台电视机，新闻频道正在播放福岛反应堆的航拍照片，分析人士认为这些反应堆即将爆炸。我拿起电话，拨通了我们的早间简报会，听到了令人震惊的预测：东京的 1200 万居民有可能将要被迫疏散，核微尘甚至有可能最终落到遥远的洛杉矶。

这时有人敲了敲门，他们已经准备好见我了。过了一会儿，在一间挤满了人的大宴会厅，我站在麦克风前，深深吸了一口气。"我敢肯定你们都在看电视，"我开口道，"我想让你们知道，我们有最优秀的人正在努力解决日本危机。"接着，就像出色的杂耍师一样，我把自己的注意力切换到了鼓舞员工士气上。我向与会人员的辛勤工作表示感谢，并承诺"全球增长组织"将帮助他们更好地利用亚洲的建设热潮。等进入提问环节，我已经准备好要迎接一切。不过，第一个举手发言的家伙所说的话，还是让我大吃一惊。"这里的麦当劳巨无霸要卖15澳元一份，"他说，"近期有加薪的机会吗？"

我们正在启动全公司范围的全球重组，与此同时发生了核泄漏事故，而这家伙却只想谈一谈快餐汉堡的价格，我真说不清是该哭还是笑。但我很快想了想，意识到这是个学习的机会。如果一份巨无霸要卖15澳元，显然这里出现了劳动力短缺。这就意味着，我们在该地区的石油和天然气项目可能会受到影响。过了一阵，我听到雪佛龙公司的一位高管说，他在这里很难招募到足够多的人手。我在脑袋里做了个笔记——哪怕身处危机当中，你也应该留心所有输入数据，哪怕是你没预料到的数据，线索到处都是。

最终，福岛第一核电站的6座反应堆中，有3座释放出大量放射性污染，但勇敢的日本应急人员避免了一场更严重的灾难。清理工作持续至今。尽管这场灾难很严重，但它原本可能还要糟糕得多。幸运的是，大多数日本居民不必疏散，而且科学家得出结论，辐射不会对加利福尼亚海滩造成任何公共健康风险。

投资地方产能

我们最初成立"全球增长组织"时，通用电气与沙特阿拉伯国家石油公司（简称"沙特阿美"）的关系，充其量只能算不冷不热。我们已经在该地区运营了几十年，并在竞争中赢得了绝大多数的油气合同。我们向国有的沙特电力公司出售了大量燃气轮机（2000～2015年，它们购买的燃气轮机数量超过全世界其他所有客户）。但我们需要决定，我们是否有勇气打上一场硬仗。

2011年，约翰·赖斯飞往利雅得，他听到一大堆意见。沙特能源部部长、长期担任沙特阿美董事长的哈立德·法利赫（Khalid Al-Falih）的声音最为响亮。"你们在哪里，通用电气？你们为什么对我国不感兴趣？"他问道。

沙特希望通用电气表现得更像个合作伙伴，帮助他们更广泛地解决民众需求。法利赫基本上是在告诉赖斯，通用电气必须采取行动了，要不就闭嘴。

赖斯和通用电气中东、北非及土耳其分公司的首席执行官纳比勒·哈贝耶布（Nabil Habayeb）一致认为，通用电气必须在沙特进行大规模投资。在利雅得的下午 4 点（康涅狄格州上午 9 点），他们拨通了我的助理希拉·内维尔（Sheila Neville）的电话。

"杰夫在吗？"赖斯声音急切地问，"我们有件要紧事。"

我接起电话，赖斯和哈贝耶布先介绍了一些背景："阿拉伯之春"的影响正在整个地区蔓延。沙特政府愈发意识到，它必须对民众的需求做出更积极的反应。与此同时，我们对该地区的投资过少，这开始反噬我们。我们的一些业务领导者在阿联酋开会时碰到了麻烦。

5 分钟后，我接受了他们的说辞。问题是要投资多少。"我认为至少要10 亿美元，"赖斯说，"整整 10 亿美元。"

我有很充分的理由想答应他。沙特的青年失业问题十分严峻（直到今天仍然如此），当时，超过 65% 的沙特人不到 30 岁，尤其是女性，大学毕业之后根本没有找到工作的指望。除此之外，我对沙特在该地区所扮演的角色也表示欣赏。通用电气对该国进行大规模投资，其他中东国家必然会注意到这一动向。

我们很快就启动了"沙特计划"，以确认沙特最迫切的需求并加以满足作为组织原则。我们成了优秀的倾听者。哈贝耶布和他的团队疏通了在沙特内部的人脉，指出了具体领导人的优先关注事项。接着，他们创建了一份总清单，列出了这些人认为自己所在社群缺少些什么。负担得起的医疗保健是关键领域之一，我们承诺改善基本医疗服务的覆盖面。

接下来，我们与沙特阿美及印度塔塔咨询服务公司合作创办了一家全为女性的后台办公中心，提供了 1000 个工作岗位。在那里工作的女性，不只为阿拉伯世界，也为沙特之外的 50 个国家提供支付处理和其他服务。这笔投资大获成功。

今天，特别是在沙特记者贾迈勒·卡舒吉遇害之后，很多人（这份名单很长）认为，在沙特开展业务的美国公司应该重新审视甚至减少在当地的关系，但我从更宽广的视角来看。

每当通用电气因为在民权记录存在争议（甚至更糟）的国家开展业务而遭到批评时，我总会解释说，我认为，对这些国家的民众来说，通用电气在比不在好。我想不出，有哪个国家无法从通用电气提供的产品或服务中受益。我坚信，如果通用电气和其他优秀公司扎根当地，促进负责任的发展、透明度、商业诚信和多样性（这些都是通用电气的核心价值观），它们必将实现进步。

最终，"全球增长组织"成立后的几年里，我们在沙特投资了大约 20 亿美元，完成了 300 亿美元的业务——我得说，这样的投资回报率很不错。通用电气一直致力于实现共同的成果。我们知道，从几千公里之外的地方判断另一个国家，这么做行不通。变革必须扎根当地、从基层开始。

在动荡中坚持

印度是全世界人口第二多的国家，人口超过 13 亿。这是一个非常喧嚣嘈杂、官僚主义作风浓重的国家，决策永远比蜗牛爬得还慢。举例来说，我们在偏远的东部地区比哈尔邦用了足足 20 年的时间做一笔内燃机车的生意。我向印度铁道部部长抱怨此事太过拖拉，他告诉我，他曾写过一本 300 页的书，名叫《印度机车投标过程》。如果我们想锁定制造 1000 台内燃机车的合同，我们似乎必须按照他的方式来。

所以，我们对这份合同投了两次标。两次我们都拿出了最有竞争力的报价，但交易还是陷入停滞。这时候，我们的处境变得很难，因为竞争对手已经知道了我们提出的条件。到提交第三份标书时，我们已经失去了所有的筹码。然而，我们坚持了下来，最终击败了卡特彼勒（它在当地已经享有了30多年市场第一的位置），赢得了合同。

在等待机车交易敲定期间，我们对制造业进行了投资。2012年，我们在印度建立了通用电气的首家多式联运工厂，可以按需生产航空部件、涡轮机或PET扫描仪。我们的想法是这样的：在印度国内生产产品（不必从美国进口）可以节省费用，但考虑到我们在印度的各个行业需求量都不大，没有必要设立专门的工厂生产每一种设备，我们投资2亿美元兴建了这家灵活的多式联运工厂，3年就收回了成本。

我们还在特里·布莱森汉姆（Terri Bresenham）的帮助下，对医疗保健业务的方法进行本地化。特里·布莱森汉姆是一位优秀的高管，调到印度之前，她曾在法国管理通用电气的女性健康、超声波和心脏X光部门。2014年，我和布莱森汉姆坐到一起，共度了一个周末。她告诉我，她下定决心要改善我们在印度的业务，并主动搬进了古吉拉特邦的一家公立医院住了一个星期。我问她为什么，她说："因为如果我们的产品不能帮助人们，那么我们开展这项业务有什么意义呢？"

布莱森汉姆现在常驻班加罗尔，着手开发可以在非洲、拉丁美洲和亚洲销售的超低成本的医疗保健产品。这对我们来说是头一遭：授权新兴市场的领导者为彼此的产品提供支持，无须美国总部批准。这提高了速度，降低了成本。这对通用电气设在班加罗尔的规模最大的研发机构并无任何损害。后者吸引了全印度最优秀的技术人才，不仅帮助我们建立了医疗保健部门，还帮助了我们的其他业务。

我们也尝试将通用电气的涡轮机引入印度，但不太成功。每次我到印度，不管住在哪家酒店，都经常碰到停电。然而，印度的官僚主义妨碍了我们为实现更稳定电力的供应付出努力。我们并没为此生气，只是把眼光转到了孟加拉国。

在成立"全球增长组织"之前，我们在孟加拉国几乎没有存在感，我们在当地的收入，也反映出我们没怎么努力。我想，我们当时一年大概能赚1.5亿美元吧。但推出"全球增长组织"后的两年内，我们就在当地找到了很好的合作伙伴，业务规模增长到每年10亿美元。我们的耐心得到了回报：如今，孟加拉国约一半的发电能力，依靠的是通用电气的涡轮机。

和我一起去孟加拉国出差的同事们，一定会笑我现在居然兜售起耐心的美德来了。这是因为，虽说我是真心相信在新兴市场开展业务要有长久的时间观，但在实际拜访这些市场时，我往往毫无耐心。埃德·加拉内克（Ed Galanek）是我最信任的安防人员，我到哪儿他都陪着我。他很喜欢讲一个故事：有一天早晨，在孟加拉国的首都达卡，我们找了位司机，出发去参加一场高层会议。我们离目的地不到3公里时，车突然停了下来。我向窗外看去，发现马路明明是三车道，车流却挤成了足足五条。

"嘿，埃德，"我从后座说，"怎么不动啦？"

要说明我和加拉内克的关系怎样，你必须了解一点：他是个本可以轻而易举做个单口相声演员的前警察。他是布朗克斯区一名酒店门卫的儿子，说话时喜欢比画，没人不喜欢他。"9·11"事件发生时，他是第一批做出反应的人之一。不过，我遇到他的时候，他已经在《周六夜现场》节目干了好些年。如果埃德兜里有一块钱，他会慷慨地分给你一半。但他也喜欢偶尔为难一下我。所以，当我问他我们怎么不动了，他摇下车窗，伸长脖子。

"哈，"他边说边做鬼脸，"看起来，我们堵车了。"

我心痒难耐，我喜欢动起来。"你觉得我们能从这儿走过去吗？"我问。埃德转过身来。他的职责是保护我的安全，他以前看过《保镖》这部电影。

"我想告诉你，杰夫，我们现在坐的是一辆安全可靠的车，"他说，声音里流露出一种屈尊俯就的味道，"车的外面是达卡。你下去走，我会支持你，我会给你指明正确的方向。我会尽量看着你的，你比这些车都高，所以我肯定会看得见你的。你要是想走过去，尽管下车，但我就不奉陪了。"

"好吧，"我嘟哝着说，"够了够了。"

不过，尽管我嘟嘟哝哝、牢骚不断，到这些地区出差仍然完全值得。"全球增长组织"刚诞生时，我想，我们外包到印度的产品不到 5 亿美元。6 年后，我们在印度的外包量已经 10 倍于此（40 亿～50 亿美元）。对了，顺便说一句，5 年后，我们交付了 1500 辆机车，比计划多了 50%。有些东西发挥了作用。

巩固关系

与客户建立私人关系（我把这叫作"做零售买卖，不搞批发生意"）是首席执行官的责任。2010 年，在去苏格兰阿伯丁的途中，我顺路拜访了约翰伍德集团（我们对它们的油井业务很感兴趣）的董事长伊恩·伍德爵士（Sir Ian Wood），跟他一起喝了茶。不到一年，该业务被拍卖，在三家竞标公司中，通用电气排在最后一名。于是我拿起电话拨通了伊恩爵士。很快，我们敲定了这项 28 亿美元交易的细节。伍德对《华尔街日报》表示，我们刚刚起步的私人关系"对达成交易至关重要"。

另一些关系要花上好几年甚至十多年才能建立起来。2004 年，我前往俄罗斯会见了普京总统，讨论通用电气在该国制造机车发动机事宜。我提出购买当地机车公司特朗斯麦克（Transmec）的多数股份。他说，他喜欢这个设想，并让我去见俄罗斯铁路公司总裁弗拉基米尔·亚库宁（Vladimir Yakunin）。我以为我们成功了！但当我把普京对我说的话告诉亚库宁时，他脸色十分难看。"滚。"他用英语对我说，在那之前，他都只说俄语。"你想达到目的，除非从我的尸体上迈过去。"

我们并不气馁，想了个变通的办法，与哈萨克斯坦国家铁路局 KTZ 建立了一家合资企业，并运营至今。但我并未放弃俄罗斯。2009 年，我飞了 14 个小时前往黑海沿岸的索契，去会见普京。我只落地待了 4 个小时，便又再踏上了长达 14 个小时的回程。但在这 4 个小时里，我告诉普京，通用电气需要有人帮忙，才能在俄罗斯运转起来。这一次，他似乎听了我的话。（2013 年，通用电气和俄罗斯最大的石油公司俄罗斯石油公司，承诺就燃气轮机、油田制造设备和机车业务建立战略伙伴关系。）

在推进通用电气全球化发展的道路上，普京并非我面对的唯一一位铁腕人物。举个例子，我曾和土耳其总统埃尔多安见过几面。在当时，人们认为他是改革派。他对美国企业很友好，也会寻求我们的建议。我记得，2007 年，石油价格飞涨，我和土耳其能源与工业部部长坐在埃尔多安的办公室，他宣布：“我们要建一座核电站。”

我颇感惊讶，据我所知，他们不具备专业知识。“你知道，那是很难建的，我是说核电站。”我说。

“是的，但我们要建。”他说，“不过，伊梅尔特先生，您认为这需要多长时间？”我告诉他这要花 15～20 年，还看到他的能源与工业部部长满脸通红，都快渗出血来了。埃尔多安朝着那人的方向仰了仰头，“他告诉我说可以在 5 年内完成”。部长对我怒目以对，但我除了说出实情外还能怎么办呢？我说，“5 年的话，比 10 年完成的世界纪录还快了一半。考虑到这是你们国家的第一座核电站，这恐怕指望不上”。

无论见的是意大利总理贝卢斯科尼还是巴基斯坦的新总理，我跟国家元首的会晤态度每次都一样。我不会说通用电气想要什么，而是问对方需要什么。“你们面临着什么样的挑战？你最担心的是什么？我们能做些什么来帮忙呢？”

在我见过的所有领导人中，我最喜欢默克尔。这位德国总理是个了不起的倾听者，能让人放下戒备。我曾坐在世界各国的领导人面前，只有她曾挥手让助理走开，自己给客人端上咖啡。她会站起身，递上奶油和糖，就像居家的女主人。接着，她会坐下来，用坚毅的蓝眼睛看着我："好吧，伊梅尔特先生，你打算为德国人民做些什么？"她令人敬畏。

受默克尔和其他人启发，我逐渐明白，要销售通用电气的产品并再次获得邀请，最好的办法就是主动拿出一些东西来。有时候，这个"东西"指的是我们想要销售的某种产品，但更多时候，它仅仅是信息或建议。维持良好的关系，有时很简单，就像用指头堵住堤坝的漏洞，直到问题得以解决。我努力让自己不辜负人们在我身上所花的时间，同时，我说得很明白，我始终会为他们腾出时间。

进行这样的谈话，也可能会把人累垮。有一回，我曾度过30个小时的"一天"：一开始，我在东京跟东芝公司的代表共进早餐。我们和东芝成立了一家合资企业，维修为数百万日本消费者供电的通用电气燃气涡轮机。接着，我和几名同事从日本往东飞了5600多公里，来到哈萨克斯坦的阿斯塔纳，在一家生产通用电气机车的工厂完成一桩交易。到再次搭乘飞机，朝东南4500公里外的阿拉伯联合酋长国飞去时，太阳尚未落山，我们像是在追着它走。在那里，我们跟阿布扎比主权财富基金穆巴达拉的负责人约好了共进晚餐。穆巴达拉是通用电气油气业务的关键合作伙伴，我们在中东培养了许多重要关系，它的成员就在其中。午夜时分，我们道别并回到停机坪，登上了公司的飞机。我们会在回家的路上睡觉。

自我退休后，人们常常围绕我在职时的一件事议论纷纷：每当我因通用电气的业务飞往海外，身后时常跟着一架"僚机"。这么做的原因是为了确保我不会困在偏远的地方，或是错过重要的会议。如今回想起来，我发现，"僚机"让通用电气看起来很糟糕，也让我显得不光任性放纵，还带着一股"皇帝"味儿。我其实应该更加注意外人观感。我只能强调，我在全球各地出差，是为了帮助通用电气的领导者对客户做出及时响应。在这一时期，我们很少丢失世界各地的重要业务。

我知道，我团队里的一些人尤其是约翰·赖斯，会尽力保护我，不让我把自己忙死。赖斯知道，如果我发现了某个商业机会，我会像一条使劲往前冲的狗，完全忘了脖子上还套着狗绳。他会告诉前线工作的销售人员："你们没必要因为西门子的家伙上个星期在埃及露过脸，就让杰夫坐上10个小时的飞机去那儿参加一场短短20分钟的会议。"而且，他经常警告我："我可不想让你累得瘫倒。"赖斯还觉得我需要重视自己创下的先例。例如，在埃及，总统阿卜杜勒·法塔赫·塞西习惯了和我见面，甚至下令只和我进行私下谈判。这完全没问题，只是除了一点：据说，有100多个国家的领导人有可能提出同样的要求。

　　大家知道，塞西是古董商的儿子，很喜欢砍价。通常，和国家首脑会晤更侧重于宏观层面，并可能完全围绕高层政策的争论展开，但塞西喜欢讨论交易的具体细节。他过去是埃及国防部的将军，相信自己理应获得特殊待遇。他会高兴地搓着手说："我坚持认为将军应该享受一份额外折扣！"

　　塞西和我私交甚好，2014年夏天之前，通用电气已经成功地为埃及安装了20亿瓦的应急电力，避免了大范围停电。然而，我记得在一次拜访中，我俩寒暄客套不到一分钟，他就宣布："我听说，你们的涡轮机收费太高了，你们的最低价是多少？"我完全不知道他说的是什么。我事先并未听过关于这笔具体交易的简报，因为我们在埃及同时推进着多个项目，我以为自己是来谈战略的，而不是具体的金额。我的同事们绞尽脑汁地想知道他指的是什么，而我只能保持微笑。我记不得具体的细节了，倘若那是一份20亿美元的合同，塞西会砍掉一半。

　　他吩咐说："站起来，我们现在就握手成交吧。"我笑了，并不觉得这是冒犯。我只是佩服他这么敢作敢为。"总统先生，"我一边笑，一边委婉拒绝，"我保证我们会给你公平的价格。"

　　这里有一点我想说明，虽然我们并不依赖美国政府为通用电气铺路，但我们一直跟美国国务院的高级官员保持沟通。一般而言，我给美国国务卿约翰·克里（或者希拉里·克林顿）打电话，一开头我就会告诉他们，我要去俄罗斯（或者埃及、土耳其、沙特阿拉伯等）。"有什么事是不能做的吗？"我会问。虽然我并不想说得太详细，但这么说就够了：如果某些地区爆发了某种危机，通用电气必须有所反应。有时，我们会放弃业务，以避免公众觉得我们在支持不良政府的逾矩行为。不过，我的重点是，努力通过通用电气在当地的工作人员的眼睛来观察每个国家。我信任在当地辛苦工作的同事，总是尽量让他们能更轻松地完成任务。

雇用当地团队

我已经谈到了在当地投资、在经济下行周期中坚持不懈，以及培养与领导人的关系等方面各有什么样的意义。但说到让企业真正走向全球化，还有一项工作必不可少：招募人才来帮你看清前进的道路。通用电气在尼日利亚的故事，就是一个很好的例子。

尼日利亚是一个比较复杂的地方。从遥远的地方（比如伦敦或纽约）看，当地的每一笔交易都显得风险重重，这就是为什么我们需要让拉扎鲁斯·安巴佐（Lazarus Angbazo）担任团队负责人。安巴佐在一座名叫凯菲的小村庄长大，距离尼日利亚首都阿布贾大约一小时的路程。他的父亲是埃贡部落的头人，把9个孩子个个都培养得相信教育的救赎力量。因此，从扎里亚的艾哈迈杜·贝洛大学获得数学学士学位后，安巴佐来到美国，在艾奥瓦大学获得统计学硕士学位，又在纽约大学获得金融学博士学位。

安巴佐在加入通用电气资本公司之前曾在普渡大学执教，在房利美和摩根大通工作过。这样的简历，似乎不太适合在一个遥远的地方监管一支工业运营团队，但他对撒哈拉以南非洲地区（而我们也正想在那里发展业务）的热爱，让他成了完美人选。他为推动通用电气在当地的项目感到非常自豪，因为他亲身体会到这些项目将带来怎样的改变。

通用电气在尼日利亚的战略基础是通用电气和尼日利亚政府之间的一个5年国家与公司协议（我们称为C2C）。2009年签署的这份协议，规定我们将合作为尼日利亚众多地区的基础设施需求设计解决方案。例如，2013年，通用电气开始在卡拉巴自由贸易区动工建设多式联运的生产、服务和组装工厂。

和我们2012年在印度建造的工厂一样，这座工厂旨在培养当地的服务、维修和供应链能力，为通用电气的发电和油气业务等提供支持。在非洲，除了这个项目，就再没有别的同类项目了，它让通用电气变得与众不同。它不仅保证了我们遵守当地法规，还巩固了通用电气在大规模离岸项目上的竞争地位，帮助我们为尼日利亚已经安装好的众多燃气轮机（其中80%均由通用电气制造）履行长期维护保养协议。

我们在尼日利亚最大的项目，是跟该国企业丹格特集团（Dangote Group）合作开展的，我们卖给它涡轮机、机车和医疗设备。毫无疑问，丹格特集团是看中了我们在当地的团队，才从通用电气采购的。这个国家的政界人物，也喜欢通用电气的团队。例如，2014年，我前往阿布贾，与尼日利亚总统古德勒克·乔纳森及其内阁会晤。这是自2011年乔纳森当选以来我第四次见到他，但这一次，我需要一些特别的东西：我们手里的5年国家与公司协议即将到期，我想续约。我已经准备好要谈谈这5年来我们在各方面所取得的进展。但我意识到，我所做的最明智的一件事，就是带上了十多名我们当地公司的各级领导，他们全是非洲人，而且很多是尼日利亚本国人。

这对我们来说并不难，当时，通用电气在尼日利亚95%的领导者都是当地人。但我们一起出现，仍带来了显而易见的影响。我们一同走进会议室——12名非洲黑人男女，外加一名美国白人首席执行官——你都能看到总统的眼睛里亮光闪闪。我们就座之后，戴着时髦软呢帽的乔纳森（虽说他出生在贫困家庭，父亲是制造独木舟的工匠，但他喜欢戴这种帽子）慢慢地环视房间，点点头，赞许地看着我的团队。

"我喜欢你们的脸。"最后，他大笑着说。当天我们就续签了国家与公司协议，促成了未来的若干维修合同，以及石油与天然气、电力、医疗保健和航空的设备订单。那一年，通用电气在尼日利亚的订单总额超过 10 亿美元。

中国最重要

在通用电气投资并销售产品的所有地方，中国是迄今为止最重要的。它有着最大的增长潜力，市场很快就将变得庞大无比，并超过美国市场。通用电气的许多同行都想依靠当地廉价劳动力为公司建设世界工厂。但我并不这么看，我重视我们的中国客户和巨大的市场机遇。我们在中国兴建工厂是为了服务整个亚洲市场，而非为了满足美国市场。我相信，在中国获胜，会让通用电气变得更具全球竞争力。我不希望自己的团队害怕中国，于是，我开始把中国成为"通用电气的第二个本土市场"。

我第一次去中国是 1987 年，当时我还在通用电气塑料公司工作。我先飞到中国香港，接着搭乘支线飞机前往位于广东省南部的深圳市。时任中国国家领导人的邓小平推动经济体制改革，提倡对外开放，扩大对外贸易和引进外资，并将深圳划为"经济特区"，鼓励其进行市场经济实验。但从机场开车出来的一路上，我被这地方的简陋所震撼。人们住在小窝棚里，洗手间都是露天的。

我要去的是南沙区，那里准备兴建我们在中国的第一家工厂。短短几年间，这家工厂将能够年产 2 万吨高性能热塑性塑料（就是我之前讲过的那些小颗粒），用于汽车、电脑、电话和其他产品。参观完建厂选址后，我去做了销售拜访。我记得当时见了富士康的创始人郭台铭，这家来自中国台湾的电子制造商，最终将会为英特尔生产主板。富士康在中国大陆的第一家工厂很快将在不远的地方开始运行，它需要通用电气的塑料颗粒作为主要原料。（2000 年，富士康将成为通用电气塑料公司全球最大的客户。）

接下来的 30 年里，我每年都会去中国两三次。较之其他任何一位西方国家的首席执行官，我有更多机会近距离观察中国的发展。虽然西方国家普遍认为中国对知识产权保护不利，但我看到的是它的人民不知疲倦地努力改善自己。我目睹数百万中国人从农村地区迁徙到城市，创造出一个全新的庞大中产阶级。与此同时，日益壮大的精英阶层也正在积累私人财富。每次我走出酒店，越来越多的宝马和奔驰汽车从我身边疾驰而过。中国正从世界工厂转变为超级经济大国。

1997 年夏天，当时我还在通用电气医疗公司担任首席执行官，我决定利用通用电气传统的 8 月假期访问中国的 20 个二线城市。我已经去过北京、上海、广州和深圳这几个一线城市（那时甚至已经去过许多次），但我对天津、成都、厦门、武汉这样的地方（它们当时的人口规模在 400 万～600 万）很感兴趣。我访问了数百家医院，会见了当地领导人和客户。这次旅行的所见所闻让我意识到，通用电气必须更大范围地进入中国。

"不管发生什么，"我对自己（后来，也对所有愿意听的人）说，"我们必须到这里投资，中国等于增长。"事实一目了然：这里有庞大的人口需要医疗保健，而且，尤其值得指出的是，政府承诺要为人民提供医疗保健。我和成都市市长见面时，他这样总结道："我们当然要做医疗保健，这是释放人民生产力的唯一途径。"很明显，对于通用电气的核磁共振机器和 CT 扫描仪来说，中国是个巨大的市场。

在那趟旅行中，我记得通用电气（中国）医疗公司总裁陈治告诉我："如果我们能在本地生产 CT 扫描仪，找到合适的价位，我们的销量将达到美国的 5 倍。"1999 年，我们在北京建了一家 CT 工厂，陈治的预言很快变成了现实。就算我当时还不曾理解中国市场对通用电气有多么重要，这一事实也足够说服我了。

担任通用电气首席执行官之后，我到过中国 30 次，但我永远不会忘记就任后的第一次访问。那是在 "9·11" 事件之后，就在同一个 9 月，在北京，我和在该地区工作的 20 名领导者坐到了一起。我们在房间里四处走动，互做介绍，我惊讶地发现，其中只有两个人真正住在中国大陆，而且他们仅仅是中层员工。（通用电气的 185 名高管，当时没有一个人常驻中国。）我记得我们驻中国香港的高管孙礼达（Steve Schneider）对我说，中国正在兴建 300 座新机场。我领悟到：随着中国的发展，通用电气必须更好地定位自己，满足自身的需求。

例如，2005 年时，美国每 4.5 万人拥有一架商用飞机，而中国为每 160 万人拥有一架。随着中国经济的发展，我知道他们对喷气发动机将出现巨大需求。随着城市规模的扩大，他们需要扩大发电能力、改善交通走廊，这意味着需要更多的机车；中国的消费者和企业会需要金融服务。所有这些东西，中国必须得从某个地方购买。我希望，通用电气能成为中国采购的地方。

那么，我们是如何打入中国市场的呢？在 1999 年的一次访问中，我的前任杰克·韦尔奇，和中国政府一起创建了 "中国首席执行官项目"。它的设想很简单：每年通用电气将在美国克劳顿维尔接待 20～25 名来自中国的首席执行官，集训时间为期 3 周，参加者由中共中央组织部挑选。

来访的首席执行官们抵达纽约后，我们会送他们去参加领导力课程，学习通用电气的管理之道。通用电气所有的顶级业务领导者都会前来与他们交谈，包括杰克·韦尔奇本人。中国人渴望向内部人士了解这家标志性的美国企业集团，但我们同样也有所收获：广泛接触了中国的下一代领导者。

可以说，"中国首席执行官项目"是通用电气进入中国市场的灵丹妙药。等到我担任首席执行官的时候，参加过克劳顿维尔沉浸式培训的人已经在中国各地走上管理岗位，每次我到访中国，都能碰到不少这类的人，他们一次次地为我们引来业务。

早些时候，我看到中国正在发展技术实力、培养人才。所以，我力推在上海开设一个新的研究中心。很快，我们的团队就能够处理复杂的项目。这家离岸全球研发中心同样帮我们赢得了业务，因为我们在那里接待中国企业领导者，近距离了解他们还欠缺什么。例如，我们意识到，中国企业在海外销售方面还不擅长，在这个领域，我相信，通用电气也能够证明自己的价值。

21世纪初，通用电气获得了为中国航空公司"中国商飞"生产的一款支线飞机制造发动机的合同。ARJ21型飞机是中国迈向商业航空领域的第一步，这是一架性能很好的飞机，并得到了中国政府的支持和资助。但中国商飞没有销售或服务能力，也没有机制推广这架飞机，扩大其全球足迹。此后的10年，中国商飞只卖出了为数不太多的ARJ21型飞机。

为了售出更多的通用电气喷气发动机，我得出结论，通用电气航空公司需要帮助中国提升其对国内制造的飞机的需求。我们与中国的伙伴建立了几家合资企业，以帮助我们打入本地市场。技术被"借鉴"的风险始终存在（这不啻为全球竞争对手提供弹药），但我觉得，即便如此，这也比完全不参与中国市场竞争所带来的风险要小。

最终，通用电气在中国占据了75%的航空市场份额，比在美国还高。中国大部分飞机发动机都是从美国或法国购买的。2012年，我们与中国航空工业集团成立合资企业昂际航电。创办它的时候，通用电气是全球第三大航空电子设备制造商，落后于霍尼韦尔和罗克韦尔柯林斯这两家公司，但我们从中国扩大中国商飞的计划中看到了契机。我们希望中国商飞的飞机，除了使用我们的发动机之外，还配备通用电气的航空电子设备。所以，我们把现有的航空电子业务与中国航空工业集团的该业务合并，形成对半持股的合作伙伴关系。我们的愿望实现了：中国商飞在为下一代飞机 C919 选择航空电子系统时，我们赢下了合同。

把辛辛那提的工程师队伍和上海的工程师队伍合并起来，是件很复杂的事情。双方文化不同，需要相互适应。这需要领导精神，以及不断重复（至少在通用电气内部）一句："我们进入中国的目的，不是为了榨取他们的最后一滴血。我们必须共同努力来获得成功。"

在中国，多听取中方意见很重要，我逐渐把它视为一种商业策略。有一次，在一桩捆绑能源交易中，中国政府给通用电气和我们的竞争对手指定了当地合作伙伴。西门子和我们相中的上海电气搭档，而我们是和哈尔滨电气。我向中国国家发展和改革委员会负责人抱怨，他却说，我的着眼点完全不对。"杰夫，那是对你的赞美，"这位先生告诉我，"你应该感觉很好才对。我们对通用电气非常看重，这才把最需要你的伙伴分配给你！"在中国，你不可能总是想要什么就能得到什么，而且远非如此。但我学会了不太计较每一次的得失成败，在那里做生意，要有长远眼光。

我一直关注着中国市场的力量，以及中国政府的影响力。让我们面对现实吧：在一些市场上，中国在经济发展方面的地位，已经取代了美国。在中东、非洲及拉丁美洲，中国建筑公司利用通用电气的产品和来自中国的融资兴建电力项目，这就是全球化的本质。如果你"在中国为中国服务"（一如我在任时的通用电气），你就能成功，并且绕开贸易争端开展工作。

到我退休时，通用电气在中国有 21 000 名员工，其中 99% 是本地员工，其中包括 7 名通用电气的高层管理者。我们开发了在当地市场获胜所需的所有产能：我们已安装了一万多台喷气发动机；我们的医疗保健业务收入接近 40 亿美元，而且利润很高；我们与中美合作伙伴携手建设生命科学园区；我们立足于占领不断增长的燃气轮机市场；我们增加了从美国到中国的出口。⊖ 我们受到中国政府的尊重。而这，就是你扎根当地、尊重他人所带来的结果。

新冠肺炎疫情危机，给中国带来了严峻的考验。再加上日益增长的贸易压力，很容易想象将出现一段以反华情绪为特征的地缘政治动荡时期。

我理解这种存在于美国的情绪。商界领袖本可以鼓励开展更富建设性的对话，他们的声音却消失了。但真的有人认为，全世界规模最大的两个经济体之间展开贸易战会是个好主意吗？除此之外，我担心，下一代美国商界领袖会害怕中国，或者不相信自己有责任学习怎样在中国竞争。这是个错误。在解决世界上最棘手的一些问题时，中国和美国是最重要的两个国家。

中国已经从单纯的制造业大国转变为重要的知识枢纽，并赢得了人们的尊重。今天，"中国制造"不再意味着廉价产品。相反，在一个又一个行业中，它意味着：中国已经决定要采取某种立场，而世界很可能会跟随。例如，太阳能产业之所以存在，就是中国决定这么做，并着手制造太阳能电池板。我怀疑，他们在电动汽车方面的部署，也将快过美国。

在一个竞争日益激烈的世界，我们不可能永远回避中国。此前的 25 年里，中国每年的理工科毕业生人数，超过欧洲和美国的总和。此外，在越来越多的问题上，中国成了"决策者"。比方说，如果你关注气候变化，那就看看中国吧：他们不仅在太阳能领域领先，在下一代电池、核电站和电动汽车领域，也都排在靠前的位置。在下一代人工智能和数字工具方面，中国将与美国并驾齐驱。最近，波音公司接连发生事故，中国成了第一个停飞波音737MAX 窄体客机的国家。中国走向何方，世界也越来越多地转到相应的方向。

生活自有办法让事情圆满。在杰克·韦尔奇担任首席执行官的最后 10

⊖ 通用电气从美国出口到中国的总额，一直超过中国对美国的出口，我称之为"净出口局面"，这为美国创造了大量就业岗位。

年里，通用电气塑料公司曾有机会与中国石油天然气集团公司合作，建设一座10亿美元的树脂工厂。和我们在广州南沙建造的颗粒工厂不同，它需要通用电气把化学聚合物的配方带入中国。杰克决定不这么做。"他们会把我们所有的技术偷走！"他说。但没过多久，这项技术取消了专利，中国不依靠我们自行修建了工厂生产树脂。这后来也是我们卖掉通用电气塑料公司的原因之一，因为我们丧失了这一巨大的市场。中国再一次给我上了一课，而且它到今天仍然适用：如果你不在世界最大的终端市场做生意，你兴许无法生存下去。

少数人

从一开始，我就知道"全球增长组织"对通用电气的部分业务领导者来说是一剂难以下咽的苦药，但我相信，他们总会明白它会给通用电气带来怎样的好处。事实上，通用电气的大部分业务（尽管一开始带着不可知的态度）也逐渐聚集过来。"全球增长组织"让人眼前一亮的领域是，由于各项业务在相应地区都有自己的员工，某些职能我们可以反复数次进行复制。随着我们在海外开展的业务越来越多，运营效率越来越高，越来越多的通用电气员工开始把"全球增长组织"视为盟友。

通用电气能源公司的总裁兼首席执行官约翰·克利尼基（John Krenicki）是个明显的例外。这个人自律、组织性极强，在运营方面是绝顶高手，我非常尊重他。我认识他30年了，还曾三次晋升他，2008年，我甚至任命他为集团副主席，因为我希望他对公司的价值得到认可。但克利尼基在一个重要方面存在短板：如果他在某件事情上钻起牛角尖，我感觉他会拒绝与别人合作，除非一切都按他的要求来。

我倾向于认为，我提拔的集团副主席都能从大局上思考。管理一家像通用电气这般规模的大公司，我需要一些顾问在完成日常工作之余，帮助我横向思考整个公司。这些人接纳优秀的设想，把它们变得更好（同时拆解糟糕的设想，并阻止它们）。我认为约翰·赖斯、凯斯·谢林、迈克·尼尔、贝丝·康斯托克，以及我还没来得及介绍的戴维·乔伊斯（David Joyce，他是通用电气航空公司的高管）都在此之列。克利尼基从未进入这份名单。

我知道，商业领导力书籍里大量使用体育类的比喻，这是因为，后者通常十分适合。担任首席执行官期间，我花了大量时间思考怎样让人们一起相处融洽地打好比赛，但在"全球增长组织"这件事上，克利尼基拒绝参加。而且，他也不肯保持沉默。他认为，他最了解自己的业务，受不了别人提意见。

这不是我第一次注意到克利尼基拒绝合作。每个季度，我都会对通用电气的各项业务进行详细审查。航空业务的负责人乔伊斯会带上 20 人参加审查活动，人人都做了精心准备，我们会一起待上 4 个小时。其他领导者也一样。克利尼基通常只带着首席财务官来，他放松的肢体语言（我记得，他懒洋洋地斜靠在椅子上）似乎是在说，"这一切什么时候才能结束"，流露出埋怨的态度。

如果执行做得好，我是能够包容心怀怨念的领导者的。但随着克利尼基的绩效开始走下坡路，我发现他的态度令人难以忍受。我们为所有的事情发生争执。在他监管期间，我们在燃气轮机上的技术落后，可当我向他提出此事时，他明确表示我不应插手。我希望克利尼基帮我培养一个名叫罗澜索（Lorenzo Simonelli）的年轻高管，他拒绝说，罗澜索经验不够。但如果我们不给他机会，他又怎么可能获得经验呢？

这种局面让我感到很难过。克利尼基曾是通用电气最有影响力的高管之一，晋升为集团副主席远远不足以说明他为公司做出的贡献。但后来，他没能迈出下一步，他没有看出，他所担任的新角色是一个展示自己领导变革、与他人合作能力的机会。几年前，我曾认为他是接替我的最佳人选。但结合他晋升之后的种种表现，他自己退出了这一梯队。

2011 年年底，市场形势严峻，克利尼基未能实现预期业绩。我的想法是：既然他连基本的数字都达不到，我干嘛还要忍受他的一大堆废话？ 2012 年 2 月，我告诉他，他需要另谋高就了，但我会给他一些时间。"瞧，"我对他说，"你在重复'全球增长组织'和通用电气所做的一切。你有自己的和克劳顿维尔不同的培训课程，它缓慢、笨拙，我们需要做出改变。"他听后一脸吃惊。我说："约翰，我让你当副主席是因为我希望把你留在公司，但作为这份工作的一部分，如果你能在各方面都多帮帮忙就更好了。"

不像杰克·韦尔奇在任时（那时高管的解聘都是公开的），我任职期间，我们努力让遭到解雇的人保持尊严。2012 年 7 月我们宣布这项人事调整时，在组织结构上已经做好了安排。通用电气能源公司被拆分为三项业务——电力和水利、石油和天然气以及能源管理，每项业务都将直接向我汇报工作。我们说，这并非晋升了克利尼基的副手——电力和水利部门的史蒂夫·博尔兹（Steve Bolze）、石油天然气部门的丹·海因策尔曼（Dan Heintzelman）、能源管理部门的丹·詹基（Dan Janki）。我们只是去掉了一个层级，并在此过程中节省了 10 亿美元。我没有明说的是，多年来，这个层级的存在，曾让公司内部的问题变得艰难了许多。

那么，为什么我现在要把它说出来呢？因为我拿不准当时做出的决定是不是正确的。我希望通用电气的所有人，都为公司的整体利益而工作。克利尼基不接受"是我们，而不是我"的信条。但他十分擅长运营处境困难的业务（电力），在他离开后，我们再也没找到能够替代他的人。他的离开是通用电气的损失，尤其对我们的电力业务而言。我应该更努力让这一切顺利。

不过，我并不后悔对"全球增长组织"给予的支持。虽然在公司内部存在争议，但毫无疑问，它带来了回报。2001 年我刚担任首席执行官时，通用电气 70% 的客户都在美国。到 2017 年我离开时，通用电气 70% 的营收来自美国境外，并在 180 个国家开展业务。多亏了"全球增长组织"，2011～2017 年，通用电气非美国本土的工业业务年收入从 510 亿美元增长到了 700 亿美元。我退休时，通用电气在 26 个国家的年收入都超过 10 亿美元。日复一日，企业必须自行创造未来，而且没有路线图。在通用电气，我们开创了一条实现全球化的新路径。

HOT SEAT
08

第 八 章

领导者管理复杂局面

这 不是一场寻常聚会。2009 年 6 月，我受邀参加了一场在伦敦克拉伦斯宫（这是一栋联排别墅，建于 1825 年）举办的正式晚宴。克拉伦斯宫里摆满了古董家具、中国瓷器和重要的艺术品，感觉更像是一座博物馆，而非私人住宅。1947 年结婚后，伊丽莎白公主和爱丁堡公爵曾住在这栋四层豪宅里。如今，它是查尔斯王子和康沃尔公爵夫人的居所。

我是当晚受查尔斯王子之邀讨论气候变化的 15 名客人之一。和世界其他地方一样，英国的天气也一直在变暖（该国有记录以来最热的 10 年都出现在 2002 年之后），这让查尔斯王子心生忧虑。宾客包括三四家工业公司的首席执行官、几家非营利环保组织的领导人，以及联合国气候变化会议（5 个月后将在哥本哈根举行）的主办者组织者、丹麦高管康妮·赫泽高（Connie Hedegaard）。我们在大宴会厅镀金的天花板下交谈，具有讽刺意味的是，房间里没有空调，温度高得如同置身炼狱。

我们都穿着硬挺的燕尾服和长裙，热得几乎窒息。这种场面，你一定想要拍张照片保存下来给爸妈看：妈妈，我正坐在查尔斯王子身边！我永远不会忘记坐在餐桌对面的赫泽高，她即将主办至关重要的全球变暖会议，为 7 年后将要签署的《巴黎协定》做铺垫。但眼下，她的汗水从下巴滴到了餐盘里的球芽甘蓝上，就跟我一样。

那天晚上，我即将告辞的时候，世界最大的油田服务公司斯伦贝谢的首席执行官安德鲁·古尔德（Andrew Gould）将我拉到一旁说："你知道，杰夫，每当我们考察潜在竞争对手的时候，我们担心的不是哈里伯顿或者贝克休斯，[⊖] 而是通用电气。"当时，通用电气的油气业务规模不大，但古尔德已经在掂量我们了。"我们一直担心，你们总有一天会在油气业务上认真起来，因为你们的广度，也就是你们所做事情的规模、你们所拥有的人际关系，对我们具有真正的破坏性，客户喜欢广博的能力。"

这些年来，我陆续从客户那里听到类似的评价。他们说，广度是通用电气的一大魅力。北美洲最大的货运铁路公司之一 BNSF 的首席执行官马特·罗斯（Matt Rose）对我说过，他更乐意从通用电气而不是卡特彼勒公司采购。"从技术角度看，你们相当接近，"他说，"但通用电气有着全新的前景。你们了解医疗，你们在中国很有影响力，这对我们大有帮助。"类似地，克利夫兰诊所、欧奇斯能医疗中心和诺斯韦尔医疗保健集团等大型医疗保健企业的首席执行官，也会把手下的管理者送到通用电气接受培训。他们说，之所以青睐通用电气，是因为我们有能力将工业实践带到医疗保健领域。这也是通用电气此类企业集团存在的原因之一。

⊖　这是另外两家规模较大的油田服务公司。——译者注

长期以来，人们对大型企业集团扮演怎样的角色一直存在争议，但此类集团的主要优势之一在于，各项业务可以在困难时期彼此支持。20 世纪 90 年代，受益于信贷市场的宽松，通用电气在金融服务业兴旺发展；2001 年 9 月 11 日，通用电气航空公司陷入困境，靠着电力公司帮我们渡过难关；21 世纪最初 10 年，金融服务业陷入灾难，自然资源领域却一帆风顺；2010～2020 年，航空业飞速发展，自然资源行业举步维艰；2020 年，新冠肺炎疫情对通用电气航空业务造成负面影响。当今大多数成功的企业集团都有着数字基础，比如谷歌、亚马逊等。"踩准市场节奏"，我指的是，只在市场发展时进入，然后在其萎缩之前退出，这很难。关键是要经营好你的业务，选择一些宏观主题加以追求（比如我对待全球化的态度）。你必须能顺应市场周期。

企业集团还有其他优势。在中国等地，大型企业集团更为切题，因为政府推动发展的国有企业非常重视跨行业关系。而且，企业集团还可以共享研究及基础设施。即便如此，在投资者心目中，企业集团的地位也时起时落。2000 年，股市对工业集团青睐有加；2017 年，投资者对它们避之不及，想把钱投到更容易看到和理解的公司。

企业集团最大的缺点是它太过复杂。在通用电气，我们一直在寻找让其变得简单些的办法。怎样通过不复杂的方法来摆脱复杂呢？听起来似乎不可能做到，其实不然。

创造增量价值

把企业集团凝聚在一起的纽带各式各样，并会随着时间的推移发生变化。伯克希尔－哈撒韦公司的组织原则集中在沃伦·巴菲特和他配置资本及选股的能力上。它的基本理由是"沃伦怎么想，我们就怎么做"。谷歌至今仍在发展它的集团化背景，但在我看来，人工智能的应用是它存在的理由。亚马逊并不算是真正的零售企业，虽说它在这个领域占据主导地位，但它其实是一家软件公司，它的存在目的是利用软件颠覆传统行业（尤其是零售业）。

通常，通用电气的竞争对手并不是大型企业集团，这意味着它们的产品线比我们少得多，聚焦范围更窄。我们在机车销售方面的主要竞争对手是伊利诺伊州的易安迪（EMD），这家强大的对手一度是通用汽车旗下的子公司。它们生产高质量的柴油－电力火车、发动机和零部件。可 20 多年来，通用电气铁路公司的市场份额从 25% 增长到了 70%。为什么会这样呢？因为如果你将企业集团运营得当，你能做到开展单一业务的企业做不到的事情。首先，全球研发中心能让通用电气的机车在燃油效率方面保持领先的规模和能力；其次，我们可以通过金融分公司提供融资。此外，由于七家一级铁路公司的首席执行官都想要借用通用电气人力资源管理流程的渠道，所以我们经常邀请他们到克劳顿维尔参加培训。"全球增长组织"帮助我们赢得了几乎每一桩国际交易，我们还能够运用通用电气在航空公司和医疗公司开发的服务技术，让购买通用电气机车的客户心满意足。

这个构想（即通用电气的诸多部门可以分享能力，为解决客户的问题寻找新思路），在公司内部得到了充分理解。它的核心在于能够在世界各地交付产品和服务技术，并得到了融资和数字技术的支持。这一整套能力（全球范围的创新、服务、融资和数字化），是通用电气所独有的。我甚至想给这一构想起个名字，好让客户能更方便地提起它。这就是我们将自己的横向平台称为"通用电气商店"的原因。

担任通用电气医疗集团首席执行官期间，我就对如何利用通用电气商店有了很好的认识。1997 年，通用电气医疗集团的营收为 30 亿美元，到我离任时，已超过 200 亿美元。我们的全球研发中心开发了创造有价值产品的技术，从轻型超声探头到用于免疫治疗的拥有专利的制造工具。之后，我们的

"全球增长组织"将帮助通用电气医疗集团扩大其全球足迹，超越竞争对手。由于通用电气大范围地扎根各国，我们得以与印度、肯尼亚、沙特阿拉伯和土耳其等国建立战略伙伴关系。我们在美国销售的医疗设备，有1/3是靠通用电气金融部门提供资金的。

根据我在塑料和医疗领域所得经验，我认为，我们的业务应该随着市场的发展不断扩展到新的增长领域。在塑料领域，我们的业务陷入了停滞，但在医疗公司，我们转向了增长。我们以设备（如MR扫描仪）作为坚实的基础，转向了数字（如患者检测系统）和生物设备（如诊断测试），它们都取得了成功。我知道，我们的业务能够通过投资和收购来扩大。

除了运营盈利颇丰的业务，通用电气还是医疗保健行业重要的思想领导者，这提高了我们的声誉和影响政策的能力。正是因为业务范围广，我们才享有这种领导地位。我们很适合解决在保持制造竞争力的同时维持低医疗成本这一需求。放眼全球，在医疗保健行业受到信任，这给通用电气带来了一种光环效应，让其他人相信我们也能够解决其他行业的复杂问题。这就是为什么我坚信，通用电气商店是奠定通用电气市场领导地位的基础。

识别模式

2005年，在通用电气石油天然气公司举办的一次客户会议上，我们为通用电气商店模式的发展做了大力助推。该次年会的与会者来自70多个国家，每一年我们都利用它来把握客户的脉搏，毕竟，客户付钱给我们是为了让我们解决问题。这时候，我们已经越来越明确，只销售产品和服务，对客户来说还远远不够。客户越来越需要我们充当合作伙伴，和他们共同创新。我们告诉他们，不妨把"通用电气商店"视为采购技术解决方案的一站式商店。

我们第一次进入石油天然气行业可以追溯到1995年，当时通用电气收购了一家意大利小企业新比隆公司（Nuovo Pignone），该公司最出名的就是它的压缩技术，而压缩技术又是涡轮机运行的重要组成部分。

早期，通用电气石油天然气业务的成功，依赖的是在危险环境中封装高效可靠的机械系统的能力。石油天然气行业要在最深的海洋、最热的沙漠、最寒冷的冻土地带以及全世界最偏远的地方运作。考虑到这一点，我们所有的客户都需要三样东西——安全、可靠、高质量，利用我们出售给他们的泵和压缩机，把石油和天然气从开采地运送到使用地。

哪怕是大公司内部也要依靠个别领导者的远见卓识来进行投资。在通用电气石油天然气公司，克劳迪·圣地亚哥（Claudi Santiago）正是一位具有这般眼界的领导者。他是西班牙裔，整个职业生涯都在通用电气效力。他意识到，该行业正处于转型当中，项目的规模越来越大，技术含量越来越高，而且还往往位于安哥拉和挪威等难以进入的地区。水平钻井等革命性技术开辟了北美的页岩气市场。我们的客户，包括大型跨国石油公司（如埃克森、雪佛龙、英国石油、壳牌）和各国国有石油公司（如俄罗斯石油、墨西哥石油、巴西石油、沙特阿美等），需要全新的技术解决方案。但大型石油企业中以地质工作者居多，机械工程师较少，这对我们来说是个好机会。

石油天然气是一个周期性行业，需求起起伏伏。但我并不为此感到困扰，因为我们投资为的不是一两年的收益，而是决心实现长期的技术领跑。随着全球应对气候变化，我们相信，在向更清洁技术过渡的过程中，天然气将扮演关键角色。我相信通用电气能在这一转型过程中成为合作伙伴，我们的董事会也表示认同。

我记得，2007 年，我拜访了雪佛龙公司的首席执行官约翰·沃森（John Watson）。雪佛龙在澳大利亚海岸投资了一个巨大的项目，但所有供应商都延迟交付或成本超支，令它陷入困境。沃森对我说："杰夫，我们需要通用电气在这个行业做得更大。通用电气已经制造出了能在万米高空运转的机器，我们需要你制造能在海平面 3000 米以下运转的产品。"我开始认为，通用电气可以为整个行业承担研发之职。

那么，"通用电气商店"又如何发挥作用呢？假设我们的一家石油天然气客户想要在大海中的开采平台上安装一台涡轮机。平台造价高而面积小，所以涡轮机也必须小型化。此时，重量是个问题——它得轻。此外，由于涡轮机很难接近，客户需要对它进行远程监控。我们的工程师利用现有关于飞机发动机的专业知识开发了相关的解决方案，因为飞机发动机的体积就相对较小，并且由坚固的轻质材料制成。我们在医疗保健业务中开发的 X 光和定向钻孔技术也派上了用场——我们可以用它们来校准所用材料的重量和阻力。在"通用电气商店"这把大伞的遮护下，我们汇集了所有专业知识来满足客户的需求。

通用电气石油天然气发展到了 250 亿美元的规模，增加了我们的全球足迹，并赋予了我们地理上的优势。世界各国政府都重视我们覆盖的广度，这也就意味着，我们更容易在新兴市场站稳脚跟。当我们前往发展中国家时，我们可以跟任何人会面。为什么呢？因为我们的产品满足了它们最基本的需求：医疗、铁路、飞机、电力和融资。我们常能获得比独立工业公司更好的待遇。

引领的热望

从一开始，我们就将通用电气石油天然气公司对标这个行业的黄金标准：斯伦贝谢。所以，我们需要优秀人才来领导这一业务。2013 年，我们网罗到了罗澜索。他是通用电气最优秀的年轻人才，我们认为这份工作是对他的考验。

罗澜索工作努力，跟我认识的所有人一样。他的家人一度在托斯卡纳经营酒庄和葡萄园（他出生在罗马）。9 岁时，当银行家的父亲带着他把家搬到了伦敦。罗澜索在南威尔士卡迪夫大学完成了大学学业，主修专业是商业和经济学。1994 年，他加入通用电气，为公司审计和消费品部门效力，他在世界各地都生活过。2008 年，我任命他担任通用电气运输系统公司的首席执行官（当时他年仅 37 岁，是公司有史以来最年轻的部门负责人）。5 年后，他将这一部门的业务范围，从北美铁路业务扩展为全球设备和解决方案供应商。

如今，罗澜索运营石油天然气业务，这一行业在 2014 年经历了辉煌的一年之后，次年便陷入了低迷周期。在此期间，石油价格从一桶 100 多美元跌至不足 30 美元，我让罗澜索留意划算的交易。

尽管已经有了长足发展，但我们的客户仍将通用电气石油天然气公司视为二线选手。或许，这一轮低迷周期是改变这一局面的机会。罗澜索一直在跟进哈里伯顿（仅次于斯伦贝谢的第二大油田服务商）试图强行合并贝克休斯（业内老三）的举动。它们已经着手这桩交易两年了，但有人预计美国司法部会下令禁止。罗澜索一直向我通风报信，因为按照我们的估计，一旦交易完成，哈里伯顿可能会被迫处置部分资产，而我们是合乎逻辑的买家。

2016 年 3 月，美国司法部阻止了该项合并。罗澜索联系了贝克休斯的首席执行官马丁·克雷格黑德（Martin Craighead）。贝克休斯的一项主要业务名为"人工举升"（artificial lift），这是一种在老油井行将枯竭时将石油挤出的技术。油价低迷使得新的钻井活动减少，而人工举升变得更为划算。兴许贝克休斯和通用电气能够互相帮助。

此时，我们已经深化了数字部门的工作，成功地创建了工业分析平台 Predix。罗澜索和我都认为石油天然气公司可以从 Predix 提供的服务中获益。为什么呢？因为在石油天然气领域，有太多难以到达的地方，比如，位于水下或是遥远沙漠里的油气管道之城。不足为奇，这个行业迫切需要一套能够提供远程诊断的系统。此外，在这个行业里，因设备故障引起的停机时间可以得到精确测量（如果你知道系统运转时能开采出多少油，那么你就知道，系统损坏时少开采出了多少油），具备可量化价值的服务很容易出售。

在考虑贝克休斯时，所有这些都启发了罗澜索。2016 年 8 月，他在里约热内卢观看奥运会时给我发来一封电子邮件，信中说："为什么我们不把通用电气石油天然气公司和贝克休斯合并，成立一家新公司呢？"第二天，我告诉罗澜索，他应该来参加 2016 年 9 月的董事会会议，向我们的董事们介绍情况。

与 2004 年的安玛西亚一样，我知道变革性交易很少会在最方便有利的时候出现。我们没有足够的现金直接收购贝克休斯，所以，我们需要一个创造性的解决方案。这兴许是我们和斯伦贝谢竞争的唯一机会（当时，只有 4 家公司在这个领域展开竞争，其他 3 家无意出售，将来也不太可能出售）。我们必须采取行动。

此外，我还很想知道的是，未来企业集团的不同模式分别是什么样子。如今有个机会，可以在企业集团内创建一家上市公司，也就是一家独立的、公开交易的企业，同时保持通用电气合作伙伴的身份。为了运营通用电气，我一直在寻找更聪明的做法。这些年来，我在这条路上逐渐理解了科技设备公司 EMC 的首席执行官乔·图斯（Joe Tucci）。他收购了软件公司 VMware，但保留了后者独立上市公司的地位。我看到 VMware 创造了可观的价值，并认为这是一场了不起的资本市场实验。

2016 年 10 月 30 日，获得通用电气董事会的支持后，我们宣布贝克休斯将和通用电气石油天然气公司合并。新企业将得名"通用电气旗下企业贝克休斯"，通用电气持有 62.5% 的股份，其余 37.5% 的股份由公众持有。这家公司将由我们的石油天然气业务首席执行官罗澜索领导，并于 2017 年 7 月在纽约证券交易所上市，市值超过 400 亿美元。

那年晚些时候，在我们的石油天然气年度客户会议上，我在台上对英国石油公司首席执行官、我的私人好友鲍勃·达德利（Bob Dudley）做了访谈。

我们谈到了困扰石油天然气行业的价格波动，我问他，他认为石油天然气公司应该怎样熬过这类波动。他不假思索地回答说："要靠数字化转型，我们必须通过数字化来提高油田生产率。"这再次肯定了我的信念，即通用电气的许多业务可以互相促进。

顺便提一下，通用电气贝克休斯实验并没有持续太长时间。我离开通用电气之后，继任者便放弃了它。最终，2020年7月，通用电气宣布将在3年内出售所持的全部股份。与此同时，罗澜索正在全力以赴地确保该公司能在将来取得胜利。更重要的是，他意识到，如果没有强大的数字化能力，就不可能运营一家能源服务公司，它必须按照客户的生产力和环境要求进行交付。因此，随着通用电气放弃自己的数字平台，罗澜索便决定与汤姆·西贝尔的C3.ai合作，并持有该公司10%的股份。贝克休斯和C3.ai成了能源行业公认的物联网领导者（贝克休斯所持的西贝尔股份，如今市值超过10亿美元）。随着世界逐渐从石油能源转型，罗澜索着手建立新的碳汇交易和氢技术平台。今天，从增长、收益和现金流方面来衡量，贝克休斯是整个行业最成功的竞争者。它们拥有我们曾经构想的全球地位，在中东、俄罗斯和北美等最重要地区一路领先。能源行业正处于艰难的低谷，但投资者看好该公司，他们喜欢它多元化的投资组合、全球地位和数字化定位，他们对它的领导团队甚为欣赏。在该公司最高层的10名领导者中，有5人是通用电气的资深老兵。

私募股权是否为一种现代企业集团的形式

2015年3月，一个星期六的早晨，我参加了梅西百货的创始高管米切尔森（G. G. Michelson）的追悼会。她曾担任过通用电气的董事，在她89岁去世之前，我很信赖她。那天凌晨2点我才飞到纽约，此前，我正在哥伦比亚、阿根廷和巴西考察公司业务，跟客户见面。所以，当我走进卢瑟福广场公谊会礼拜堂的时候，不免有点睡眼惺忪。接着，我看到了杰克·韦尔奇。我们握了握手，互相挨着坐了下来。

也许是因为环境，我和杰克都觉得对方挺容易沟通的。我对他说了我的南美之行，又接着说，2001 年，他离任时曾提醒我这项工作会累死人，我到如今才明白这话的深意。此后的一个半小时，我们听到人们逐一为米切尔森致悼词（杰克说，米切尔森是为数不多的几个能直言他"太过狂妄"的人之一）。等我们走出大楼，杰克又回到了先前的话题上，也就是为什么通用电气首席执行官的工作永远做不完。"有一天，你会爱上私募股权的，"他说，"不必工作得那么辛苦，还能赚到更多钱。"

我素来是私募股权的敏锐观察者。这些公司都是通用电气金融公司的客户，并跟我们一起买卖业务。2005 年，我担任商业委员会（Business Council，这家老牌组织成立于罗斯福当总统期间，成员均为世界顶级首席执行官）主席时，该组织曾打算增加新成员。我建议把私募股权公司的领导者也拉进来，我提名了黑石集团的苏世民（Steve Schwarzman）、KKR 集团的亨利·克拉维斯（Henry Kravis）、TPG 资本的庞德文（David Bonderman），以及 CD&R 的唐·戈格尔（Don Gogel）。

同事们颇感吃惊。"他们是投资人，不是首席执行官！"他们带着嘲笑说。但我指出，他们每个人都能够买卖我们其余人管理的企业，"这些家伙经营的实体，几乎比我们所有的公司都要大。"最终，我赢了。

私募股权公司（也就是直接投资私营企业，或是买下上市公司并将其私有化）已经存在了大约 40 年，但在最近的 20 年里，它们变成了主流。近年来上市公司的数量大幅减少，私募股权公司却蓬勃发展。如今，私募股权公司管理着近 2 万亿美元的资产，传统企业必须与这些私人基金争夺资金和人才。

私募股权公司成功有若干原因。第一，持续的低利率让它很容易以举债的形式购买企业；第二，大型企业往往忽视规模较小的部门，运营十分糟糕——至少，在运营时并无取胜的信念；第三，如果私募股权公司将上市企业私有化，它们所投资的公司就有了解决问题的空间（和时间）。与上市公司相对，由私人股本支持的公司能够从公众的视线中消失。有时候，公司需要的正是这一点。

企业集团分为两种类型：运营型公司和控股型公司。运营型公司（比如通用电气）的首席执行官积极参与各项业务，帮助确定优先事项，让领导者各司其职。相比之下，控股型公司的首席执行官基本上是"甩手掌柜"，通常，他们的管理工作是把资源分配给各项业务，接着就站到后台，看看情况会变成什么样。

私募股权公司一般很好地结合了两种形式：部分运营，部分控股。他们是资本配置的专业人士，他们知道怎样应付资产负债表，怎样利用债务市场，怎样安排融资结构。而且，他们无须承受公布季度收益的公众压力。与此同时，他们可以聘用经验丰富的运营专家。他们有着清晰的思路，业内部分人士称之为"40 法则"。换句话说，你有 40 个月的时间来实现现金和运营目标，其余的任何事情都不重要。团队能很好地理解这个简单的信息。

如果通用电气有一项经营不善或难以获得足够关注的业务，我发现，有时候把它卖给私募股权公司比努力在内部解决效果更好。私募股权公司可以在其改善期间，将它们暂时放到公众雷达扫射的范围之外。他们可以从《财富》500 强企业聘用一位退休的首席执行官，对他说："如果你能扭转局面，我们就给你 5000 万美元。"（在通用电气内部，如果你向薪酬委员会提出这样的建议，你会被解聘的。）

我必须承认，这的确有一些吸引力。2006 年，通用电气的副董事长戴夫·卡尔霍恩离开公司，去管理私募股权持有的小型市场调研公司尼尔森，举世震惊。但想到上面的因素，我没那么吃惊。卡尔霍恩是个了不起的人才，他想做什么都能做到。私募股权给了他足够的自由度，让他得以安排自己的日程。在私募股权领域，他的监管者是拿着电子表格的投资银行家，跟他们在一起的时候，卡尔霍恩往往是整个房间里知识最渊博的人，这给了他极大的力量感。对私募股权公司来说，尼尔森大获成功，但从事实上看，它从未成为一家竞争力特别强的公司。这是私募股权的秘密之一：哪怕所持企业并不是大赢家，投资者往往也能获得巨大的回报。

以下是通用电气在私募股权方面的另一次体验。通用电气开展工业供应业务已经数十年，我们用它来销售照明和电气产品，但这从来不是我们的核心业务，我们也并不是一家分销公司。所以，2006 年，我们把通用电气供应公司卖给了全球最大的分销商蓝格赛（Rexel），蓝格赛将其更名为杰普洛（Gexpro）。蓝格赛的大股东是一支由 CD&R、欧瑞泽（Eurazeo）和美林全球私募股权公司牵头的投资人团队，它们的贡献主要在财务上，而非运营上。CD&R 有能力收购其他分销商，增加生产线和维修。如今，杰普洛工业供应公司的规模有了很大的发展，投资者赚了很多钱。

偶尔，我们也会从私募股权公司手里购买业务。2012 年，我们斥资 40 亿美元，从欧洲大型私募股权公司 CVC 手里买下了航空工业供应商 Avio。Avio 制造齿轮和发动机部件，以前是汽车厂商菲亚特旗下的一个部门。2002 年，由于担心"9·11"事件后商业航空命运多舛，菲亚特以极低的价格贱卖了该部门。此后的 10 年，这笔资产由一连串的私募股权公司持有。我们购买它的目的是要控制自己的供应链。但我们知道，多年来的投资不足影响到了 Avio 的质量，我们必须有所改变。

我发现这种情况很典型。私募股权公司擅长把握时机，进行财务重组。但是，如果你是要开发在万米高空飞行中使用的技术，私募股权公司每 4 年买卖一轮资产的爱好就没那么有趣了。我记得，2011 年我曾与时任波音公司首席执行官的吉姆·麦克纳尼共进午餐。那时候，波音 787 下线比原计划晚了两年多，麦克纳尼告诉我，部分原因是公司把这架飞机的太多相关工作外包给了私募股权持有的供应商。他说，很多时候，私募股权公司对旗下业务的投资不够。我基本上认同他的看法。

照我想来，我个人的观点是，私募股权给了上市公司首席执行官继续运营处于困境中的业务的另一种选择，但这种选择也有代价。有时候，你以为自己知道怎样补救一项苦苦挣扎的业务，但你会遇到阻力，因为激进投资者会游说你，"把它卖给私募股权就好"！借由这种方式，私募股权制造了很多噪声，让管理变得更为艰难。

培养值得信赖的领导者

如果你运营一家大型企业集团，你需要团队中有能叫私募股权觊觎的业务领导者，同时，你还需要把他们留在你身边。这些人知道自己可以去其他地方赚更多的钱，但他们不会这么做，因为他们热爱自己所在的市场，忠于自己的团队，想要成为具有长远眼光的建设者。

故此，身为企业集团的首席执行官，你不能做一个事无巨细的管理者，因为这会把这些人赶跑。你必须放松控制，让每一位业务领导者都能在自己的市场上取得成功。这要求你信任他们。在我看来，信任高管的关键是，相信他们是所在领域的顶尖高手。但在任何公司，真正的系统型领导者都是屈指可数的。这样的人能看到下一步该做什么，但也不会忘记今天最重要的事情是什么；他们着眼于长期，同时也能交付短期成果。

通用电气内部有几位了不起的系统型领导者。我已经介绍过罗澜索，他有着我所谓典型的通用电气背景，曾在多个行业担任过多种不同的职位。不管在哪里工作，他都能全身心投入，积累专业知识。

不过，我认识的最优秀的领导者——最懂得怎样驾驭通用电气的能力并在市场上获胜的人，是一个专攻一项业务的人：他就是通用电气航空公司的首席执行官戴维·乔伊斯，他聪明、上进、道德观念强。1980 年，他以产品工程师的身份加入通用电气，用了 15 年时间设计和开发商用和军用发动机，所以他能够与自己部门的任何技术专家进行直接交流。但他也了解自己正在销售的市场。他有着庞大的客户关系网，他们尊重乔伊斯对航空生态系统的掌控。他们相信（我也相信），乔伊斯精通业务的方方面面（从供应链到维修合同，无所不包），这使得他有能力做出更好的决策。

2014 年，空中客车公司推出了一款新型宽体飞机 A330x。我想争取拿下为它制造发动机的合同，因为，如果我们赢下合同，那就意味着我们又从罗尔斯－罗伊斯手里拔下一城，和空客更加接近。但乔伊斯表示反对。他认为，我们那段时间已经推出了 6 款发动机，这会分散我们的注意力。此外，这还会让我们和波音的关系变得复杂起来（波音是空客的主要竞争对手）。我知道乔伊斯比我更明白其中的变数，我信任他。所以，我们放弃了那份合同的角逐。

这并不是一起孤立的事件，乔伊斯经常顶撞我，尤其是在官僚主义作风方面。他每个月都会做记录，例如通用电气公司占用了他多少时间。我们都认为，乔伊斯把醒着的时间用来运营他手下的业务是最好的，但他的记录证明，总公司烦琐的事务经常消耗他的时间。乔伊斯指出这一点，并不是为了给我找麻烦，从始至终，他的目标都是让通用电气变得更好。

为此，无论情况好坏，乔伊斯都保持透明。GEnx 发动机的第一次迭代带来了低压涡轮在设计上的一项重大缺陷，这导致了重大延误，并让通用电气为此耗费了数亿美元。在这一时期，乔伊斯始终是开放、诚实而专注的。回想起来，我在评估领导者时，把这三项品质视为首选。而在一家企业集团内，从某些方面来说，它们甚至更加重要。

在乔伊斯的领导下，通用电气航空公司从未失手。客户按时收到我们的发动机，我们赢下了每一场重要的推广活动，我们在全球范围内发展，我们为投资者赚取利润。有人认为，专注于单项业务上的公司，绩效好于企业集团，而通用电气航空公司有力地反驳了这样的观点。在一家强大的企业集团里，优秀的领导者每一次都能赢。

创新偏好

最优秀的领导者能够看到新的系统，并围绕它们建立业务。亚马逊对待Amazon Web Services（按需提供云计算的平台）是这样，谷歌对待自身重组后的 Alphabet 也是这样。这里的设想是，针对你创建起来优化企业集团运转的单位提出如下疑问：你能把它当作服务来出售吗？

在通用电气，我们尝试用增材制造（3D 打印）来实现这一目标。这是我们专门为通用电气航空公司开发的技术，它需要为 LEAP 发动机大规模生产一种名为"燃油喷嘴"（LEAP）的轻质金属部件。后来，我们又设计了下一代涡轮螺旋桨发动机，减少了零件的数量和重量。对通用电气这样的高科技工业企业，增材制造（你可以把从前需要若干其他零件组装成的复杂零件变成一整块，从而节约金钱和时间）能够彻底改变我们的产品设计，释放生产力。

乔伊斯在通用电气航空部门和增材制造部门都担任过职位，我记得曾让他指派一个团队，看看通用电气各业务单位里有多少零部件可以使用增材技术来制造。答案是多少？ 500 种。他们计算出我们有望节省近 50 亿美元。所以，我们决定对增材制造设备市场进行评估。由于我们是该技术最大的客户，并持有 500 多项专利，所以我们觉得自己很有优势。这是一个 250 亿美元的市场，而且年增长率达到了 20%。此外，它与我们在设计、服务、材料和融资方面的技能组合很契合。我们能制造出更好的 3D 打印机吗？这个问题让我想起了通用电气参与过的设计更好 CT 扫描仪的竞赛，两者都需要精密装配高价部件。

2016 年 9 月，我们宣布了收购两家增材制造设备供应商的计划。我们希望，到 2020 年，这一业务达到 10 亿美元的收入规模。它成为通用电气内部的一个新部门，我们立即成了行业领导者。而且，因为有了这个部门，我们得以接触到一批全新的客户。思泰瑞医疗（Steris）是全球医疗植入物领域的领导者，他们创办这家公司，靠的就是通用电气的增材制造技术。

很久以来，我认为对通用电气而言，保持所谓的"创新偏好"很重要。2012 年，我们在硅谷成立创投公司，由苏·西格尔（Sue Siegel）领导。那些年来，我与西格尔见过几次，她担任企业高管和风险投资家已有 30 年经验，尤其聚焦于大规模创新，这一点让我深为所动。我向她提出创办通用电气风投部门的想法，并告诉她，我想要它帮助通用电气创新，通过设计灵活的工具，和初创企业合作。我问她，既然通用电气的规模更大，为什么所有的赞誉都落到初创企业身上了？

西格尔随即走马上任。在向通用电气的各业务单位自我介绍的时候，她提出了一种包括围堵风险以及极少量资金配置的新方法——如果你没有达到明确设定的里程碑，你就得不到资金。风投部门的任务是把通用电气和外部世界联系起来。在 5 年当中，我们投资了 120 家确信有能力增强现有业务的初创公司。我喜欢说，西格尔团队的成员就像是夏尔巴人向导⊖，帮助那些初创企业在通用电气这个庞然大物中穿行。我们的想法是，如果我们能把这些初创公司与公司内部的诸多支持者联系起来，就有望增加我们形成成功伙伴关系的机会。

此外，通用电气风投部门还从零开始创办了几家新公司。石油天然气客户希望我们帮忙更安全地检查石油钻井平台，这激发出了一个创意。派人去攀爬得克萨斯州二叠纪盆地中央的石油平台，是项既耗时又危险的工作，难道就没有什么更好的办法了吗？为此，我们创办了阿维达斯（Avitas），运用

⊖ 夏尔巴人散居在喜马拉雅山两侧，主要在尼泊尔，少数在中国、印度和不丹，因对这里地理环境的了解，以及长期高原生活而塑造的强大肺活量，使他们成为攀登珠穆朗玛峰的最佳向导。——译者注

水下机器人、陆地爬行器和无人机，从水陆空远程监控难于接近的设备。

反过来，阿维达斯又激发了另一个创意。人人都想要包裹当日送达，这种期待会导致越来越多的企业在人口密集地区使用商用无人机。我们航空部门的员工相信，只要有人能设计出一套管理空中交通流量的系统，就能赚大钱，AiRXOS（这是一套交互式无人机航线登记系统，与商业和军事空域管理系统类似）就是这样诞生的。它的技术有望促成许多新的应用，包括在交通拥堵的城市里更快速地运送移植器官。它至今仍保留在通用电气航空部门内部，并将成为后者日后的重要组成部分。

我们从无到有创办的 9 家新企业中，有 8 家仍在蓬勃发展。在我们投资的 120 家公司中，有 56% 最终与通用电气建立了这样或那样的合作关系。创新偏好让我们与新的创意、创新者和新市场建立起联系。

不断简化管理

尽管我们尽了最大努力，但有时候还是无法摆脱以前走过的老路。2012年，我来到通用电气位于加拿大彼得伯勒的一家大型汽车厂，当时这家工厂正处在亏损当中。我记得我问了十几位管理者，他们各自都向谁汇报工作。每个人都有不同的上级，而且所有上级无一人身在现场。制造部门的管理者在亚特兰大的某个人手下工作，维护人员向其他地方的主管汇报，工程部门的经理也一样。他们在迷宫里又建了迷宫，没有一股汇聚的力量把领导者们联系在一起。

我把这件事放在了心上。随着时间的推移，我尝试观察通用电气员工的工作方式，并用几个简单的问题来根除官僚主义。首先，我会问：你替谁工作？如果答案不止一个人，那么这就是坏兆头，他应该只有一名上级。接下来我会问：你的绩效怎么衡量？如果员工不理解公司期待自己达到的指标，就很难取得成功。员工应该满足的指标应该不超过三四个，而且每一个指标都应该清晰，容易理解。最后，我想知道：你住在哪里？如果跟我谈话的人负责非洲事务，但住在伦敦或迪拜，那麻烦就大了。工作地点离住所近很重要（我会在第 10 章接着讨论这一点，并附上一段警示故事）。

我决定选择一个业务流程，并跟踪一段时间。我用了 18 个月跟踪通用电气的商业运营，深入研究公司内部怎样接到订单。我请人教我合同是怎么撰写的，又怎么获得批准（以及由谁批准）。躲在帘子背后观察企业运营的基本工作，我了解到，在我们的系统下，有权签署关键决策的人里差不多有一半是“和所在国家无关的利益相关者”。这些人既没有专业知识，也没有责任感，但他们觉得自己有必要发表意见。这是我们的错，因为是我们要他们这么做的。

从这些交流当中我看到，走出金融危机之后，我们变得有些矫枉过正。在困难时期，人们倾向于紧紧握住方向盘。但有时，这无助于解决问题，你只是更频繁地进行审查罢了。到 2012 年，我们的情况就是这样：人浮于事，臃肿不堪。我们因为组织结构太过复杂而出现功能性障碍，从下面可以看出一些端倪。通用电气内部的常用信息系统是客户关系管理系统（CRM），它的供应商是 Salesforce.com。我们的客户关系管理系统有 39 种应用，但互相之间无法协同。故此，埃克森这类通用电气的大客户，有可能从本公司的不同业务部门收到 10 多张不同的发票。与霍尼韦尔（这是一家我们敬佩的、同样复杂的企业）相比，我们的行政管理费用比它高出 10 亿美元。我们的敬业度得分（衡量我们的员工是否认为通用电气是一个良好的工作场所）下滑了 60%。官僚主义正在搞垮我们。

成本高、敬业度低和动作缓慢，往往是互为因果的。我们设定了在 4 年里削减 20 亿美元管理费用的目标。我们把这一举措称为“简化管理”，但真正的目的是想提高组织的速度和灵活性。组织结构复杂表现在两个方面：员工职责重叠，以及普遍存在的“和我报告一下”的态度。我们决定明确职责，为一线决策者授权，打破组织界限，在整个公司内下放权力。对员工来说，我们希望简化管理能带来更高的敬业度；对客户来说，我们希望简化管理能让他们感到更为满意。

我和团队做了一轮分析，盘点我和工厂里的基层工人之间隔着多少层。答案是 13 层——这实在是太多了！接着，我们到通用电气外部寻求帮助。一天深夜，我偶然从 YouTube 上看到波士顿咨询集团高级合伙人伊夫·莫里厄（Yves Morieux）做的一场 TED[⊖] 讲演。他刚刚开发了一套简化管理框架，我感觉他是直接在对着我说话。

世界越变越复杂（更多的监管、更新的技术、更为全球化、更短的产品周期、更快的信息分享），组织则以越来越多的官僚主义来回应。莫里厄并不是唯一持有这一主张的人。他和同事们还对这个问题做了量化，据估计，自 1955 年以来，世界变得复杂了 6 倍，而组织的复杂性则增加了 35 倍。

这对企业集团内部意味着什么？意味着更多的会议、更多的委员会、更多的流程、更多的任务小组、更多的计分卡、更多的监督和报告结构。每当出现问题或机会，便会诞生另一层官僚层级，而它们一旦存在，就很难消除。我们为什么要在意这一点呢？因为所有这些都减缓了决策的制定，扼杀了创新，带来了员工的不满。这并不是说官僚主义者是坏人，可即便是好人，如果瞄准了错误的方向，也可能对公司有害。和莫里厄合作之后，我们开始说："把优秀的管理者放到糟糕的层级上，与把糟糕的管理者放到任何层级上一样，都很成问题。"

2014 年，莫里厄和彼得·托尔曼（Peter Tollman）合著出版了《六条简单规则》（*Six Simple Rules*），两人认为，在太过复杂的组织里，员工感觉像是困在了迷宫里。他们在官僚机构数不清的要求下变得精疲力竭、压力重重。

⊖ TED（technology、entertainment、design 的缩写，即技术、娱乐、设计）是美国的一家私有非营利机构，该机构以它组织的 TED 大会著称，这个会议的宗旨是"传播一切值得传播的创意"。——译者注

那应该怎么做呢？在他们的六条规则当中，前三条说的是要让员工更容易运用自己的判断，发挥主人翁意识：（1）理解你的人在做什么；（2）强化整合者（即能跨职能完成任务的人），为他们提供资源和权力；（3）提高可用权力的总量——在创建新的工作角色时，赋予人们权力，而不是从他人手里夺取权力。

后三条规则是关于确保新增的自主性，可用于对抗复杂性，提高绩效：（1）设定明确目标，刺激共同利益以便于合作，增进互惠；（2）让未来的投影变得更长，也就是说，让人们更直接地承受自己行为所带来的后果；（3）奖励合作者，谴责不合作的人。

我们请莫里厄的团队帮忙把这些想法应用到通用电气医疗部门的试点项目里。波士顿咨询集团强调，关键是要让员工找到自己的解决方案，而不是从上往下地指挥他们怎么做。因此，波士顿咨询集团的顾问让我们的团队找出那些看似因效率低下而停滞不前的领域。我们的团队想到了若干领域，包括希望发现产品存在缺陷后能够尽快召回。波士顿咨询集团帮我们组建了若干小团队，以破除妨碍目标实现的僵化流程。他们帮助这些团队提出了一连串简单的问题：产品召回中涉及的关键角色是什么？不同管理者之间传递接力棒的关键接口是什么？协作的关键是什么？在理想的状态下，这些关键角色在接口上应该有什么样的行为？我们今天观察到的行为是什么样的？理想行为和当前行为存在差距的根源是什么？仅几年内，我们就极大地改善了速度和敬业度。

我们还得到了亚伦·迪格南（Aaron Dignan）领导的兰迪公司的帮助。兰迪是一家组织设计公司，它相信和官僚主义做斗争是一件极为重要的事，但除非对提高职场人性化多加重视，否则就无法打赢这场战斗。2012年和2013年，我们花了很多时间与兰迪团队讨论怎样提高适应性，以人为本。

兰迪公司还帮助我们解决了一个具体的问题。2008年，美国国家环境保护局制定了新的法规，这既为通用电气运输系统公司（制造了全美大约2/3

的机车）带来了机遇，也引发了复杂的情况。法规试图大幅减少柴油－电力发动机产生的排放物（颗粒、一氧化氮和二氧化氮），然而，美国40%的货运列车均依靠这类发动机，每年覆盖的运输距离超过22.5万公里。最严格的一套法规俗称"第四阶段"，预计在2015年生效执行。我们知道，只要能满足它们，就一定能赚到钱。可如果我们做不到，就不能在美国境内销售机车。

考虑到法规生效的期限迫在眉睫，我们改变了工作方式，组建了一支"团队组成的团队"（team of teams），尝试用新的办法来解决问题。该团队只对手头任务负责，而不对官僚机构负责。过去，我们有时会困扰于不同职能部门提出的相互矛盾的要求，比如有六七个工程指标，还有同等数量的指标需要经过供应链、财务或营销部门衡量。这种做法整合度很差。这一次，在兰迪的帮助下，我们简化了命题，从本质上提问："站在股东或客户的立场，最关键的两三个指标是什么？"

2010年，通用电气的工程师着手认真研发绿色环保的发动机。他们研究了如何巧妙处理燃料、控制燃烧过程以及在整体上如何提高效率。老款柴油发动机使用尿素来进行废气排放净化处理。这种方法管用，但客户觉得这一流程很麻烦，因为它需要在发动机上安装一套庞大的附加装置。他们问，有没有办法可避免这一事后处理的流程？事实证明，有。

减少复杂性提高了员工的满意度。我们把他们从官僚主义中解放出来，让他们更容易发挥创造力，解决问题。最终，通用电气成为唯一一家达到"第四阶段"最后期限的机车制造商。2015年，我们独占了美国市场。

运营透明

为对抗复杂性，在全公司范围内使用一些共同的运营机制很有帮助。在通用电气，我希望找到一种方法从宏观主题的角度来比较各业务部门的季度绩效。我们一直跟各业务部门定期召开会议，讨论重要问题。

不过，很长一段时间以来，我们每年或每半年会就目标和战略、资源和劳动力、风险和薪酬等事宜分别开会。与此同时，还会不断进行财务审核。这就使得我们的并存目标有着不匹配的时间跨度。比方说，这次开会时，可再生能源小组将削减开支，以实现季度目标，而等到下次开会，我们又冲着他们大呼小叫，因为他们在削减开支的环节上落后了。

引入蓝图审查（Blueprint Review）系统后，我们大幅减少了会议次数。现在，各个业务部门都有一套正式的蓝图，在财务、战略、人事和风险这四个关键领域都设定了明确的目标。团队事先就很清楚，是否实现这些目标将影响到自己的薪酬，而薪酬的激励机制，也有着清晰的定义。我们一年会召开四次蓝图审查会议，重点关注异常情况，也就是说，如果某事处于正轨，我们就只简要地提及它，甚至完全跳过它。此外，我们只在蓝图审查会议上做出业务决策，再也不会搭错线了。

2015 年，通用电气可再生能源公司的工作人员在一份蓝图审查中，提到了一项新公共政策决策的言外之意：可再生能源的税收优惠有望延长 5 年。人人都很清楚，这一政策将导致我们某些产品的需求激增，尤其是风力涡轮机。所以，审查还没结束我们就决定，为提升供应量，将收购为我们制造风力涡轮机叶片的公司。蓝图审查能够让我们做出更明智的经营和战略决策，在快速变化的市场里尤其如此。

除此之外，蓝图审查营造出一种非正式的感觉。如果出现问题，我们会绕过常规的会议结构，只着手处理最紧迫的问题。例如，我们就 LEAP 发动机的规模扩大、油气经济周期或数字化转型等主题召开过多次会议。我们根据最重要的事情实时分析业务，而不只是走走过场。蓝图审查可以揭示出团队成员在工作中相处得好不好。很多时候，负责进行审查的总公司团队会在事后坐到一起，对我们刚才所见分享自己的直觉反应。有时，我们会觉得刚才接受审查的团队是协调同步的，但有时我们也会觉得他们没有付出足够的努力，甚至更糟："这两个人互相痛恨"！最终，由我来定夺调整组织动态，以提升所得结果。

同侪学习和同侪压力

每年两次，我们会把通用电气同级的各部门领导者召集到一起，分享成果和最佳实践。不管我们讨论的是"在基层工厂使用数据工具"还是"改善对团队的辅导"，我们都希望这些领导者能和通用电气总公司的目标保持一致。与此同时，每个季度，通用电气各业务部门的所有首席执行官都会聚在一起，回顾自己的蓝图进展。这是一个灌输相互问责制的机会。无须我的敲打，实现了业绩目标的首席执行官，也会给没能实现的人造成压力。

在企业集团里，同侪压力尤其有效。在只有一条生产线的公司里，制造人员可能会与销售人员竞争，但他们做的是不同的工作。这就像是在用苹果与橙子进行比较。在一家企业集团里，假设它有八项独立业务，每项业务都有一名最高管理者，他们可以更为直接地在生产力、员工效率和其他方面展开竞争，彼此学习。这是一项明显的优势。

判断最高管理者的领导能力，还有一种方法是观察他们在同侪面前怎样谈论自己的业务。如果有人能简单地解释自己的使命，或者分享能让所有人都得益的新观点，我总是会留下深刻的印象。在困难时期，他们能保持信心吗？他们是解决了问题，还是把问题推给了他人？我自己有一套看法，但我也会观察房间里其他人的表情，看看一名高管得到了多少同侪的信任。

最终，不是所有人都能成功。我担任首席执行官时，通用电气共有185名高管，16年后，仅有3人留了下来。有人退休了，有人离开了公司，有人被我们解雇了。用清晰的指标和公开辩论，围绕业绩建立透明度，这对企业集团来说至关重要。

在通用电气，我们发现，采用一些简单的操作机制来推动问责制，能激励员工保持专注。2012～2018 年，我们将我和工厂基层工人之间的领导级别，从 13 层减少到了 8 层。我们取消了大约 1/3 的流程和共享服务，消除了重叠问题。我们把 IT 系统削减了一半。我们的敬业度得分提高了 70%，反映出员工的满意度更高了。

但我们还有责任让投资者更容易理解公司，这是一场持续的挑战。走出金融危机后，我们有了一些进展。我们的股票交易价格高于通用电气各个部分的总和。然而，考虑到金融危机带来的波动性，一些主动管理型的投资组合不能持有通用电气的金融证券或股票。数十年来，通用电气金融公司一直是推动通用电气集团模式的神奇力量，而现在，投资者讨厌我们的金融部门。是时候彻底解决这个麻烦了。

第 九 章

领导者解决问题

我一直是嗜书如命的人，不管是悬疑小说、人物传记，还是领导力书籍，我什么书都看。乔治·W.布什担任总统期间，有一回，我和妻子安迪受邀参加白宫为印度总理举办的晚宴。安迪坐在布什总统的副幕僚长卡尔·罗夫（Karl Rove）身边，一直战战兢兢的。（卡尔·罗夫的名声不大好，却不料他对安迪很客气。）我的邻座是历史学家戴维·麦卡洛（David McCullough），我就全无这般顾虑，因为我是麦卡洛的超级书迷。我一坐到桌旁，就为能见到他大感兴奋。"我读过你所有的书。"我说。

麦克洛怀疑地看着我。（他已经写了 13 本书，不过，在那时候，我以为他只写了 8 本。）于是我开始挨个儿说给他听。我喜欢布鲁克林大桥和巴拿马运河的早期历史（总计 1334 页）。他写的关于莱特兄弟的书，让我收获甚多。在所有的总统传记里（他一共写过 3 本），我最喜欢杜鲁门那本。"杜鲁门在 50 岁的时候还是个可悲的失败者，"我说起来就没个完，"他曾两次宣布破产，到头来，他居然还连任了两届总统。他从一个彻底的无名之辈变成了举足轻重的人物，只有在美国才会出现这样的人。"《1776：美国的诞生》是关于美国独立战争的，我也不能不提一句。我喜欢军事史，那本书很棒。"哇！"趁我暂停，麦卡洛说，"你真的读过我所有的书！"

每当有人让我推荐关于商业领导力的书，我总会推荐他们去看军事史，因为在那些书里，所有的事情都出了错。读一读斯蒂芬·西尔斯（Stephen W. Sears）的《葛底斯堡》（Gettysburg），你会发现那场战役并没有打赢，而是输了。南方邦联的将军罗伯特·李太冒进了。在步兵向皮克特发起冲锋之前，李说："这是我们的机会，我们需要去争取，因为我们没有足够的军队来打赢这场战争。"冲锋指挥官詹姆斯·朗斯特里特（James Longstreet）中将预料到了结果：李的部队一败涂地。

阅读有关诺曼底登陆或滑铁卢的文章，你会发现，在发生的所有事情里，差不多有八成是错误的。"二战"期间，很多人批评德赖特·艾森豪威尔在北非领导盟军的方式，但到 1945 年，他的军队已经成为全世界上最优秀的战斗机器。战场上一片混乱，即使是好主意，也很难在头一次尝试时就获得成功。但这就是你学习的方式：面对失败，克服恐惧，自己做出决定，自己承担结果，在故事演进的过程中始终保持冷静。

管理风险

2010 年 7 月 21 日，奥巴马总统签署了《多德 – 弗兰克法案》，使之成为联邦法律。这一法案由参议员克里斯·多德（Chris Dodd）和众议员巴尼·弗兰克（Barney Frank）牵头，旨在弥补导致全球金融危机的监管体系的缺陷。方法之一是成立金融稳定监督委员会，该委员会拥有广泛的权力来监督、调查和评估美国金融稳定面临的风险。该委员会公布了一份系统重要性金融机构名单（SIFI），这些机构规模大到不能倒闭，因此将面临更多的监管。随后，它开始给保险公司和其他非银行机构也贴上系统重要性金融机构标签。2011 年 7 月，美联储开始监管通用电气金融公司，2 年后，监管机构给它贴上了系统重要性金融机构的标签。

在某种程度上，这时候加强监管显得有些讽刺，因为尽管 2013 年的通用电气金融公司规模很大，但已经比过去小得多了。2008 年年底，通用电气金融公司的资产一度膨胀到超过 6600 亿美元。5 年后，在通用电气新座右铭"通过收缩实现发展"（Shrink to Grow）（我承认，它听上去似乎是从《我为喜剧狂》剧本里抄来的）的激励下，我们辛辛苦苦把规模降到了 4000 亿美元左右。但我们仍然是美国最大的非银行金融机构，这足以让我们贴上系统重要性金融机构标签了。

起初，所谓的"系统重要性金融机构"意味着什么，我们不知轻重。我们只知道，必须安抚美联储的新监管者，同时还必须按要求持有比过去更多的股权资本。即便如此，通用电气金融公司从未受过这么全面的监管，而且，我们不知道还有多少东西不知道。我们需要帮助。我联系了美国财政部助理部长戴夫·内森（Dave Nason），请他出任通用电气新设立的一个职位：首席监管官兼合规负责人。我是在金融危机期间认识内森的。他的父亲是 UPS 快递的司机，他自己聪明过人，却又谦逊低调，而且有丰富的常识。我向他介绍通用电气的职位时，这样对他说：没人喜欢监管，但如果我们一定要做这件事，我希望能把它做好。

内森以局外人身份加入了通用电气，并立刻清晰地意识到，通用电气的员工对监管全无准备。例如，早些时候，纽约联邦储备银行联系到通用电气金融公司的高级管理人员，准备第一次开会。内森知道，从联邦储备银行的立场来说，这是一个少见的举措，目的是希望在正式监管开始之前先熟悉我们。于是，等他们给出了几个开会日期的提议后，内森立刻转达给了通用电气团队。很快，助手带着坏消息站在他门口。通用电气金融公司的人说，这些日期没有一个合适的。

内森压根儿不信。"是所有人都出国了吗？"他问，"是有人死了吗？"原来，美联储提议的日子，和一些内部会议发生了冲突，通用电气金融部门似乎完全不理解，这是一场御前演出。内森不得不解释，如果政府说"我们会在某个日子来"，那么，正确的回答只有一个："没问题，一切听从吩咐！"

美联储要求我们持有更多股权——不低于我们金融服务资产的 14%，这个门槛大概是他们根据金融模型提出来的，它对通用电气金融公司维持运营所需的债务规模设下了限制。我们仍然可以为新资产提供资金，但更高的权益 / 资产比率意味着业务回报大幅下降。此前，通用电气金融公司的投资回报率是 25%（甚至更高），但现在，随着杠杆率的下降，这个数字降到了6%～7%。你希望投资回报率高于自己的资本成本，可由于美联储的限制，通用电气金融公司（当时在全世界 20 个国家有 5 万名员工）难于维持这一比率。

但这还不是作为系统重要性金融机构最艰难的部分，最难的地方是，通用电气突然有了一位比其他任何人都更强势的利益相关者：美联储。美联储有着与股东、员工和董事会都不一样的动机，由此带来的文化冲突不可避免，但这没有让它变得更令人愉快。

美联储的监管人员似乎对通用电气金融公司感到迷惑不解，我们也首次承认，我们采用的去中心制度不太适合他们的监管模式。金融部门各业务线的计算机系统并不互相兼容，所以我们没法像美联储期待的那样，快速提供分析。

美联储要求我们提供大量数据，他们的那套流程扰得我们所有人心烦意乱。多年来，通用电气金融公司一直是一只下金蛋的鹅。我们的运营受到的监管较少，有着较低的融资成本，通用电气金融公司的承销商也十分擅长识别机会，总是以可观的利息差放出贷款。我们赚了很多钱，每年派发50亿～100亿美元的现金分红。可如今，监管机构告诉我们，这项业务必须遵守新的规则。一夜之间，我们的结构性优势变成了巨大的劣势。

通用电气金融公司挺过金融危机存活下来，为此我们心存感恩。虽然我希望我们能够继续逐步缩减它的规模，但很明显，现在我们必须迅速动手。通用电气金融公司现在非但不能抛出现金，反而需要注入现金。这不仅令得我们的股价下跌，还将永远地改变这家公司。

如果你在2013年问我，我会说，通用电气的监管机构对风风雨雨过于担心了。监管机构希望我们在运营通用电气金融公司时保持悲观心态，他们一直认为我们的人太过乐观了。我还记得，我们跟美联储指派到通用电气的监管人员卡罗琳·弗劳利（Caroline Frawley）最初开会的情形。她向我们的董事会做了一次令人沮丧的陈述，一个接一个地列举通用电气的缺陷，我气得发狂，也挨个说明了通用电气面临的所有压力。"你这是毫无理由地诋毁我们。"我生气地对她说。但就在她离开后没多久，通用电气的董事杰弗·贝帝（Geoff Beattie）严厉地斥责了我一顿。"你太过分了，因为通用电气金融公司过界了，"他说，"事情并不会像你想的那样发展。我们需要跟弗劳利合作，而不是跟她对着干。"

我受到敲打后，调整了心态。虽然通用电气金融公司的人很熟悉自己的业务，但不可否认的是，我们并不擅长评估通用电气外面的其他各种风险，也就是因为规模太大、太复杂而招来的风险。我们并不是按照提出宏观问题的形式进行组织的。当你拥有4000亿美元资产的时候，你需要考虑的风险不仅仅是债务人会不会还钱，你必须评估美联储所谓的"企业风险"——公司的复杂性可能会给它带来什么样的损害，提一些"如果……那会怎样"的问题。现在，随着监管机构的介入，以及我们融资成本的急剧上升，我知道，我们必须转向了。

欢迎来到加州旅馆

为了符合美联储的监督要求，我们花了很多钱。我们雇用了上千名员工，在最高峰时，通用电气金融公司有超过 5000 名全职员工专门负责与监管机构合作的事情，每年支出近 10 亿美元。监管机构下达给我们的命令是很难反驳的，这些命令对我们来说是沉重的负担——不仅对一线审计人员是这样，对管理人员也是如此。

有一次，汤姆·金蒂尔（Tom Gentile，他具备监管方面的专业知识，我们从通用电气医疗公司聘请他担任金融公司的首席运营官）用所谓的甘特图，列出了通用电气金融公司为符合美联储规范而必须做出改变的所有方面。甘特图里不仅列出了必须完成的任务，还揭示了它们之间的联系。我发誓，这张图足有 6 米长。

对我的领导团队和通用电气董事会来说，自从通用电气金融公司成了系统重要性金融机构，它就占据了我们 80% 的注意力。从技术上讲，美联储的监管范围仅限于通用电气金融公司——该公司的资产负债表和准备金要由美联储批准，但他们很快就开始对通用电气这家母公司提出各种质疑。这样一来，一旦涉及资本分配决策，系统重要性金融机构这个身份就像给人穿上了紧身衣。我们无法想象，为下一代飞机发动机技术或者其他业务提供资金，竟然需要向美联储申请许可。我们不能让事情发展到那一步。

和其他本身并不是银行的系统重要性金融机构（如保险公司美国国际集团、保德信金融集团和大都会人寿）一样，通用电气感到十分沮丧，因为监管机构从未说明我们应该怎样做才能摆脱这一身份。2015 年 3 月，弗吉尼亚州参议员马克·华纳（Mark Warner）在一场参议院银行业听证会上提到了此事，他引用老鹰乐队的歌词说："你可以随时退房，但你永远无法离开。"华纳告诉财政部部长雅各布·卢（Jacob Lew），各系统重要性金融机构就像困在了一座虚拟的加州旅馆里，和歌里唱的一样，那并不是个美妙的地方。

出于这些原因，我们开始认真考虑退出贷款和融资业务。这不是我们第一次考虑此事，但眼下感觉更迫切了。我们做了这么多奉献，却没有得到足够的补偿，这触及了我们的底线。长久以来，投资者总爱抱怨，对一家工业公司来说，金融业务太不稳定，因为有了金融部门，我们的股价始终超不过30美元。通用电气最大的25家投资者都希望该金融部门消失。

我们之前并未着手解决这个问题，也是有原因的。通用电气金融公司发展了数十年，结构极其复杂。我们有海量的国际业务——我们在全球有差不多27条业务线，全都交缠在一起，而且每一条还受不同的监管机构监督。这些业务有一些为我们获得低税率做出了贡献（例如，我们是一家大型租赁公司，而租赁公司可以抵扣折旧）。过去，每当我们考虑拆分通用电气金融公司时，仅税收方面的影响（至少200亿美元），就叫人望而却步。我们真能把它弄清楚吗？必须试试看。

力争做到最好

2013年6月，随着系统重要性金融机构身份给通用电气金融公司领导层带来的压力越来越大，首席执行官迈克·尼尔在为公司效力34年之后决定辞职。尼尔曾是一位出色的领导者，深受所有人尊敬（连花旗集团都一度考虑聘请他作为掌门人），他帮助我们带领通用电气金融度过了最困难的时期。

现在，通用电气原首席财务官凯斯·谢林代替了尼尔（通用电气金融公司的首席财务官杰夫·伯恩斯坦则接替了谢林原来的职位）。谢林迅速派出一组分析师，悄悄研究将通用电气金融公司的大部分业务分拆给通用电气股东的设想。为了保密，该小组自称"灯塔项目"（Project Beacon），并于2014年9月向谢林提交了报告。

然后，2014 年感恩节过后没多久，谢林任命了另一支"臭鼬工厂"（Skunk Works）团队尝试做一件更为棘手的事情：拆分通用电气金融并将其出售。过去的做法都失败了，因为它们首先要出售通用电气金融的海外资产，然后将所得收入汇回国内，以偿还在美国的债务，这就产生了巨大的税单。于是，谢林与通用电气金融三位高管——税务负责人麦克·格斯克（Mike Gosk）；财务规划负责人丹尼尔·科劳（Daniel Colao）和并购部门负责人阿里斯·凯克吉安（Aris Kekedjian）——接触的时候，他要他们另想办法。这三人占据了康涅狄格州诺沃克（这里是通用电气金融业务部门的中枢神经）一栋玻璃办公大楼里的一间会议室。整个 12 月，他们一直在那里，在白板和挂图上涂涂画画，在黄色便签本上写满公式和模拟数据。他们还从通用电气内部请了其他专家来帮忙。

　　迈克·施莱辛格（Mike Schlessinger）是一位才华横溢的律师，是位为公司效力了 20 年的资深人士。在我担任首席执行官期间，他参与了公司的每一笔重大交易。现在他证明了自己的实力。他提出一个新设想：先集中力量把我们的美国资产卖掉，完成这一过程的同时，继续运营国际资产（主要是金融公司的飞机租赁部门）。日后，人们认为这是消除通用电气金融公司麻烦局面的两大醍醐灌顶的瞬间之一。这么做的目标是：尽快摆脱系统重要性金融机构身份，同时大幅降低税费。在场的人都记得，施莱辛格第一次解释他的方案时，整个房间陷入了少有的沉寂。这是战略上的一次重大调整。

　　小组在讨论为通用电气金融公司寻找真正买家的实质问题时，第二个醍醐灌顶的瞬间出现了。他们需要以账面价值出售这些资产，这就使得通用电气金融部门不可能由单个买家接手（因为世界上没有买家有足够的规模，为一家基本上相当于 4000 亿美元的银行提供资金）。通用电气金融公司太大了，更何况，当时美联储不允许银行之间进行任何重大并购。小组意识到，在给通用电气金融公司的资产贴上价签之前，他们需要知道通用电气的投资者是怎样把这些资产计算到通用电气的股价里的。此前完成的一项分析得出了颇为光明的结论：投资者对通用电气金融公司主体的估值，仅为账面价值的 70%。这意味着我们还有一些回旋余地。如果金融部门的许多资产能以100% 的账面价值卖出，我们就能超出预期，抢得先机。

随着团队的努力逐渐看似有了些进展，压力来了：这项绝密活动必须得起个名字。就在这时，团队中最年轻的成员，刚从大学毕业 7 年的英国经济分析师马修·沃恩（Matthew Vaughan）发言了，他问：叫"哈勃计划"怎么样？这里的哈勃，指的是那台著名太空的望远镜。大家都很喜欢"哈勃计划"里暗含"登月"的大胆意味。名字就这么定了下来。

2014 年秋天，哈勃团队把他们的设想告诉了谢林，谢林动了心。2015年 1 月，他们拜访了通用电气首席财务官伯恩斯坦。他们警告说，交易能做成的唯一办法，就是通用电气母公司为通用电气金融公司的债务提供担保。他们本来很担心伯恩斯坦会拒绝，但他对此很支持。这项提案非常复杂，但似乎可以在不违反通用电气债务契约的条件下完成。这是人们能想出来的可行性最大的办法了。

大约也在这一时期，伯恩斯坦和我坐下来讨论了我们和美联储的相处情况。简短地说：很糟糕。通用电气的员工并不是有意拒绝服从，我们很努力，但似乎怎么也达不到美联储的要求。美联储要求我们再提供 2 万页的报告，这简直要了我们的命。

2 月中旬，伯恩斯坦、谢林和我都认为，尽管仍有无数问题需要审查，但把通用电气金融公司一部分一部分地分开卖掉，似乎头一次变得有了可行性。当时，我们工业业务的发展形势很好，把通用电气金融公司卖掉对我们的整体运营有帮助。若通用电气金融部门绩效不佳，我们根本没有喘息的机会。哪怕我们一年内能削减 10 亿美元以上的成本，仍然无法得到华尔街的赞许，因为华尔街始终死盯着通用电气金融公司。但现在，工业利润增长了11%。如果我们能放弃通用电气金融部门的业务，就有可能出现一个提升股价的绝佳时机。

2015 年 2 月，凯克吉安和多伦多金融服务公司"元素金融集团"（Element Financial Corp）的首席执行官史蒂芬·哈德森（Steven Hudson）在康涅狄格州格林威治高档餐厅丽贝卡共进晚餐时，这种观点出乎意料地得到了肯定。屋外开始下雪。凯克吉安注意到哈德森显得有些烦躁不安，不停地把手伸进夹克口袋。凯克吉安忍不住问道："你是有什么东西想给我吗？"

"没错，"哈德森回答，"而且不是求婚呦。"话音未落，他便从口袋里掏出一份详细的报价，要求收购通用电气金融公司旗下价值数十亿美元的车队管理业务的美国部分。凯克吉安表现得十分冷静，并未透露我们已经在考虑出售金融部门几乎所有资产的风声。他对哈德森说，时机不合适，但他们应该保持联系。这是个好兆头，既然有人主动出价，这些资产或许并不像有些人担心的那样难以脱手。

不过，在打磨"哈勃计划"期间，我们都意识到，保密是头等大事。通用电气金融公司的主要资产是优秀的员工。如果它可能遭到剥离的消息外传，随着员工的离去，这些业务的价值将受到侵蚀。这时候，"哈勃计划"小组之外只有大概 8 个人知道内情。

3 月初，我在通用电气康涅狄格州总部三楼的董事会会议室把领导团队召集到一起。房间呈现老派的富丽堂皇感，有结实的大椅子、木镶板、古色古香的地毯。几天后的 3 月 6 日，我们的董事会将在同一间会议室开会。有鉴于此，我想对自己的高级副官们进行一次民意调查：现在是时候把"哈勃计划"告知董事会吗？

谢林和哈勃团队毫不含糊地说可以。他们做了现场陈述，快结束时，谢林说："对于剥离通用电气金融部门一事，我们认为已经找到了方法。"人们互相打听这一计划的细节，房间里嗡嗡响成一片。债务的违约成本要由我们承担吗？如果冲销掉这笔资产的大部分价值，会对我们的资产负债表造成损害吗？我们能维持当前的债务评级吗？剩余的搁浅资产怎么办？评级机构会怎么说？没办法知道。我等了一会儿，然后对着房间里的人开了口。

"你们每个人都是怎么想的？"我说，"我们应该对这个方向展开探索吗？如果是的话，我们准备好向董事会汇报了吗？"我转向右边，紧盯着通用电气的首席财务官。

"这事儿你怎么想，杰夫？"我问。

伯恩斯坦表情严峻。他喜欢通用电气金融公司的人，他在那儿干了10年。他知道他们对待自己的责任是多么认真，也知道他们为总公司的盈利做了多大的贡献。但今时不同往昔，他说："我们必须这么做。"

我围着桌子，把这个问题抛给了通用电气金融公司的首席财务官罗伯特·格林（Robert Green），接着，是总公司和金融公司的总法律顾问布拉克特·丹尼斯顿和亚历克斯·迪米特里夫（Alex Dimitrief）、首席风险官瑞恩·扎宁（Ryan Zanin）、财务主管丹·詹基、投资者关系副总裁马特·克里宾斯（Matt Cribbins）、首席营销和商务官贝丝·康斯托克，以及负责企业财务规划和分析的副总裁普尼特·马哈詹（Puneet Mahajan）。他们一个接一个地附和着伯恩斯坦的话，"我们必须做""现在是时候了"，大家的意见出奇一致。等发言顺序绕回头来，我站起身说："好吧，我们干吧！"说完我便走出了房间。

很难说清伴随这个决定而来的纠结情绪。通用电气金融公司内部的人才太多了，如果我们成功卖掉了它的大部分部门，这些人才肯定会流失。此外，尽管几个月以来批评家一直在围绕我们的金融业务在煽动负面情绪，但我拿不准投资者对这次的资产剥离会做何反应。

但说到底，我们所有人都觉得自己在跟潮流对着干。我们每天都受到媒体和卖方分析师的猛烈敲打，他们认为我们的企业集团模式（基本而言，也就是由两家独立公司组成的控股公司，一家是工业企业，一家是金融企业）拖累了我们的股价。通用电气金融公司的收益打了折扣，我们必须采取行动。

捂紧盖子

3月6日是一个星期五，这一天召开的董事会会议，整个议程都围绕"哈勃计划"展开。凯斯·谢林和哈勃团队向我们介绍了这个计划。我记得，阿里斯·凯克吉安告诉董事会："如果你们要做这件事，现在就是机会。你们已经有了对你们有利的市场，人们正在寻找高收益和高质量的企业。窗口已经打开，我们必须在它关上之前采取行动。"

接着，我向董事们发表了讲话。"为了判断此举是否可行，我们必须与美联储和部分债券持有人进行商议，"我说，"这件事有可能传出谣言，我绝不希望你们从我之外的别人口中听说这么重要的事情。我们能得到你们的首肯去展开这些对话吗？"董事会为我们亮了绿灯。

我们没有浪费时间。3月的董事会开完之后没几分钟，伯恩斯坦、谢林和我就会见了摩根大通的董事长兼首席执行官杰米·戴蒙（Jamie Dimon），以及副董事长也是最顶尖的交易撮合大师吉米·李（Jimmy Lee）。我很了解李，至于戴蒙，他是我在哈佛商学院的同学，我更熟悉。"你们觉得怎么样？"我问他们，"你们能把这么多都卖掉吗？我们会有买家吗？"他们告诉我，能卖掉，有买家。

接下来的一个月里，为让"哈勃计划"成为现实，我们夜以继日地工作。我们一早就暂定了一个向投资者披露剥离计划的日期：4月10日。但宣布消息之前的几个星期发生的事情可谓跌宕起伏。那时恰逢春假，通用电气金融公司很多有孩子的员工原本都安排了假期，可所有人都取消了（要不就是他们的伴侣和孩子抛开他们，自己去度假了）。这一切还仅仅是个开始。

所有参与此事的人都告诉家人，自己去中国执行（假装）一件为期30天的任务：接触不到，也没法联系。哈勃团队开始了不知疲倦地努力工作。由于我们仍在经营业务（应对美联储的监管人员和其他所有人），哈勃项目的许多人不得不白天参加正常的运营会议，晚上着手大部分的重组工作。

在此期间，通用电气的每个人都付出了一份辛劳，但通用电气金融公司的人力资源人员做出了最大的贡献。请记住，在我们为"哈勃计划"开绿灯之前，他们原本正快马加鞭地雇用审计师及其他财务人员，以满足监管机构的要求。现在，我们突然告诉他们要按下暂停键。此外，因为我们担心要是消息传出去，通用电气金融公司的员工可能会离职，所以这些负责人事工作的人甚至不能告诉部门最高层领导这么做的原因。

通用电气金融公司的人力资源高级副总裁杰克·莱恩（Jack Ryan）记得，3 月 6 日开完那场决定性的董事会会议之后，接下来的星期一，他走进办公室对下属说："大家都深呼吸一下。我们已经雇用了很多人，现在，我们得缓一缓。"但这一陡然转向来得太急，他的不少同事困惑不已。他们才向外界发出了就职邀约，这些邀约还有效吗？发生了什么事？

一名高级别同事来找莱恩寻求指导。"我不想显得像个白痴，"她说，"在过去 6 个月，我们在尽快聘请合规人员，而现在，你又说我们不用做了。出了什么事？"莱恩理解她的愤怒。并非他不信任这位女士，她是在通用电气效力的第二代员工，而且干到了领导岗位，他知道她能为公司做一切。只不过，他没法详细解释。最后，他只得说："你碰到过这种情况吗，你知道一些事，但你没法说？"他能看出同事的眼睛里闪着光。"求你了，"他说，"现在别逼我，照我说的做吧。"

除了保密，这一时期的另一件优先事项是，我们希望在向全世界公布"哈勃计划"之前，至少预先商定一笔交易，以表明势头喜人。我们认为房地产是最适合首先找到接手人的资产。理由是，我们的投资者和监管机构都最痛恨这类资产。如果我们能优先把它们卖掉，就会发送出强烈的信号：这一回是动真格的了。最明摆着的买家是全球最大的房地产投资管理公司之一：黑石集团（Blackstone Group）。谢林找到黑石团队的负责人乔纳森·格雷（Jonathan D. Gray），给了他一个独家收购的机会——只要他动作够快，出价够厚道。

"如果你在独家收购的基础上给出这个价，它就是你的了。"谢林对格雷说，"如果不行，通用电气就会发起公开竞标。"格雷说，他会试试看。

3月的第3个星期，谢林和亚历克斯·迪米特里夫飞往欧洲，他们需要着手说服全球20多家监管机构批准我们准备做的事情。谢林和迪米特里夫解释说，我们将分两个阶段退出金融服务。首先，我们正在剥离美国的贷款和租赁业务（我们希望，通过这一举动摆脱系统重要性金融机构的身份）。接着，我们才启动第二阶段：退出在欧洲和亚洲的贷款和租赁业务。故此，在这一过渡期，通用电气金融部门的重心将从美国转移到欧洲，这在通用电气公司的历史上是第一次。如果能在美国摆脱系统重要性金融机构的身份，我们预计，英国审慎监管局（PRA）或法国金融市场管理局（AMF）将取代美联储，成为通用电气金融公司的综合监管机构。

要获得欧洲的批准，实现通用电气金融公司的重组，这不是一件容易事。这些监管机构并不承认美国的系统重要性金融机构流程（英国的审慎监管局除外），也并不习惯匆匆忙忙地按照其他地方设定的最后期限做事。因此，我们的团队必须找到巧妙的方法，推动德国、意大利、比利时、日本、韩国、印度、澳大利亚和其他几个国家的监管机构审查并批准我们的监管申请。

与此同时，3月底，我与谢林和总法律顾问丹尼斯顿前往华盛顿，我们需要秘密地向一些官员简要介绍即将发生的事情。我首先找到了奥巴马总统的高级顾问瓦莱丽·贾勒特。我觉得，这么大的消息，总统不应该事前毫不知情。瓦莱丽感谢我的提前通知，并祝我们一切顺利。

接下来，我们会见了财政部部长雅各布·卢。在出任公职之前，卢曾担任花旗集团的首席运营官，我知道他理解通用电气与银行一起接受监管是多么难受。我把公司准备公开宣布的内容告诉了他，还特意说："你已经暗示过，系统重要性金融机构是有退出机制的，通用电气想成为第一家进入退出机制的机构。"他对此事持鼓励态度。但毫无疑问，这并非他一个人说了算，他没法向我做出任何承诺。

最后，4月1日，我们拜访了美联储主席珍妮特·耶伦（Janet Yellen）及其团队。在他们眼里，我们的名声好坏参半。和我们打交道最多的联邦储备银行不太喜欢我们，当然，这份气恼里有些也是我们自找的。所以，这是一次非常重要的会议，我们告诉与会者，我们想要完成的事情有一些环节非常复杂。我一点一点地介绍了我们想做的事情。

在我们长达30分钟的陈述中，耶伦面无表情地坐着，她只是听，没有流露出任何喜恶。我们介绍完毕，为占用了他们的时间表示感谢。谢林和丹尼斯顿走向门口，我落在两人身后。这时，美联储的一名理事，名叫丹尼尔·塔鲁洛（Daniel Tarullo）的人，把我拉到一旁。塔鲁洛以关注细节著称，他也因为这个特点令人生畏。如果说耶伦的态度很难解读，那么塔鲁洛则表现得极为直率。尽管耶伦从来不完全算得上唱"红脸"，但塔鲁洛绝对是唱"白脸"的，所以我拿不准接下来会发生什么。

"我认可你们在这里所做的事情，我们还会为此奖励你们，"塔鲁洛说，"我们知道你们不想成为系统重要性金融机构，我们也不希望你们成为系统重要性金融机构。哪怕其他所有人都不给你们开绿灯，我会的。我要帮助你们脱离困境。"我努力保持冷静，内心却乐坏了。塔鲁洛说他要做什么事情，他是有能力做得到的。我们聊了几分钟，等我们说完再见，我三步并作两步，小跑着冲到车里去分享这个好消息。我对谢林和丹尼斯顿说："这次会议效果很好。"

4月2日，通用电气董事会就"哈勃计划"最后一次开会，我会永远记住这一天。除了董事会成员（这时它已经发展到18名董事，因为我们觉得需要更多的监管专业知识），我们还让通用电气金融公司的整个领导团队列席。同样出席会议的，还有全世界最优秀的法律、会计和投资顾问，他们分别来自达维律师事务所、威嘉律师事务所以及摩根大通。这些外部顾问逐一上台做了陈述，谢林、伯恩斯坦和我谈及了交易的机制。谢林和他手下的人力资源主管杰克·莱恩描述了在变卖业务期间，怎样保持通用电气金融公司的完整性。我们还听取了有关与黑石集团交易的简报（尽管尚未彻底成交，但成交把握很大），以及有关美联储情况的简报，美联储似乎对我们的计划持支持态度。

我们告诉董事会，如果有人对预定在 8 天后召开的投资者电话通风会持保留意见，现在还有时间撤回。但我警告说，如果继续往下推进，股市会做何反应无法预知。我们认为它会带来积极影响，但我也做好准备迎接 20% 的打击。"这对通用电气来说可能是非常糟糕的日子，"我提醒他们，"但并未糟糕到之前从未承受过的那种强度。"董事会并未动摇。

复活节是 4 月 5 日星期日。由于"哈勃计划"迫在眉睫，假期暂停，人人都来上班。4 月 9 日星期四，也就是原定召开投资者电话通风会的前一天，我尽我所能地努力保证 4 月 10 日对通用电气是个好日子。我与投资管理公司贝莱德（BlackRock）的董事长兼首席执行官拉里·芬克（Larry Fink）在他办公室共进午餐。我概述了第二天早上要宣布的事情之后，他一脸震惊。就算我还不清楚这次重组有多么得史无前例，芬克脸上的表情已证实了它。

离开之前，我请他帮个忙。"你是个人人都信任和尊重的人，"我说，"所以，要是接下来的几个星期有人提起这件事，哪怕你只是说一句'好像也没那么愚蠢吧'，我也会心存感激。"他说他会的。

然后，4 月 9 日股市收盘后，有人（几乎可以肯定是一位银行家）向《华尔街日报》透露了我们跟黑石即将达成的交易的细节。记者请我们做出评论，我们从中察觉到，对于我们正在做的这笔商业地产交易，报道把它看成了一起一次性事件，并没有人透露即将发生的事情覆盖面会有多广。即便如此，通用电气的所有人还是吓坏了。到目前为止，公司大约有 60 人参与了此事。我们花了这么长时间来保守秘密，它却在最后关头走漏了风声，哪怕只是部分曝光，也叫人揪心。

但接着，我们意识到，泄密其实是一个天赐良机。它为我们即将宣布的大消息铺平了道路。我们对《华尔街日报》说："无可奉告。"几分钟后，他们便在网上发表了报道，题为《通用电气即将出售旗下持有的房地产业务》。可没过多久的下午5点，我们大面积地发送出电子邮件邀请函——"请在明早8点30分参加通用电气金融公司投资者电话通风会，了解最新状况"，并附上了网络直播的链接。有《华尔街日报》的报道在先，没人会错过这场通风会。

只有一个问题，《华尔街日报》称黑石交易尚未完成，这并没有错。通用电气金融房地产公司的首席执行官亚历克·伯格（Alec Burger）已经尽了全力，他和阿里斯·凯克吉安连续工作了48小时，和买方代表来回交涉。就在我们召开投资者电话通风会的前几个小时，我们撰写了两份新闻稿：一份涉及了房地产交易，一份没有。

4月10日凌晨时分，伯格、凯克吉安以及黑石集团的乔纳森·格雷，外加一群律师和顾问，仍在一间会议室里埋头苦战。富国银行的批发业务负责人、这笔交易的合伙人之一蒂莫西·斯隆（Timothy Sloan）从加利福尼亚通过电话跟进消息。买方开始想从交易中剔除部分不太想要的资产，谈判气氛骤然变得紧张起来。我们的人顶住了压力，但他们担心争论会无限期地持续下去。那样的话，交易不光有可能没法在投资者电话通风会前及时完成，甚至有可能根本完不成。

在一轮休息时，凯克吉安转向伯格。"我们需要找一样东西——类似蜂鸣器那种东西，来打破官僚主义，强行推进。"他说着，拿起手机开始搜索应用程序商店。很快，他发现了一款软件，能够发出召唤酒店搬运工人的铃铛声。棒极了，他想。

凯克吉安回到会场，并未马上展示自己的新玩具。但等到下一次对方律师就某一点达成一致意见，他便按响软件：叮！"太棒了，"他说，"下一个！"后来，每当讨论陷入停滞，他就按响铃铛——叮！叮！——刺激人们继续前进。这声音让人恼火，律师们也很恼火，但铃声达到了凯克吉安和伯格想要的效果：它让谈判继续保持正轨。

压力仍然很大。"听着，"当天空逐渐露出第一道曙光，我们这边有人说，"如果你们还想守住优势，就必须马上成交。"他们很顽强。"我们真的不在乎，伙计们，"他们对黑石集团和富国银行的代表说，"但如果你们不马上锁定这笔交易，我们就会公开招标，其他所有想在房地产领域闯出些名号的人都会来一试身手。"

终于，到了早晨 6 点 30 分，所有人都按照我们认为合理的价格签了字。黑石集团、富国银行和其他买家答应购买我们价值 265 亿美元的写字楼和商业房地产债务。凯克吉安兴奋地给谢林打了电话，"你可以发布新闻稿了，"他说，"我们搞定了。"

不再保密

黑石交易完成后仅仅两个小时，谢林、伯恩斯坦、丹尼斯顿和我便在费尔菲尔德旁一一就座，开始召开投资者电话通风会。我们已经排练自己的角色好几天了。我头一个发言，公布了剥离计划的大致轮廓。接着，我们依次介绍会如何把资产打包，以及将怎样剥离它们。我们解释说，我们将保留飞机租赁业务，以及为能源和医疗业务提供融资的结构，因为这些贷款业务线支撑着我们的工业基础业务线。但通用电气金融公司的大部分业务，将在未来两年内出售。

最后，我们说，此举将使得我们回收海外子公司大约 360 亿美元回美国，同时付出大约 60 亿美元税收的成本。这一税率仅为 17%，要是加上这些利润原本已在外国缴纳的税款，这相当于 35% 的税率，跟美国企业税持平。总体而言，我们预计税后费用将达到 160 亿美元，这是为简化公司所付出的代价。

我们说，我们已经获得了几家海外监管机构的批准，并正在与其他监管机构进行谈判（就在当天早上，迪米特里夫还告知获得了波兰金融监管局的批准）。我们还宣布，通用电气董事会已授权我们，通过回购高达 500 亿美元的普通股向股东分配剥离收益，到 2018 年，这将使我们的股本数减少到约 85 亿股。我们还希望，到 2018 年，金融服务对通用电气收入的贡献不超过 10%，而在我 2001 年出任首席执行官时这一比例是 50%，本次消息发布时这一比例是 25%。

在那些日子里，巴克莱银行的分析师斯科特·戴维斯（Scott Davis）对通用电气的态度是最为严苛的。2014 年秋，戴维斯甚至提议对通用电气进行 "AT&T 式的全面分拆"。但等到这通投资者电话会议结束，戴维斯直接对我说："我知道这些年来我们都对你说了很多废话，但你们现在做的这件好事，配得上我们收回原来说的话。"他说："这算是我最真挚的道歉了。你的饭碗能留得更久些了。"谢林、伯恩斯坦和我都笑了起来，与其说是因为为好玩，不如说是筋疲力尽后长出了一口气。

这通电话通风会的效果再好不过了。我们以高于账面价值的价格出售了最大的投资组合之一——房地产资产，这一事实产生了预期效果：它给人们留下了深刻的印象。当日股价上涨了近 11%，收盘价为 28.51 美元，这是通用电气股票 5 年来最大的单日涨幅。

对员工坦诚

我们已揭穿了自己的秘密。现在，我们必须好好兑现承诺了。令人欣慰的是，宣布消息的当天，我们就接到了超过 450 位潜在买家的询问，有几位银行家亲自来到通用电气金融公司位于诺沃克的办事处，亲眼看到面谈会晤候客厅里排队的盛况。

但除了迎接潜在的追求者之外，我们还有一项迫切的需求：安抚通用电气金融公司内部的员工。我们必须清楚地与他们沟通，在为金融业务寻找买家期间，我们真心实意地需要他们留在自己的岗位上，而且，我们也会让他们觉得这么做是值得的。

在为"哈勃计划"备战阶段，我们合规业务的一名新领导询问通用电气金融公司的人力资源负责人杰克·莱恩，是否应该准备一份安全保障计划，也就是起草一份预案，避免决定离职的员工在走出公司大门时窃取公司的专有信息。"员工们会生气的，"这位新来通用电气的人说，"如果这件事发生在一家大银行，许多人都会被气疯，站起身就走人。我们应该采取一些预防措施吗？"莱恩说不需要。这不是一家大银行，他解释说。尽管通用电气金融公司的员工会深感伤心与失落，但他们会保持忠诚到底。"我们需要帮他们表达悲痛心情，"莱恩说，"如果我们做得好，他们会体面而优雅地执行新的比赛计划。"

于是，谢林和莱恩主持了一系列的面谈会议和电话会议。在一次电话会议中，17 000 人旁听，还有员工发来了书面质询。有些人非常痛苦。"48 小时前我刚跟人力资源经理谈过，她说的是一件事，现在你说的又跟她不一样。"一个人写道，"为什么你们人力资源部的人要对我们撒谎？"谢林在电话里大声读出这个问题，莱恩记得自己吓了一跳。但紧接着，谢林说："我要把这个问题交给莱恩来回答。"莱恩的胃都拧紧了。

莱恩吸了一口气，想出了答案。"听着，"他说，"你们的人力资源经理并不知道会发生些什么，我向你保证，她没有对你撒谎。这件事会对市场和通用电气产生极大的实质性影响，我们必须保守秘密，少数知情者签署了保密协议。她把她知道的事情都告诉了你，可现在情况发生了变化。"

如果你说的是真话，人们能察觉出来。在那一刻以及之后出现的许多同类场合，莱恩和他的团队和通用电气金融公司的员工（他们为自己的未来感到担忧，是可以理解的）平心静气地进行沟通，缓解了紧张关系。在高管薪酬经理约翰·欣肖（John Hinshaw）的领导下，人力资源团队针对三种不同的群体制订出了挽留方案：为高层领导者提供激励——资产卖出的价格越高、速度越快，他们赚到的钱就越多；对于那些即将由其他公司接手的企业员工，如果他们能帮忙完成过渡，也将获得奖金；对于基础设施部门的员工，我们在过渡时期依靠他们进行管理，他们的服务将得到奖励，直至不再有此需要。

对于在公司效力超过一定年限的员工，人力资源部门为他们提供了包括奖金在内的丰厚薪酬包，还加快了股票期权的兑现。他们向员工承诺，如果通用电气金融公司出售后，员工因某种原因未能找到工作，通用电气将帮助他们再就业。这些做法获得了成功：在通用电气金融公司列入"1 级保留"名单上的 101 名员工里，只有一人流失。

"我们并非多愁善感的人。" 4 月 10 日我装出一副勇敢的面孔，对《纽约时报》这样说。但请不要误会：要求通用电气金融团队撤出，从情感上来说是残酷的。数十年来，他们在市场上一直是常胜将军，在我们成为系统重要性金融机构之后，又建立起了一套新的监管结构。而现在，我们要求他们脱离自己的工作，这对所有人来说都十分艰难。

在出任通用电气首席财务官之前，伯恩斯坦曾帮忙在芝加哥建立了一支庞大的通用电气金融团队，从事贷款、租赁和库存融资业务。一些人通过收购加入公司，而且大部分人只为通用电气工作了 5~7 年。所以，在 4 月宣布出售通用电气金融公司大部分业务的 6 周后，伯恩斯坦前往伊利诺伊州，回答员工提问，他以为，现场最多只会来大约 100 名员工。出乎他的意料，主会场挤了数百人，整个大厦及周边区域的房间里聚集了四倍于此的员工，通过闭路电视观看现场直播。通常，伯恩斯坦是个外表强硬的人，但那天他一踏上讲台，现场的所见所闻让他有一种说不出的难过。他花了10多年的时间为通用电气金融公司建立业务，现在却要面对这么多惊慌的员工，跟他们说再见，这让他心碎。

他后来告诉我，只有一点对他很有帮助：他很有信心，芝加哥的这部分业务（就跟我们正在出售的其他业务一样）很快就会完整地由其他公司接手。"你们会有工作的。"他向大家保证。即便如此，他还是费了一番功夫才不让自己当众哭出来。房间里的每个人都相信自己正在做的事，他们在许多地方都胜过银行，并以此感到自豪。他们认为自己战斗到了最后一刻。

"相信我，"伯恩斯坦说，"我们做出这个决定，不是因为我们不再热爱我们共同创建的事业，我们仍然热爱。但考虑到当前的监管环境，我们认为，从长期来看，这是我们给出的对你们来说最好的答案。"会议持续了45分钟，等伯恩斯坦回答完最后一个问题，房间里鸦雀无声。他转身准备走下讲台，还没走几步，场内爆发出一阵掌声。

到处都有激进派

有必要稍微把时间往回倒一点，介绍一下4月剥离公告引来的另一样东西：一大群激进投资者。5月中旬，我接到一通电话，来自一位我认识多年的华尔街知名人士：银行家乔·佩雷拉（Joe Perella）。"你好，杰夫，"佩雷拉说，"你以为自己已经走出谷底了，但你没有。"

佩雷拉在华尔街颇有人脉。他先是在第一波士顿公司工作多年，到20世纪80年代末，他和两位同事创办了一家精品投资银行Wasserstein Perella，随后又以14亿美元的价格将之出售。他另外创办了一家金融服务公司佩雷拉·温伯格（Perella Weinberg），还曾是摩根士丹利管理委员会的委员。我很想听他说说他知道些什么内幕。

他很乐意向我揭晓谜底。"你们现在要把通用电气金融公司清盘，有四五家激进投资商在为通用电气承销。如果你们还是系统重要性金融机构（SIFI），没人乐意招惹你。但现在你已经在想办法退出了，他们就来找你了。"我记得他特别提到了两家公司：总部位于旧金山的对冲基金 ValueAct Capital，以及位于公园大道的特里安基金管理公司（Trian Fund Management），它们的网站主页上写着一行大字：高度参与的持股人。

"你看，"佩雷拉继续说道，"你们的股票表现不佳。你们是一家企业集团。从理论上说，你们清理了他们眼中的有毒垃圾。现在，这些人会跑来说，'解雇首席执行官，拆分公司'等废话。我只是想提醒你当心。"

我向他表示感谢，并告诉他我并不完全感到惊讶。2006 年，我从《财富》杂志上读到一篇关于亨氏食品公司的文章后，第一次见到了特里安的首席执行官纳尔逊·佩尔茨（Nelson Peltz）。佩尔茨以擅长收购闻名，在一场代理权夺战中赢得了亨氏董事会的两个席位。但亨氏首席执行官对《财富》表示，这是一个很好的举措，他感谢佩尔茨的参与。我喜欢这个说法，所以我联系了佩尔茨，想试探他是否愿意加入通用电气董事会。

考虑到后来发生的事情，这可能会让很多人感到吃惊，但回到那时候，我一直在寻找优秀的董事候选人。我知道佩尔茨的铁腕名声，但我琢磨，如果我邀请他加入董事会（而不是他向我施压，强行加入），他或许会站在我这边。我们见过几次面，彼此也有了一些了解，但后来金融危机来了，我决定放弃此念。

现在，时间来到了 2015 年。佩雷拉给我打电话后不久，我就接到佩尔茨的来电，他祝贺我拆分了通用电气金融公司，我也还以谢意。然后，我装作漫不经心地说："很高兴你持有我们的股票。"

当然，我知道特里安早就持有股票了，佩雷拉提醒过我。但在这一点上，我们做了一番分析。在 12 家左右的激进投资者中，大约有一半是激进的炸弹投手，他们会推动自己所投资公司的领导者做出巨大改变，以推高股价；另一半人则更为理性。我把特里安算在后一组。

佩尔茨称自己是建设者，我以为，他的用意是改进所投资的公司。我并不幼稚，我知道，一般来说，激进投资者会让首席执行官的工作变得复杂。事实上，分拆通用电气金融公司之后，我真正想做的只是再运营公司一段时间——执行"哈勃计划"，远离新闻头条，单纯地从事管理。但如果我们要接受激进投资者入股，我希望这是一位我认识的人。为了通用电气实现良好的业绩，我希望特里安保持耐心，专注于长期发展。

我和几位最亲密的顾问对此展开过严肃的辩论。我记得有一天，曾帮助我们拟订"哈勃计划"的银行家布莱尔·埃夫隆（Blair Effron）发表了不同意见，他反对我邀请特里安加入。"场面可能会变得很难看。"他说。

我知道他是对的。但我也觉得，从理论上讲，激进投资者可以增加价值。"我想向你解释清楚，"我对埃夫隆说，"如果我们做得好，会变得难看吗？不会。如果我们做得不好，会变得难看吗？会。但为什么不应该如此呢？如果我搞砸了，为什么不应该有人敲打我呢？"我相信我的团队和我本人是负有责任的。

卖，卖，卖

基本上，我们告诉世界，我们将放弃 3000 亿美元的贷款、租赁和其他资产，而且要按 1.1 倍的账面价值迅速地完成。这并非常见的销售策略。但我们对这些业务的质量感觉很好，再加上当时的利率接近 0，时机再好不过了。

4月10日公布消息之后，我们知道必须找谁头一个叫价。凯克吉安联系了元素金融集团的首席执行官史蒂芬·哈德森，2月我们还在考虑"哈勃计划"是否存在可行性的时候，他出人意料的报价让我们精神大振。哈德森仍然有兴趣，没过多久，他答应以69亿美元的价格收购通用电气金融公司车队管理部门的大部分业务。

接下来，团队将注意力转向了通用电气金融的掌上明珠——我们的杠杆贷款业务安特瑞斯（GE Antares）。我们必须给它一个好价钱，来为其余的资产设定基准。有相当多的私募股权公司围着通用电气金融兜圈子，指望能买到便宜货。我们想以这笔交易作为机会，证明我们并不绝望，完全能够强硬地讨价还价。我们想传达的信息是："我们拥有人人都想要的东西，别想趁机压我们的价。"

我们的主要竞标者是加拿大养老金计划，当时由安大略省人马克·怀斯曼（Mark Wiseman）运营，阿波罗排在第二。我们希望加拿大方面得手，部分原因是我们觉得他们愿意支付溢价。我们使出浑身解数，还请我们的加拿大董事杰夫·贝蒂从中斡旋。这是一场经典竞购战，阿波罗和加拿大养老金计划战斗到了最后一刻。最终，我们以120亿美元的价格与加拿大养老金计划达成了交易，这对我们来说是个好价钱。这证明我们的黑石房地产交易并非侥幸。

安特瑞斯交易也是我们与华尔街投资银行大佬吉米·李共同经手的最后一桩交易。2015年6月，他在康涅狄格州的家中锻炼后突然去世，享年62岁。

首席执行官们很少说起这份工作有多孤独。我总是在寻找能"不按顺序"和我说话的人，我的意思是，我们彼此并不需要从对方那里得到任何东西。李就属于这类人。我爱他，我感觉，他全身心地希望通用电气好，也希望我好。身为首席执行官的另一个难处是，你每天都要听说大量的坏消息，好消息一般不必送到你的办公桌上。李是那个会在你陷入低谷时给你打电话的人。他的去世，对我来说是个巨大的损失。

此时，我们抛售的速度之快、抛售的业务之复杂，就连我们干劲十足的并购团队也感觉喘不过气来。我们与第一资本金融公司达成了 90 亿美元的交易，把医院和疗养院设备租赁部门卖掉了。我们把一家网上银行卖给了高盛，把轨道车租赁部门卖给了蒙特利尔银行。我们出售了现代汽车信贷业务43% 的股份，并将大部分美国商业贷款和租赁业务（这是一项 3000 人的业务，还包括大约 320 亿美元的资产）卖给了富国银行。

这些平台里的每一个，都有成百甚至上千的人在一线工作。有员工负责贷款、贷款回收和管理资产。我们指派莎朗·加拉维尔（Sharon Garavel）和玛丽亚·迪彼得罗（Maria Dipietro）这两位经验丰富的运营领导者，在各业务出售期间维持团队完整。

我不得不说，在这个我们自己都不知道还有什么东西不知道的时期，维持团队的完整极为关键。刚启动"哈勃计划"时，我们向董事会介绍了全貌的 60%（至少，我现在是这么认为的）。但如果我们当初就知道要付出这么多的努力，我们恐怕永远也不会做。有时，你必须采取行动，而不是迟疑不决。如果你坐等一切都清清楚楚的完美时机出现，那么你很可能会一直等下去。

任务完成

2015 年 9 月，特里安公开透露，它一直在购买通用电气的股票——价值 25 亿美元，约占我们当时公司市值的 1%。这让他们成了通用电气的十大股东之一，他们立刻开始公开表达意见。10 月初，佩尔茨告诉《华尔街日报》，他对我们保留了部分信贷业务（这些有助于为我们的飞机发动机、医疗设备和发电厂提供资金的业务）感到不满。"在特里安，"他说，"我们不喜欢工业企业进入原材料就能赚钱的行业。"

但仅仅一个月后，特里安就对通用电气表示了彻底的看好，发表了一份长达80页的立场文件，预测到2018年，通用电气的每股收益将达到2.20美元。他们对我们的股票回购计划感到特别兴奋（最终我们将回购大约350亿美元）。我们这么做的目标，是让剥离通用电气金融业务这一行为不会影响到每股收益，也就是减少分母（减少流通股数量），使之与（因剥离通用电气金融公司而导致的）分子缩水程度成正比。

过去3年，外界对我的团队最不公平的批评是，指责我们明明知道无法实现每股2美元的盈利目标，却用股票回购来支撑股价，这真是最糟糕的修正主义历史观。对于回购动机，我们一开始就公开了，而且说得很坦率。有人说，我明知股价会在2017年跌至6美元，却仍以22美元的价格回购股票，这种说法真的错得太离谱了。在当时，哪怕有人预测我们每股赚不到2美元，也认为它能赚到1.90美元。说我们在股票上浪费了数十亿美元的人，坦白讲，那是乱说。

在我们解散通用电气金融业务的时候，董事会和管理层曾公开辩论过怎么配置所得资本。同一时期，我们还正在出售通用电气家电和水处理业务，所以我们感觉自己手里现金颇多。我们可以不回购股票，把现金留在资产负债表上。2015年做出股票回购决定时，我们预计，通用电气电力部门即将收购法国跨国企业阿尔斯通的能源资产，它能带来更多的现金。此外，通用电气金融公司已经成为系统重要性金融机构整整6年了，我们相信它的资产负债表是非常扎实的。但这两个假设，日后都证明是错的。

特里安对通用电气展开了6个月的研究，很明显，他们认为我们做了一件正确的事情。我们的很多投资者似乎也这么认为。2015年12月，我们举办年度展望会议（相当于我们对投资者发表"国情咨文"）时，特里安似乎很高兴，其他人也很高兴。星期四下午，我们在《周六夜现场》的片场（我们是按需要从康卡斯特手里租下这块场地的）欢迎了一大群投资者，并在当晚与最大的投资者举行了晚宴。

第二天早上，我们会见了卖方分析师和另一群投资人，并在《我为喜剧狂》片场举行了非正式的早餐问答。就是在这次会议上，我们最铁杆的对冲基金投资者之一找到了负责投资者关系的副总裁马特·克里宾斯。这个对冲基金的家伙跟踪通用电气 30 多年，出了名得说话直接。他对克里宾斯说："你知道吗，一年前，这房间里只有 25% 的人会支持杰夫。今天，他却成了神。事情变化得太快了。"

如果你当时问我，我会告诉你，我觉得自己是个稀松平常的人。我们退出金融服务业的"大胆决定"受到了赞许，但我对此事的感觉并没有那么好。我们整个地放弃了通用电气金融公司，这等于是把钱留在桌子上，如果我们可以选择再等一等，就能拿到这笔钱，可我们没得选。对通用电气来说，重组是正确的选择，但我看到的是它的本质：投降。无法最大化利益、只能避免更大损失的决定，是最难做出的。我承认，知道怎样撤退是一种领导技能，我只是希望我不用被人逼着学这一课。

2015 年 4 月，我们说将在 3 年内完成抛售工作。2 年之内，我们基本上就完成了（在 62 个国家做了 100 多笔交易），一如预期，我们收回账面价值的 1.1 倍，甚至稍微更高些。2016 年 6 月 29 日，就在我们宣布剥离通用电气金融公司的 14 个月后，通用电气成为第一家摆脱系统重要性金融机构标签的大型金融机构，我们实现了在许多人眼里不可能做到的事情。我们可以重新把精力集中到公司的经营上了。

第 十 章

领导者始终承受着
众目睽睽的监督

2005 年的一个星期六，我在康涅狄格州费尔菲尔德的办公室里忙着工作。等办公桌上的事务一件件少了下去，我开始琢磨接下来想做点什么。我知道安迪和女儿莎拉（她那时正在上高中）去购物了，所以我无须急着回家。走向汽车的时候，我感觉终于是时候了——我要去文身。

几个月来，"去文身"这事儿一直是我跟女儿互相开玩笑的话题。她威胁我说她要去文身，我则会说，我肯定比她抢先，她会翻个白眼说："你只是说说罢了。"但其实，我对文身这种自我表现的形式挺着迷的。

我动身前往丹伯里镇，我早就注意到那里有几家文身店。我选了家最不起眼的，走进去，告诉店主我想要的图案。我的想法很简单，就是用蓝色文上通用电气的标识，也就是俗称的"通用肉丸"。文身师说，这还是头一回有人想要文这个。我不想告诉她我是首席执行官，就编了个故事。

"我在通用电气工作，"我说，"我跟人打赌说，我们的保龄球队会赢，结果我输了，所以我就来文身了。"女文身师笑了。"所以你赌的是文上通用电气的标识吗？"她问道，"这也太搞笑了！"接着，她便在我腰线以下的左臀上开动了文身机。完工之前，我又让她为我再加上两处红色字迹"A. I."和"S. I."——我最心爱的两个人（妻子和女儿）名字的首字母。

多年来，我参加过几次晚餐聚会，聚会上有一个活动是要宾客们在纸上写下关于他们自己的一些有趣事情。每个人把各自的纸片放进帽子，然后由专人大声朗读出来，还请其他人猜这是谁的秘密。我提交的是：我有个文身。没人能猜出这是我写的，我几乎总能赢下这个游戏。

我这枚文身的意义，可远不止在聚会上玩游戏。对我来说，让自己的生活紧紧围绕着工作和家庭（或者用我以前当首席执行官时爱说的话来讲，"一家公司、一个妻子"），有助于减轻压力。用文身来纪念这些最热爱的人和事，是我给自己的一份礼物，它提醒我优先着眼的应该是什么。通用电气中几乎没人知道我有文身，我没有炫耀，只是偷偷用它来证明我对通用电气所做的奉献。

自从离开通用电气，一些人质疑我的奉献精神，尤其是谈到通用电气电力公司内部发生的事情时，更容易如此。关于通用电气误入歧途的原因，普遍的看法是因为它进行了一桩糟糕的收购，即 2015 年收购法国跨国公司阿尔斯通的能源资产，而这一切是我一手促成的。其实这并不准确。通用电气电力公司在这一基础行业中经营得不错，收购阿尔斯通是合乎情理的。收购阿尔斯通这桩交易在电力行业进入困难周期之前就完成了，但光靠这一原因，并不能很好地解释接下来发生的事情。通用电气曾引领我们每一项业务熬过艰难周期，我们的领导者在复杂交易中表现得很好（例如，2004年，我们收购安玛西亚之后，就发现了一个会危及整个交易的质量问题，但我们的医疗团队补救了它）。但我从阿尔斯通交易中不光学到了资本配置的教训，还有领导力的教训。我和董事会对通用电气电力公司领导者的能力存在不同判断，我们最终选择了一支错误的团队，这是我的错。

下面要讲的故事，对我个人来说很难开口，因为它背离了我一贯的原则。40年来，每当出了什么事，或是有人诋毁我的性格或判断时，我总是一言不发，努力熬过去。但我要打破这个长久以来的惯例了。我是第一次讲述这个故事，因为发生在通用电气电力公司的这件事，伤害了太多的人。我不喜欢讲它，但人们有权知道到底是怎么回事。

在我们熟悉的市场里做一桩简单交易

在我担任通用电气首席执行官期间所进行的所有交易中，阿尔斯通交易受到的批评最多。

这桩交易带着几分神话色彩。该交易由通用电气电力公司的领导团队发起，得到了董事会、投资者、分析师和包括我在内的其他利益相关者的支持。交易是透明的。我们知道，我们购买的主要是电力服务业务，以和我们自己的业务形成互补。我们知道公司的现状，也知道它面临着什么样的挑战。我们喜欢这桩交易，原因有二：其一，它将一家竞争对手赶出了赛场；其二，我们知道怎样整合和管理该项业务，我们相信它能提高收益，在短期内就产生大量的现金。

进入电力市场是个不错的主意，尤其对通用电气这样一家100多年来在业内广受信赖的公司而言。通用电气拥有领先的市场份额，并以创新和可靠性著称。但这并不意味着电力市场的生意容易做。无论是过去还是现在，电力市场都需要技术、经济和公共政策的极度融合。政府的补贴和监管，也扮演着超大角色。

在这些复杂的动态背后，是长期增长的潜力。全球电力市场规模庞大，而且会越来越大。据估计，到2030年，电力需求将增长60%。即使在今天，世界上仍有1/3的人口缺乏电力供应。我们知道印度尼西亚和越南等地的新需求有望超过欧洲。

收购阿尔斯通的机会出现时，我们正处于强势地位。2014年，通用电气业绩强劲。我们在工业收入1100亿美元的基础上，还实现了令人瞩目的有机增长（7%），领先于所有竞争对手。与此同时，我们的收入增长了10%，现金也增长了10%。电力业务对这一业绩做出了巨大贡献。据我估计，通用电气电力公司从各个指标（利润、现金流、市场份额、全球足迹和社会影响）上看都是该行业中最成功的竞争者。我们在燃气涡轮机和风力涡轮机方面都占有重要地位，拥有全世界大约1/3的发电机安装基数，在核能、蒸汽发电和电力输送方面所占份额较小。通过通用电气金融公司，我们在电力项目（尤其是可再生能源项目）融资方面占领先地位。我们甚至创建起了名为GE Current的业务平台，为商业建筑和医院的太阳能发电项目融资。

我真心觉得，竞争对手三菱重工和西门子都落后了。我们推出了H型涡轮机，这是全行业最大、最节能的涡轮机。我们的全球增长组织运转得当：我们赢得了从前属于竞争对手的所有大型全球交易。更重要的是，我们可以广泛获得低成本融资，并用这些资金在世界各地兴建发电厂。而且，我们的规模越大，服务利润流就越大。电力业务得益于Predix，它帮助我们的服务业务以更高的利润率快速增长。我知道设备市场波动性强，但我对我们的执行能力颇有信心。

专家们预测，未来几十年，天然气消费量将以每年至少 5% 的速度增长，对此，我们深信不疑。天然气清洁、廉价、易获得，对它的需求将促进对涡轮机和服务的需求。我们知道，风能是唯一带有盈利潜力的可再生设备市场。我们注销了在太阳能和电池技术行业的 3 亿美元投资——这两个行业已亏损数十亿美元。尽管如此，我们仍致力于开发能够减少碳排放的技术，我们认为阿尔斯通交易产生的现金，有助于实现这一点。

在对电力行业进行投资时，有必要将气候变化考虑在内。今天，93% 的电力仍然来自传统技术（煤、天然气、核能和水力），可再生能源仅占 7%。改变这种状况，需要数十年的时间，哪怕用心良苦，并以强大、统一的全球政治领导为依托。与此同时，为减少传统安装基地的污染，还需要为保养服务投资数十亿美元。

我们管理通用电气的电力业务，有一整套明确的目标：保持我们 50% 左右的全球市场份额；发展陆上和海上风电业务；保持我们燃气轮机的优势；降低成本；在全球各地开展业务，必要时使用融资。最重要的是，为获取有利可图的服务，我们需要维护、修理、更新现有涡轮机。我们对最后一部分业务的增长做了投资。我们出售和安装的涡轮机越多，需要维修的涡轮机就越多，我们的收入也就越多。与阿尔斯通的交易将给我们提供更多的涡轮机，在我们想来，这将能提升我们的利润。

优势地位

多年来，我们多次分析过阿尔斯通。事实上，1999 年我们就收购了它的一部分涡轮机制造产能。这家法国公司不仅在能源方面很强大，在高速铁路运输和信号技术方面也很强大。但通用电气只想收购它的电力和电网部门，只可惜阿尔斯通过去并不愿意出售它们。接着，到了 2013～2014 年，阿尔斯通的股价从 80 欧元跌至 30 欧元。2014 年，阿尔斯通首席执行官帕特里克·克朗（Patrick Kron）致电通用电气电力公司首席执行官史蒂夫·博尔兹，提议碰个头。

我从未见过克朗，但博尔兹的热情引起了我的注意。我认识博尔兹很多年了——他 1993 年就来到通用电气，在能源和医疗部门工作。2012 年之前，博尔兹一直在亲力亲为的上级约翰·克利尼基手下工作，后者曾帮助指导博尔兹的决策。这意味着，我只能根据两年的表现评估博尔兹的个人领导能力，截至当时，我还是很满意的。和我开会时，他似乎对自己的业务了如指掌。他建议我们一起见见克朗，我答应了。

2014 年 2 月，我们在巴黎共进晚餐。除了博尔兹和我，通用电气的首席财务官杰夫·伯恩斯坦和约翰·弗兰纳里（他当时负责通用电气的业务发展）也在场，而且全都兴致盎然。阿尔斯通有盈利的服务业务，它的可再生能源业务（特别是海上风能）跟我们互为补充。与此同时，克朗给谈判带来了一些紧迫感。他暗示，他决心迅速出售阿尔斯通的能源资产，如果我们不感兴趣，他就会找一家我们的竞争对手来收购它，我们应该做好这个心理准备。

对我来说，从经济上和战略上看，扩张服务是件很有吸引力的事情。在电力这样一个周期性行业里，服务的波动性较小。我认为，收购阿尔斯通将使我们在竞争中大大领先，并加强我们现有的减少碳排放计划。更重要的是，通用电气电力公司的客户想要得到数字服务解决方案，如果把阿尔斯通纳入麾下，我们就能够在更大的安装基础上利用我们在该领域的投资。收购阿尔斯通，将使我们占据主导地位。

2014 年 3 月，我们向通用电气董事会做了简报，说我们认为收购阿尔斯通是一桩简单的交易，能让我们在全球现有涡轮机市场上的份额提升50%，这是一项巨大的长期优势。阿尔斯通将帮助我们改进当时落后于西门子和三菱重工的大型燃气轮机技术。不利的一面是，阿尔斯通有一项建造发电厂的业务，我们对此不了解。此外就是我们所说的"法国国家风险"：这桩交易有可能会引发地缘政治动荡。

我请博尔兹和弗兰纳里领导这桩交易的尽职调查，我认为这对他们俩来说都是一次很好的检验。如我所说，博尔兹才刚刚走出克利尼基的影子，请他评估与阿尔斯通的交易，是衡量他能力的一个好方法。同样地，弗兰纳里刚刚升职，我迫切地想看到他的行动能力。虽然接班人并非当时最重要的问题，但我知道博尔兹和弗兰纳里都有可能成为接替我的人选，这是让他们做好准备的一种方式。

博尔兹和弗兰纳里在尽职调查中了解到的情况越多，我们就越相信这笔交易可能会提高我们的收益。1999 年我们就收购了阿尔斯通的燃气轮机产能，我们对在法国做生意并不感到陌生。博尔兹和弗兰纳里向通用电气董事会就与阿尔斯通的交易展开最后陈述时，董事们主要关心的是阿尔斯通的建筑业务，我们在那一领域经验有限。但总体而言，董事会的反应不错。

2014 年 4 月在芝加哥召开的股东大会上，我们讨论了这笔交易的经济效益。最棘手的问题是，如果通用电气最终决定不采取行动，到底会发生什么样的情况。克朗及其团队在伊利诺伊州秘密会见了我们，躲在我们股东大会召开地附近的一家酒店里。在那里，我们就分手费达成了协议。双方同意，如果在审批过程中，监管机构强迫通用电气出售超过 10% 的业务，我们向阿尔斯通支付 7 亿美元就可以退出。但如果在这个临界值之下，我们就必须成交。

星期三，我们在芝加哥握了手。很遗憾，第二天，也就是 4 月 24 日，我们的协议被泄露给了媒体。法国政府视阿尔斯通为国宝，对该消息感到措手不及，并觉得受到了通用电气的轻视。这笔交易价值 135 亿美元，再加上营运资本，它将成为通用电气有史以来最大的一笔收购。但是，媒体的泄密使得它地基不稳。

法国人很快就会惩罚我们，以法国需要维护其技术主权为由反对这一收购。与此同时，受法国政府的邀请，西门子和三菱重工出手联合竞标。

我们在法国的第一天是个星期天，法国总统弗朗索瓦·奥朗德与我们会面。他派出了一名特使——一位名叫埃马纽埃尔·马克龙的下议院议员，当时的头衔是爱丽舍宫的副秘书长。马克龙要求我们最近几天不要签署协议。一开始，我想对他说，你不如直接跳进塞纳河吧。幸好，通用电气法国公司的首席执行官兼总裁、人脉很广的高管克拉拉·盖马尔（Clara Gaymard）告诉我，要给他们一些时间。我同意了。

我终于在星期二见到了奥朗德。他的态度很拘谨，很明显，他正承受着来自左翼对手的巨大压力。星期三，我们签署了一份最终协议，至少，我们是这么认为的。尽管我们答应在法国创造 1000 个工作岗位（这对我们来说并非一个大数目，当时，我们在欧洲有 10 万员工），但还是有不少人喜欢在欧洲内部解决阿尔斯通的相关交易（由西门子公司牵头竞标，西门子与我们的经济实力不相上下）。5 月初，法国经济部部长阿诺·蒙特布尔（Arnaud Montebourg）阻止了我们的交易，此举与欧盟所代表的一切相悖。蒙特布尔是一名社会党人，他认为外国收购法国企业有违法国的国家利益，所以他在半途中阻止了我们的交易。

60 天的不确定状态就这么开始了。我们卡在了起跑处。欧洲总是口头上支持全球化，却很少采取实际行动。他们以法规为武器，偏袒自己国家的公司。在这个例子中，蒙特布尔阻止一家美国公司收购一家法国公司，违反了欧盟的规则。在此同时，他们又青睐一家德国公司。欧盟不太可能帮我们的忙，我们只能自己想办法。这就是为什么如今每当我听到有人哀叹唐纳德·特朗普总统是贸易保护主义者时，我就想笑。保护主义可不是他发明的。

最终，2014 年 6 月，我们的交易获得了法国政府的批准，但这只是个最初步骤。主要仪式将在布鲁塞尔举行，这里是欧盟委员会竞争总司（也即欧盟对竞争政策的管理机构）的所在地。考虑到电力团队对这笔交易的热情，我对利用通用电气的影响力使其获得批准感到满意。

领导者不再领导

收购阿尔斯通的行动是博尔兹发起的，而且他似乎很享受早期的谈判。球牢牢地握在他手里，我真希望能说是他带着球跑的。这并不是说博尔兹没有将交易细节告知通用电气的董事会和执行团队，只不过，他似乎并不打算按照这些细节加以执行。

我并非一直都这么感觉。在他直接向我汇报工作的两年里，我看到博尔兹在商业方面很厉害。以前，克利尼基负责的时候，如果我们在阿根廷的人员需要帮忙销售涡轮机时，他们知道最好别去问总部。博尔兹发挥自己的能力，改变了这种局面，带动了世界各地业务的发展。此外，他很擅长激励一线员工的士气。他知道怎样到工厂里走动，与通用电气的基层工人建立联系。博尔兹开会时似乎总是准备得非常充分，为他工作的人都知道，在重要报告之前他希望听取详细的简报，这样他就显得学识渊博。

然而，随着阿尔斯通交易的推进，我越来越觉得博尔兹更像是承办宴会的主人而非大厨：在社交礼仪上妙不可言，但如果有人问他主菜的配料是什么，他就不那么自在了。在我看来，博尔兹缺乏首席执行官的直觉。我们为他聘请了一位教练，所有人都跟他一起探讨策略，但这还不够。

我们很快会知道，博尔兹还缺乏所谓的"接班风度"。2014 年夏天，他去找我的人力资源负责人苏珊·彼得斯。"杰夫卸任后，我想担任首席执行官，"他说，"我希望得到明确的暗示我能得到此职，要不然我只好走人了。"

彼得斯倒不是为他鲁莽的雄心感到吃惊，而是惊讶于他怎么对接班过程了解得这么少。于是，彼得斯邀请博尔兹共进晚餐，并解释说，通用电气的下一任首席执行官需要由全体董事会来筛选，这个决策不是立刻就能做出来的，而且，也不会仓促出台。彼得斯要他多些耐心，不是因为她认为博尔兹是这个职位的合适人选（她并不这么认为），而是因为她知道通用电气董事会有些人对博尔兹评价极高，她希望博尔兹参与竞选，方便董事们斟酌。至于我，我认为博尔兹只是有些天真，以后会成长的。

整合阿尔斯通

从一开始，我们就知道时间会是我们的敌人。与阿尔斯通的交易完成所用的时间越长，对我们的客户和团队就越不利。我们已经就这一风险向董事发出了警告，在巴黎谈判期间，还每星期和董事会召开两次电话会议跟进讨论这一问题。

我们以极大的热情将阿尔斯通整合到通用电气电力公司。我任命了三名高层领导者来监督这一涉及 400 人的项目。我从中国将夏智诚（Mark Hutchinson）调了过来，因为我觉得他具备我们在布鲁塞尔（欧盟总部所在地）需要的政治头脑。莎伦·戴利（Sharon Daley）是一位冷静的人力资源主管，她一直在电力分公司效力，所以我相信她认识所有"选手"，一有内幕消息就会直接告诉我。何塞·加西亚（Jose Garcia），曾任通用电气拉丁美洲首席财务官，大部分职业生涯是在通用电气电力分公司度过的，他是我们精明的财务负责人。

我和领导团队每个月都会更新整合计划，而他们几乎每次开会都会向董事会告知新进度。我一直认为，在这段时间里，每当通用电气电力公司的领导者就最新进展提出担忧时，我绝非唯一的知情者。我们公开讨论了问题和挫折，与会者包括来自整个通用电气公司和世界各地的 50 多人。很多时候，阿尔斯通的管理者也列席了会议。我们想听到他们的观点。经历了收购之后，收购方把被收购公司的人视为失败者，这很正常。但我很看重阿尔斯通团队的斗志，我不希望失去这种精神。会上会出现各种各样的观点，每个人都有机会发言。

阿尔斯通的交易，仅用了6个月就获得了美国政府的批准。但在布鲁塞尔，我们将遭遇世界上最有力的监管机构，即欧盟委员会竞争总司。该机构制定和实施欧盟的竞争政策，它新上任的领导人玛格丽特·维斯塔格（Margrethe Vestager）似乎想在自己任内的第一桩大交易上做出点成绩来。

我碰到维斯塔格的时候，已经在布鲁塞尔的大厅里游说了15年，可以肯定地说，她是我碰到的意志最坚决的专员。她和我相处甚欢，比如，我们都很喜欢丹麦电视剧《权力的堡垒》（Borgen），这是一部政治剧，讲的是一位首相如何崛起，编剧说这是以维斯塔格本人为原型。但维斯塔格缓慢推进的做法，恰恰是通用电气在这笔交易中最不需要的东西。

我们想尽一切办法，想加快维斯塔格对交易的审查。我们的法律总顾问布拉克特·丹尼斯顿打了头阵。阿尔斯通的首席执行官和法国政府（当时已经站到了我们这边）试图提供帮助。没过多久，我们发现，布鲁塞尔的官员们并不相信我们的说法，他们不认为拖延这桩交易是在伤害一家法国企业。此外，美国司法部拒绝代表我们与欧洲同行接触。

在我撰写本书时，欧洲在数字政策方面让维斯塔格承担起了更大的职责，她现在成了硅谷人眼中最大的"敌人"。但当时，她瞄准的是通用电气。我相信，不久后她会把我们推向极限。我们将再花12个月跟欧盟讨价还价。拖延这么久，给阿尔斯通造成了很大损害。客户不愿意购买一家处在不稳定状态下公司的产品，销售额急剧下跌。我们失去了阿尔斯通的一些关键人员，因为他们怀疑自己待在那里没有未来。

然而，与此同时，随着我们发现了比最初看到的更多排除冗余、节约成本的机会，整合计划逐渐获得动力。我们曾答应承担阿尔斯通的全部债务，但现在我们成功在所谓的"开拓"（carve out）上获得了成功：阿尔斯通将支付约 8 亿美元的法律费用，以解决我们发起投标之前的一桩贿赂指控。与此同时，随着我们在该业务的运营方面变得更加自如，我们设计了一种办法，将通用电气电力服务公司的总部迁到瑞士，省下了 20 亿美元的税款。这也改善了这笔交易的形象。

过度透明

我想，我还从没碰到过哪桩交易是完全按计划进行的。这就是为什么推进阿尔斯通交易时，我坚持要保持透明度：大量的董事会审查，定期召开内部会议。我们以前曾放弃过一些交易。2005 年，我们正打算收购西屋电气公司（建造核电站并为之提供服务），通用电气的董事罗杰·彭斯克说话了。"我讨厌这项业务，"他说，"只有风险，没有回报。"于是我们后撤了。2006 年通用电气打算收购道琼斯，2007 年打算收购雅培诊断（Abbott Diagnostics）时，也发生了几乎差不多的情况。但对于阿尔斯通，我们决定继续前进。

我依赖通用电气内部的制衡体系。我们的董事会对这桩交易进行了 12 次审查，通用电气电力团队向董事会做了所有与交易相关的陈述，董事们有充分的机会提出问题。多年来，我一直坚持，除了参加 8 次董事会会议，每一位董事每年都必须独立拜访两家企业，无须由我陪同。这些拜访能让董事会了解团队，提高透明度，促进董事会对复杂业务的认识。这些行程的具体日程由各业务的领导者（而不是我）设计。在收购阿尔斯通的过程中，董事会拜访了至少 4 次通用电气电力公司。

此外，我们有 450 名审计人员向董事会的审计委员会汇报工作，他们中的许多人都参与这桩交易。我们每年向毕马威会计师事务所支付 1.1 亿美元，他们也向审计委员会提交了报告，审查了这桩交易。

博尔兹、哈钦森和通用电气总法律顾问丹尼斯顿，领导了我们与阿尔斯通的最后谈判。2015 年夏，我们与阿尔斯通进行了降价谈判，并向欧盟做出了让步。维斯塔格和她的竞争委员会知道我们协商的分手费（协议规定，如果向欧盟做出的让步损害了 10% 以上的价值，我们就可以退出交易）。他们谨慎地保持在临界值以下，这意味着我们唯一的选择就是成交。

与此同时，我们的投资者似乎很喜欢这桩交易，包括特里安的纳尔逊·佩尔茨。但随着我们不断前进，我并没有看到博尔兹身上体现出我所期待的领导能力。有一天，他来找我，担心阿尔斯通销量不断下跌——我之前说过，这对我们任何人来说都不是什么出乎意料的事情。但他的话叫我吃了一惊。我们一直在着手完成博尔兹向董事会推荐的一桩交易，而且，交易以他和他的团队计算出的数字、做出的预测为基础。"史蒂夫，"我一度忍不住说，"你到底相不相信这桩交易？""相信，"他说，"绝对相信。"他只是觉得我们应该以更低的价格买下它。

我对他说了我至今仍然确信的一番话：最终标价和他所期待的价格之间的差异，对通用电气公司来说可以忽略不计，因为通用电气公司有着 3000亿美元的市值。"你看，"我告诉团队，"到了这时候，我们能做的最好的事情就是完成交易，并开始执行。我们支付了多少钱，就让我来承担责任吧。"根据博尔兹提供的数字，我觉得我们最好继续走下去，逐渐实现在整合计划中所预测的收益。

我认为与阿尔斯通的交易完全是合理的，即使今天我仍然会那么做。但这时候我开始理解，通用电气电力公司的高层面临的问题有多么严重。我听到传言说，尽管博尔兹可以令人信服地搬出数据，但他靠的是死记硬背，并未消化理解。这一下，之前我听说他要求手下为他做的详细简报，看来不再像是勤奋，更像是临阵磨枪了。在我看来，他并未理解掌握最基本的材料。多天以来，我感觉整合团队在阿尔斯通交易中的敬业度超过了通用电气电力公司的领导团队。三位整合负责人告诉我，我退休之后，如果是博尔兹任首席执行官，他们将卖出手头所有通用电气的股票。这可不是什么好兆头。

我不止一次告诉博尔兹："这是你的主意，你要对它负责。"身为电力公司的首席执行官，他要负责评估交易的战略影响。然而，博尔兹一直在抱怨数字不如过去好。"根据你给我和董事会的预测，这桩交易仍然有15%的回报。"我对他说，"没错，15%不如你之前预计的20%好，但我们有资本缓冲，对于这么大规模的收购，15%的回报相当不错了。你还想把它推进到底吗？"他一直都坚持说，是的。

博尔兹欠缺果决，让我对他失去了信心，更让我烦恼的，还不只是他向我报告坏消息这一点。到目前为止，报告坏消息无伤大雅。就在同一时期，我每天都从通用电气石油天然气公司的首席执行官罗澜索口中听到坏消息。但罗澜索在采取行动，我希望博尔兹也能这么做：告诉我他打算在一个更艰难的环境下如何执行这桩交易。他似乎没有能力做出必要的艰难决定。相反，他好像只是想通过分享数字是涨还是跌来给自己遮羞。

2015年7月下旬，在替自己争取首席执行官一年后，博尔兹再次找到彼得斯，他说，现在他真的要离开通用电气了。"我已经决定了，"他说，"因为如果公司不认为我是接替杰夫的合适人选，那就说明了些问题。"彼得斯再次建议他要有耐心，虽说她自己的耐心在减少。"史蒂夫，"她说，"我一年前就对你说过，继任的事情还有好几年，现在没人会宣布你为候任首席执行官。我再说一次，那是交由董事会做的决定。"博尔兹反驳说，2012年，福特汽车公司任命马克·菲尔兹（Mark Fields）担任首席执行官的18个月前，就让他担任首席运营官了。"你可以让我担任通用电气的首席运营官。"他提出。

彼得斯并未严厉指责博尔兹的越界行为，而是诉诸他常识。按照通用电气每年的惯例，大多数人都会在8月休假。"我建议你这么做，"她说，"我希望你度假时好好想一想，真正地好好想一想。如果你8月休假回来之后还这么想，那么你应该去找杰夫谈谈。"

～

2015 年 9 月，大家都休完暑假回来之后，博尔兹径直来到我的办公室，要求担任首席运营官。那时人人都知道，有四位内部候选人在竞选接替我的位置：博尔兹、弗兰纳里、伯恩斯坦和罗澜索。博尔兹鲁莽的自信让我大吃一惊，一如之前他也曾让彼得斯大吃一惊。

我不得不做一些重大的决定了。我仍然相信，收购阿尔斯通是有充分理由的，尽管我知道，为实现它的潜力，需要高超的执行力。与此同时，我认为博尔兹必须离开。他在运营上不够精明，而且做事欠三思。在这个关键时刻，他把自己的利益置于团队之上，这让我深感失望。此外，他缺乏激情，似乎还影响到了他的团队。我知道，我们有可能让生意陷入危险当中。

我去找了通用电气董事会的首席董事杰克·布伦南（Jack Brennan），和他讨论了目前的情况。我知道有些董事喜欢博尔兹，因为要完成阿尔斯通交易，他比其他候选人有更多机会与董事们见面，我也知道董事会想要管理继任程序，但我认为把博尔兹推到最前面并不公平，也没什么好处。为保持继任过程的完整性，也为了对博尔兹做出回应，布伦南决定见见发展管理和薪酬委员会（相当于是董事会里的人力资源部），由他们对博尔兹进行评估。

如果这事发生在 5 年前或 10 年前，我会毫不犹豫地让博尔兹走人。然而，这时候，我正在寻求一种微妙的平衡：虽然是亲力亲为的首席执行官，但并非说一不二的董事长（在我的整个任期内，这两个职位我都担任过）。实际上，我是在暗示董事会："我知道我在任的时日不多了，我听从你们的安排。"我和博尔兹之间存在一些问题，但我希望发展管理和薪酬委员会有机会参与进来。和彼得斯一样，他们告诉博尔兹，这个进程没法提速，他必须耐心等待。

接着飞出来一颗曲线球：2015 年 9 月的董事会上，博尔兹对收购阿尔斯通的交易做了一番热情洋溢的陈述，长期担任通用电气董事的桑迪·沃纳转向我，笑了笑。"我想我们有下一位董事长了。"他说。

沃纳的话让我大感惶恐。在我看来，从很多方面来看，博尔兹都是个错误的人选。据我所知，他那执着的政治手腕会让通用电气的领导团队大感厌恶。沃纳从前曾担任摩根大通的董事长，是个强势的家伙，我担心，他会强迫董事会提名博尔兹为下一任首席执行官。我还怀疑，之前我们曾跳过了沃纳，支持布伦南担任首席董事，为此沃纳急于看到我离开。我永远感激沃纳为通用电气做过的诸多贡献，但我觉得，在这方面以及其他许多方面，他正在产生侵蚀性的影响。

因此，10 月初，在董事会治理委员会的指示下，我请沃纳不要在次年 4 月参加董事会连任竞选。他很生气，给董事会写了一封信，质疑还该继续让我担任首席执行官多久。

交易做成，领导散伙

为给阿尔斯通交易提供下行保护（以避免售出看涨期权的标的股票价格下跌），通用电气首席财务官伯恩斯坦设计了一套保守的承销方案，我们为这桩交易构建了 30 亿美元的额外价值（节省了税收，控制了成本，以及获得了更多的企业协同效应）。我们认为，如果市场疲软，它们能够保护我们。为做得更保险些，我们还减记了大部分电厂建设项目（也就是说，我们在资产负债表上减少了它们的账面价值）。

分析师对这桩交易继续持支持态度，特里安亦然。该对冲基金在 2015

年 10 月发布了 80 页的白皮书，声称："我们相信阿尔斯通交易创造了价值，这桩交易的经济效益似乎能产生稳定的收益和 15% 的回报。现在，我们必须执行此交易。"

2015 年 11 月 2 日，交易终于完成了。通用电气将阿尔斯通的能源业务与其水电业务单元合并。扩大后的通用电气电力公司（总部设在纽约州斯克内克塔迪）仍由博尔兹领导，在全球雇用超过 6.5 万名员工，预计年收入约为 300 亿美元。

当天，通用电气股价上涨 5%。来自分析师、经纪人和评论员的评价依然很高。高唱赞歌的权威人士里包括《华尔街日报》的吉姆·克莱默，他说这次的收购"太棒了……因为全世界都在转向更清洁的发电厂，而现在，通用电气在这一业务上尽得先机"。

2015 年 11 月 9 日，阿尔斯通交易完成一星期后，彼得斯和我在通用电气电力公司位于南卡罗来纳州格林维尔的一家大型工厂开会。会议结束后，博尔兹要去见我。他说，他要辞职。

"你显然没看到我的价值，"他告诉我，"你看不出我应该是你的人，那么，我打算走。"我没有辩解。老实说，在这一个关口上，博尔兹已经让我精疲力竭了，在我看来，他的行为自私得已经叫人无法容忍。考虑到他先前的威胁，彼得斯和我相信了他的话。当天晚上，也就是星期一，在回康涅狄格州的飞机上，我们确定了谁将继续负责运营电力公司的战略。我们很快就意识到，只有一个人具备这样的经验和技能，他就是约翰·赖斯——我十分信任的全球增长组织的总裁兼首席执行官。2000～2005 年，他负责通用电气的能源业务，其中就包括电力业务。

我们打电话给赖斯，问他是否愿意接受这份工作。鉴于目前的情况，我觉得他可能不愿答应，但他知道我们处境艰难，便应允下来。这就是赖斯，永远乐于效劳。接着，我们打电话通知董事会主席杰克·布伦南：博尔兹出局了，赖斯上马。

但我们不知道的是，博尔兹的游说工作仍在进行。星期二，他没有告诉我和彼得斯，就给几位董事打去电话，讨论他的辞职。他打给了农业设备制造商约翰迪尔公司的前首席执行官罗伯特·莱恩（Robert Lane），还打给了哈佛学者吉姆·卡什（Jim Cash）。在一次又一次的谈话中，他为自己陈情开脱：他没有得到应有的赏识！很明显，博尔兹仍在谋求首席执行官的职位。现在，他还直接带着自己的说辞找到了董事会。

星期二晚上9点，博尔兹打电话给布伦南，说他改变了心意，他仍想留在通用电气。第二天（11月11日）是退伍军人节，布伦南打电话对我说，他想同意博尔兹留下的请求。他担心博尔兹离任会让外界将过多的注意力集中在继任竞争上。我对他说，我考虑一晚再做回复。

在我离开通用电气的这些年里，每当听到有人说我打压了有关阿尔斯通和通用电气电力公司内部的辩论时，我总是只能苦笑，没有什么比这离实际情况更远了。此外，在长达6个月的时间里，这位通用电气电力公司的领导者，曾与通用电气董事会的多名董事做过私下会面。要是博尔兹对收购阿尔斯通感到不舒服，或者他对被要求实现的结果感到不舒服，他可以很容易向董事们吐露心声。从来没有哪位董事告诉过我他做过这样的事。相反，他主要关心的似乎是自我推销。

我同情董事会，我们曾一起经历过许多事情。如我所说，我不想成为帝王型的首席执行官。董事会希望推进继任程序，我也同意他们应该这么做。除此之外，阿尔斯通交易完成几个星期内就解雇电力公司的首席执行官，会让市场和我们的客户感到困惑。所以，我犯了一个今天看来很可怕的错误，或许也是我犯过的最严重错误：我听从了他们的建议，默许留下博尔兹。我的这种做法，违背了我一直奉行的一条基本原则：公司永远优先于个人。让博尔兹留任，令我一直后悔莫及。

业务受损

2016年和2017年，电力业务面临着重重困难，市场更艰难。随着阿尔斯通整合工作的推进，我们的团队把注意力放到了另一个层面的复杂事务上：从2018年开始，我们长期服务协议的报告方式，将随着收入确认会计新规则而有所改变。我们的业务和企业团队（包括通用电气的审计人员和外部审计机构毕马威），为这些规则上的调整已经准备好些年了。审计人员独立审查了通用电气每一项业务的每一份长期服务合同，以了解会计新规对我们有多大影响。

我们曾建议证券交易委员会的总会计师办公室先建立一套相对而言更保守的框架（与其他有着类似业务模式的公司游说的框架相比）。这些会计上的变化，再加上充满挑战的市场、不够专注的团队，还有阿尔斯通交易，将让通用电气电力公司的优势和劣势都曝光于天下。

2016年8月召开的通用电气公司高管会议上，电力公司的首席财务官琳·凯皮特（Lynn Calpeter）计划做一个关于电力业务运营的报告。通常我会提前看一眼报告，这次也不例外。读到凯皮特打算讲的内容时，我很震惊。她阐述了通用电气电力公司将采取何种措施来创造更好的营运资本，但并未说明该公司目前正在做什么。在我看来，它似乎是个半成品。整个公司都指望着她呢。依我看，她对自己的工作不够认真。

在她准备做报告的星期天早上，我打电话给她说："琳，我在通用电气工作了这么长时间，这是我见过的最糟糕的陈述。它太偷懒了，快给我打起精神来。"

在蓝图审查里，每一项业务都设定了经我们批准的目标，业务高管的薪酬取决于他们实现这些目标的好坏程度。在这个阶段，这套系统在所有地方都运转良好，通用电气电力公司却是例外。我之前说过，通用电气石油天然气公司的业绩也曾未达预期，但他们的团队做出了反应，重整旗鼓，渡过了难关。相比之下，通用电气电力公司的领导层不像个团队。它的领导者没有一个住在电力公司总部所在地斯克内克塔迪附近：它的首席执行官博尔兹住在波士顿，首席财务官住在纽约，团队的其他成员也分散在各地。

自从我离开通用电气，很多人都试图改写电力公司的历史，方法之一就是宣称电力公司的领导团队经常向我表达担忧，而我对这些担忧不屑一顾。这也是《华尔街日报》对我指控的关键：他们说我制造了所谓的"成功剧院"氛围，对任何负面消息都充耳不闻。这完全是不真实的。每当我们偏离轨道，或者我们无法实现某个目标的时候，我都会有意识地让身边围满愿意发表真实意见的高管。我们有团队在计算数字，考察我们在阿尔斯通交易中所做的各种让步是否占到了交易总额的 10%——如果是这样，就意味着我们应该放弃。但我们从未达到这个临界值，最熟悉这桩交易的人总是告诉我，他们相信这桩交易。法国的基层团队和负责交付成果的产品线领导者，也都支持该交易。

在一篇新闻报道中，通用电气电力公司的一位匿名消息人士称，负责监督交易的公司官员让他别声张，因为这是"杰夫的交易"。这完全是胡说八道。这是公司的交易，人人都需要对它负责。它是由通用电气电力公司团队发起的，他们进行了规划，我们需要他们为最终结果负起责任来。我们召开了 25 场以上的公开会议，包括董事会会议和内部审查。我们鼓励人们说出自己的想法。

正如通用电气前法律总顾问亚历克斯·迪米特里夫在他的领英主页上所写的，我们"试图培养起公开报告的文化，让员工安全提出（包括通过匿名上报渠道）对财会及其他诚信问题的担心，不必担心受到报复。我们每年都会收到员工发来的各种各样的数以千计的关切之事的信息，我们会考察它们的有益之处，并在必要时采取惩戒和补救措施"。人人都知道我支持这项制度。

此时，我的企业财务团队——杰夫·伯恩斯坦、普尼特·马哈詹（Puneet Mahajan）和投资者关系专家马特·克里宾斯——告诉我，他们认为电力公司的领导团队已经不在状态了，他们请我替换掉博尔兹。

2016年5月和11月，我两次请求董事会撤掉博尔兹。我说，让他来掌舵会让通用电气的庞大业务面临风险。然而，董事会仍然认为，考虑到继任过程已经全面展开，在半途撤换首席执行官候选人的做法不太好。我又退让了。

通用电气电力公司在2015年和2016年的业绩还不错，但并未达到预订计划。收入和收益基本持平，但我们的市场份额在增加。风电业务正蓬勃发展。阿尔斯通在2016年实现了预期的业绩。尽管外界有各种各样的噪声，煤炭行业还是稳定且盈利的。

2016年10月底，我们宣布将与贝克休斯合并石油天然气业务，并任命其负责人为罗澜索。这一决定宣布后，一些董事担心这一决定实际上是把罗澜索从我接班人的名单里给删除了。我向他们保证，如有必要，我们仍然可以找他来做（尽管我知道，有些人担心罗澜索才42岁，太年轻了）。但罗澜索就任新职，让一些董事会成员更加不愿意撤掉博尔兹。他们担心，这会显得像是只有伯恩斯坦和弗兰纳里两个人还在角逐通用电气的下一任首席执行官职位。

2016年11月，我开始担心所有候选人都尚未做好准备。于是，我建议将董事长和首席执行官这两个职位分开，董事长制定董事会议程，首席执行官管理公司。一个人可以同时做这两件事（我之前就是这样），但现在我想，让一个强有力的操盘手担任董事长职位，支持董事会选择的下一任首席执行官，或许是个好主意。约翰·赖斯是通用电气的资深元老，对公司有着深刻的了解。但没多久，赖斯发现自己患了多发性骨髓瘤。他的治疗方案正在拟订中，最终将涉及干细胞移植。他必须把健康和家庭放到第一位。拆分董事长和首席执行官职位的想法不了了之。

2016 年 12 月，我和负责投资者关系的克里宾斯搭乘飞机前往纽约，与一些投资者共进午餐，我们有很多话题可谈。较之通用电气的表现远远好于市场的 2015 年，我们现在落后了。我们最大的问题是石油天然气部门，该部门承受了两年多来原油价格暴跌的打击，客户减少了在石油勘探和生产设备上的支出。我们希望，等到石油天然气行业复苏，我们与贝克休斯的合并能为公司撑托良好的业绩。

当天晚些时候，我飞往赖特普莱恩斯，会见佩尔茨和特里安的首席投资官埃德·加登（Ed Garden）。我们的关系一直是客客气气的，坐在当地一座小型私人机场的会议室里，表面上的友好氛围仍然显而易见。那时，唐纳德·特朗普总统刚刚当选，佩尔茨是特朗普的密友，说自己那个星期已经跟当选总统通了几次电话，讨论内阁任命。

突然，佩尔茨的语气变了。"杰夫，我希望你知道，从很多方面来说，我爱你就像长辈对晚辈般的喜爱，我永远不会做任何伤害你的事情，只是，我们现在来到了一个需要做出些改变的关头。"他说，"我希望你们宣布即将削减 10 亿美元成本。如果你不这么做，我们虽然不至于和你发生公开冲突，但我们会让人知道，我们正在做空通用电气。"

当时，为了应对通用电气电力和石油天然气行业的挑战，伯恩斯坦和我已经制订了一套削减成本的计划，我和特里安的同事们也分享过这些思考。但佩尔茨的威胁让我不安。如果通用电气的主要投资者退出，可能会对市场造成严重影响。

佩尔茨提出了一个请求：他希望加登加入通用电气董事会。我并不完全吃惊，但听到这个要求，让我比以往任何时候都更加意识到，我在首席执行官位置上的时间正越来越短了。如果说特里安在敲打我们，那是我们应得的。我们没有尽快调整成本。但是，我仍然希望我们的董事能够独立执行接班流程，不靠特里安的帮助。我还不希望加登进入董事会。

随后，通用电气电力公司未能实现盈利目标。1月18日，也就是我们公开这个消息的两天前，博尔兹在通用电气波士顿总部的走廊上突然遇到了克里宾斯。两人擦肩而过时，博尔兹举起了手，想跟克里宾斯击掌庆贺。博尔兹为什么要庆贺呢？"看看我们的运营收入和盈利，"博尔兹夸口道，"好得超出预料！"

然而，完全没有值得庆贺的理由。通用电气电力公司的收益低于博尔兹在运营计划中做出的承诺，也低于我们告诉华尔街的预期。过了一会儿，克里宾斯皱着眉头走进伯恩斯坦的办公室。"我感觉博尔兹什么也不知道。"他说。

我受够了。2017年1月，我第三次对董事会说："太叫人脸红了，我们必须把博尔兹拿下来。"但还是一样，考虑到即将到来的继任问题，董事会拒绝了。世人都觉得博尔兹是取代我的强力候选人，我们却相信他不是。就连苏珊·彼得斯也担心，解雇他会让继任问题比预想中更早登上头版，从而把我变成跛脚鸭。其他高级顾问也认同。

这时候，我们知道，董事会并不会让博尔兹担任首席执行官，等他发现接替不了我的位置，他大概会自行退出。让博尔兹留任背后的原因在于：一年之内就会任命我的继任者，到时博尔兹离开，不会招来任何负面报道。既然如此，为什么要现在就解雇他，还可能引发一场媒体的风暴呢？

我必须承认，阿尔斯通交易并不像我们预想得那样运转良好。尽管阿尔斯通得到了公司内外的支持，但回想起来，我觉得直接违约会不会结果更好。请注意，这将引发一场重大诉讼，兴许是在法国打官司。但你看：这是一桩复杂的交易，我们的团队陷入了混乱，首席执行官的职位即将交接——太让人不堪重负了。拿不准，就别做。

除此之外，通用电气对这笔交易的执行，未曾达到任何人的期待。从这方面来说，过去3年阿尔斯通的故事遭到歪曲，对通用电气很不利。我很后悔没有试着早点揭穿它。我觉得我应该保持沉默，让公司的新领导打头阵。

可他们非但没有创造出富有使命感的文化，还创造出了充满受害者情结的文化。看好阿尔斯通并认为通用电气能在市场上获胜的领导者陷入了沉默，失败者被给予了太多的发言权。结果就是，通用电气电力公司没能冲出起跑线就垮了。

H O T
S E A T

第 十 一 章

领导者承担责任

2017 年 3 月，我从福克斯财经新闻的一篇文章《见到特里安的佩尔茨，通用电气首席执行官伊梅尔特如坐针毡》了解到，纳尔逊·佩尔茨有多不高兴。文章说，我错过了一些关键的业绩基准，如提高收入增长幅度、削减开支。"接近伊梅尔特和佩尔茨的人士"称，如果通用电气继续错失这些目标，特里安可能会要我正式下台。

文章中最能说明这一点的一句话是："当被问及……佩尔茨及其公司是否有可能要求更换领导层，特里安发表了一份声明，'特里安和通用电气将继续保持建设性合作，优化股东价值'。"还很少有算不上回答的回答能透露出这么多信息。特里安对"是不是要对我动手"一问的不置可否，是在向我传递明确的信息：它会。

次日我飞往上海，与通用电气董事会开了三天会。与福克斯不愿透露姓名的消息来源所暗示的相反，这是通用电气的胜利时刻。我们带着董事们来到中国商飞公司的一座停机库，庆祝这家中国航空公司推出全新的窄体飞机，这款飞机上安装使用的通用电气的软硬件设备，比世界上任何一款飞机都要多。接着，我们又逐一盘点了在中国的其他项目。通用电气医疗公司正在广州建设一家生物制造工艺学院，它将和世界各地的制药公司合作。通用电气电力公司和中国三大电厂设备制造商之一的哈尔滨电气合资成立了另一家企业。通用电气航空公司在中国的发动机安装数量已增加到了大约 10 000 台——这个数字很快就会超过美国。

通用电气也是少数几家能够利用中国"一带一路"倡议的西方公司之一。之所以叫"一带一路"，是因为它需要新型陆上走廊（"带"）和新的海上航道（"路"），还需要如发电等新的基础设施项目。这就是为什么如今通用电气可以进入中国资本市场，分享全球基金，这也抵消了美国 2015 年关闭进出口银行（EXIM）带来的影响。

这次旅行最难忘的是我们为公司董事会和 50 名中国客户举办的晚宴。许多来宾都是通用电气在中国首席执行官项目的校友，当我们再次聚在一起时，大家的眼睛里都闪烁着激动的光芒。一些美国首席执行官在这一时期都选择回避中国，通用电气却愿意抓住这个机会。

多亏了这么多通用电气员工的努力，我们才有了这样欢乐的一晚，它鼓舞了我的精神。但行程中也免不了出现一些尴尬时刻。有一次，董事们在没有我出席的情况下开了近两个小时的高管会议，这种情况很少出现。我一边在外面的走廊来回踱步，一边回答团队下属提出的问题，他们不知道这是怎么回事，而我也只能给出一些模糊的答案。显然，特里安施加的压力和悬而未决的继任问题，在董事会和我之间造成了裂痕。用不着惊悚的新闻标题，我也能判断出来：我的首席执行官任期即将结束。

培养接班人

我在前面曾提到过，20 世纪 90 年代末，我仍是首席执行官候选人的时候，有时会为杰克·韦尔奇的继任程序太过隆重感到恼火。它太公开了，我觉得这扭曲了我的决定，因为它鼓励候选人采取短期行动，以打动杰克和董事会，但这些行动并不符合通用电气的最佳利益。所以，我发誓要以不同的方式推进我的继任计划。

说起通用电气的领导者应具备什么样的素质，我重视的是持之以恒的辛勤工作和对公司的全情投入。为此，2012 年，团队和我第一次认真讨论继任计划时，我们的目标是：确定潜在的候选人，把他们安排到新岗位，扩大他们的职责范围，检验其能力。杰克对我、鲍勃·纳德利和吉姆·麦克纳尼，做过基本上相同的事情。按《财富》杂志的说法，杰克一手导演了一出"史上最受关注、最受期待、也最常被人事后反省的企业接班大戏"。我不希望这样，我不想让局面变得这么夸张，我想要自由裁量。

像往常一样，我向苏珊·彼得斯求助。彼得斯和她的团队开始为下任首席执行官打磨岗位描述。在撰写（和重写）的过程中，他们考虑了有关瞬息万变的商业环境和通用电气文化的一切已知因素。他们请教了专家和学者，列出了一份所谓的基本"企业领导能力"清单。他们认为，下一任首席执行官的成功与否，不在于他们当下知道些什么，而在于他们的学习新事物的速度有多快，适应性有多强。

2013 年，经董事会协商，我们决定在 2017 年的某个时候任命继任者。确切的日期还说不准，但选好哪一年很重要，因为它将启动此后需要发生的一切。董事会需要时间确定为新时代选择新任首席执行官的标准是什么，接着再挑选并评估候选人。我们瞄准了十多个人，事先就将他们调到公司内部能向他们提出挑战的岗位上。

在此期间，我将自己的思考范围扩大到一些通用电气的校友身上。我一直很敬佩 2003 年离开通用电气的高管格雷格·卢西尔（Greg Lucier）。卢西尔为我们创建了全新的医疗设备业务，还运营了一连串的生命科学公司。他具有敏锐的战略眼光，我一度认为他可能是管理通用电气医疗公司的出色人选（而且有可能接替我担任通用电气的首席执行官）。我们一起吃了顿晚餐，我很喜欢他。他给我的印象是，他是一个能预见未来的精明之辈。但我拿不准他是否乐意放弃担任现在公司的首席执行官，仅仅换取一个有望担任通用电气首席执行官的机会，而且我担心，聘用他会给内部候选人透露出不好的信息。

我还考虑过当时拜耳公司（Bayer AG）的首席执行官马尔金·德克斯（Marijn Dekkers）。1985～1995 年，他曾在通用电气的多个研发机构任职，之后他离开通用电气，进入联合信号公司（Allied Signal）担任管理职务。德克斯是一位世界一流的高管，2012 年我邀请他加入通用电气董事会，部分原因是我想将他揽入接班人阵营。事实证明，他是一位很好的候选人。身为薪酬委员会成员和风险委员会主席，他既了解通用电气的高层，也了解公司所面临的最大挑战。站在今天的角度看，我真希望当初我曾强力地推动他竞选首席执行官。但在当时，我们的首席董事杰克·布伦南强烈认为，考虑到我们企业的复杂性，有必要选择一位来自内部的候选人。我同意了。

2015 年我告诉董事会，"我的工作是让候选人做好准备，你们的工作是从中挑选最合适者"。在这个瞬息万变的世界里，跛脚执行官很快就会大权旁落。董事会需要对自己的选择负责到底。回想起来，我对这个过程的困难程度还认识得很不够。20 世纪 90 年代末，我经历首席执行官遴选时，公司正处于高速发展阶段，故此，很容易把首要关注点放在继任问题上。到 2015 年，通用电气金融公司已逐步退出舞台；我们正着手收购阿尔斯通，不久还将收购贝克休斯；我们有了一家新的激进投资机构特里安。要求领导者既要努力实现积极转变，又要做好准备交接权力，这让我很为难。这两条路是背道而驰的，从某种意义上看，就像同时踩下了油门和刹车。但我热爱通用电气，我绝不希望它陷入困境，所以，尽管"日常工作"对我有着苛刻的要求，我仍然严肃地进行了接班规划。

到2015年年底，董事会已经把人选范围缩小到史蒂夫·博尔兹、杰夫·伯恩斯坦、约翰·弗兰纳里和罗澜索这四个人身上，并开始观察他们的工作。如我所说，我们总是要求董事们每年以3～5人为一组走访两家公司，看看我们的高管在现实中是怎样工作的。但眼下的这些走访完全与继任相关。有一个小组曾顺道前往瑞典乌普萨拉去找弗兰纳里，通用电气医疗公司在当地设有一个生命科学部门。董事会成员还在佛罗伦萨、伦敦和休斯敦会见了罗澜索，在波士顿会见了伯恩斯坦，也到斯克内克塔迪和南卡罗来纳州格林维尔见过博尔兹（通用电气在格林维尔设有燃气轮机厂）。此时，董事们不仅是在了解业务知识，也在对负责业务的领导者进行评估。我和伯恩斯坦一起工作了20年，他在金融危机期间担任通用电气金融公司首席财务官，发挥了关键作用。那之后，他担任了通用电气的首席财务官，一直是我真正的工作搭档。他在公司内部很受尊重，运营能力扎实，对工业和金融业务有着深刻的理解，具备清晰表达的能力。伯恩斯坦对外是出了名的脾气暴躁，但内心很友善。我担心，担任首席执行官不可避免地会承受大量的批评，这会毁了他。此外，他从未运营过独立的业务，这是一点局限性。

我还曾和弗兰纳里一起工作了将近20年。他有丰富的经验，从通用电气金融公司开始，此后负责总公司的业务发展，后来在通用电气医疗公司也干得很好。我喜欢他的国际经验——他曾在南美、亚洲工作过。然而，我担心弗兰纳里的决断力。他较为严谨，在选择行动方案之前总是需要大量的数据。我记得，在我们的数字化努力中，他落后得最厉害——这是他无法有力前进的另一个迹象。

我曾指导罗澜索处理通用电气内部一些最棘手的运营工作，其中包括对通用电气运输公司的客户群进行全球化改造，以及将制造总部从宾夕法尼亚州迁到得克萨斯州。他是一个不知疲倦的人，这是我非常珍视的一点。唯一让我犹豫的地方是，他的举止太拘谨正式。他是英国寄宿学校培养出来的人，我有时担心这可能会妨碍他与通用电气的人有效沟通（我现在认为，这些担忧毫无根据，纯属多虑）。与此同时，我还认为，罗澜索才40出头，就算这次没有入选，仍有机会执掌通用电气。当今时代，大企业的首席执行官时刻承受着无情的审视，我逐渐认为，通用电气的最高领导岗位，再也不会让同一个人连续干上20年了。

有必要指出的是，我对四位最终候选人的看法只构成了董事会斟酌的一小部分信息。董事会成员已经确定了他们看重的特质。为了集中思考方向，他们把这些特质印在塑封的卡片上，放在钱包里，以便随时查看：一方面是内在领导技能，如自我意识和适应性；另一方面是习得技能，如过去曾有过配置资本、完成复杂交易的经验。彼得斯的团队煞费苦心地整理了每位入围者的360度领导力评估资料，其中一些由通用电气的副董事长（约翰·赖斯、贝丝·康斯托克和戴维·乔伊斯）撰写，另一些则由外部顾问撰写。

我承认，有些日子，我一觉醒来就会想："这些人选一个都不行！"回想起来，这大概是因为我们没有足够强大的备选人才库吧。约翰·赖斯和马尔金·德克斯是一流人才，但未获考虑。我现在认为，在得到一致认同的候选人里，罗澜索会是最合适的选择。老实说，这些年来，我们让一些顶尖领导者离开了：除了我提到过的格雷格·卢西尔，至少还有两人有可能成为通用电气优秀的首席执行官。我错过了真正的超级巨星奥马尔·伊什拉克，没让他担任通用电气医疗公司的首席执行官，在那之后，他离开了通用电气，担任了美敦力的首席执行官。通用电气航空公司前首席执行官斯科特·唐纳利

（Scott Donnelly）去了位于罗得岛的德事隆集团（Textron）。这两人的离开，对通用电气来说都是巨大的损失。

但回到 2016 年和 2017 年，每当我对候选人的疑虑爆发时，我就会对自己说："兴许 1999 年的我，看起来也是这个样子。"担任通用电气首席执行官是一份忙得无法形容的工作，很难想象有谁正在做这样的事情——直到这个人真正上任。我认为，不管董事会选中了谁，下任首席执行官都必须拥有一支强有力的团队。凯斯·谢林将不再属于这一团队——2016 年 8 月底，我们就宣布他退休。但赖斯还在，康斯托克、乔伊斯、彼得斯和我们的总法律顾问亚历克斯·迪米特里夫都还在。在我的继任者站稳脚跟之前，这一层级的高管将辅佐他，这让我稍感安慰。

冲刺阶段

2017 年 5 月 13 日，董事会在曼哈顿下城的比克曼酒店面试四位最终候选人。这是个时尚之地，之所以选择这家酒店，部分原因是我们的董事们在那里不会被人认出来。我并未出席。我们都希望候选人能够自由地勾勒公司的愿景，哪怕他们的愿景与我们不同。

这是一轮马拉松式的会议，从早上 7 点 30 分开始，一直持续到下午 4 点。每位竞选者就布伦南给出的主题"通用电气的前进之路"都发表了 90 分钟左右的演讲，接着回答了提问。彼得斯的团队整理了一份问题清单。其中包括：

- 对于你的领导方式，你现在的团队最欣赏的是哪一点？
- 你将推动包括资本分配或投资组合管理方面在内的哪些战略变革？
- 你认为通用电气文化里最有益也值得你加以保留维护的方面是什么？哪些方面你打算改变？

- 你收到的最苛刻的个人反馈是什么？
- 你怎样学习？

那天晚上，我很好奇，想听听大家的表现如何。一些董事告诉我，博尔兹做得很好。我听说伯恩斯坦也给人留下了很好的印象，因为他看起来很谦逊，只是这并不符合某些董事的期待。罗澜索才华横溢、见多识广、坚决果断、有勇有谋。据在场的人说，弗兰纳里不在最佳状态，不过布伦南认为不应该就此取消他的候选人身份。

为公司估值

这一时期，我在处理另一件事，这件事从"哈勃计划"期间就开始酝酿：在剥离通用电气金融公司之后，如何帮助跟踪通用电气股票的行业分析师对该公司进行估值。从剥离工作完成，到 2015 年 4 月，我几乎马不停蹄地开始谈论到 2018 年实现每股收益达到 2 美元的目标。我和杰夫·伯恩斯坦从下而上地完成了一轮彻底的分析，我们俩都觉得这是很有希望实现的目标。

我们宣布剥离通用电气金融业务一个月之后，我在电气产品集团会议（这是在佛罗里达州萨拉索塔召开的分析师碰头会）上透露了这一设想。每年的这场会议，我都会在最后致辞，这是个惯例。所以，在 2015 年 5 月的电气产品集团会议讲演中，我把数字摊了出来。我说，退出私人信贷业务、剥离通用电气金融公司，肯定会拖累收益，但股票回购能抬高股价。只要我们的工业运营利润每股收益每年能增长 4%，就能达成我们承诺的每股收益 2 美元的目标。

两年后，即 2017 年电气产品集团会议召开之前，我正准备像往年一样做闭幕致辞。我知道，一些投资者和分析师现在希望我们将每股 2 美元的指导收益下调 10%。他们认为，全球能源市场正处于逆风阶段，我们需要更多的灵活性。但我们的团队仍计划达成每股收益 2 美元的目标，因为我们在航空和医疗服务领域的绩效优异，还计划部分削减通用电气数字业务。

我对每股收益达到 2 美元这一指导方针的感觉，就跟 2009 年承诺不削减股息那时一样。也就是说，我们当众做出了一个承诺，我想要兑现它。我不希望给通用电气的员工留下"可以失败"的印象，而我觉得下调指导收益就有几分这样的意味。最重要的是，我有信心我们能够实现每股收益 2 美元的目标，我自己甚至在 2016 年和 2017 年从公开市场上购买了价值 800 万美元的通用电气股票。

2017 年 5 月中旬，我组建了一支团队来帮助我撰写电气产品集团会议的演讲稿。但在这一过程中，有两件事沉甸甸地压在我心头：首先，我们的继任计划进入了冲刺阶段；其次，每股 2 美元这个数字本身很复杂。形势真的让人望而生畏。

5 月 24 日，星期三，即将发表致辞的几个小时前，我降落在佛罗里达州，我记得当时我感到很紧张。我们准备了一套详细且具体的策略以达到每股收益 2 美元的目标，但也承认存在挑战。上台后，我一反常态地感到不安，我有一种世界末日的不祥预感，而且正在接受这一事实。

后来密友告诉我，那天登上电气产品集团会议讲台的人，绝不是他们认识了 16 年的首席执行官。我的演讲不像平常那样蕴含了信息，而是含糊其词，让人感到不舒服和怪异。讲演内容越是接近每股 2 美元的那部分，我的陈述越是显得匆忙。最后，我感到很多人都好奇我到底在说些什么。

在随后的问答环节中，一位分析师请我做出澄清。"只是想确认一下，"他说，"你是在重申 2 美元是个可实现的数字吗？"我没有犹豫，但我接下来说的话让人变得更糊涂了，我说："它会在范围内的。"

负面影响来得很快。"通用电气的伊梅尔特对 2017 年每股收益 2 美元的目标动摇了吗？"有新闻标题这样写道。金融服务机构科恩公司（Cowen and Company）的分析师高塔姆·康纳（Gautam Khanna）说，我的评论相当于"微妙地后退"。讲演结束后，我和伯恩斯坦、马特·克里宾斯一起搭车去机场，我做出一副勇敢的表情。"马特，你觉得怎么样？"我问投资关系负责人。他摇摇头说："事情不太妙。"

我说："确实不太妙。"我们陷入沉默。一路坐到机场，那儿正有一架飞机等着送我去得克萨斯州。

第二天，我要去休斯敦审查贝克休斯和通用电气的合并和整合计划。我还受邀参加了世界事务理事会（World Affairs Council）在大休斯敦地区举办的午餐会，该理事会将我选为 2017 年的"世界公民"。这在油气行业是一件大事，我为此感到自豪。然而，这一荣誉的余晖未持续太久。那天下午在回机场的路上，我接到彼得斯的电话，她告诉我，我们的董事会主席让我立即打电话给他，讨论我离任的时间表。

等我拨通杰克·布伦南的电话，他说，董事会希望在下一次会议上——就在两个星期之后，尽快选出我的继任者。

在从休斯敦飞往波士顿的航班上，除了机组人员，我是唯一的乘客。通常，我会趁着独处的机会完成更多工作，但这天晚上，我感到倦怠、愤怒和受伤。有人问我，我是不是已经累坏了。毫无疑问，我累坏了，但与此同时，我在首席执行官任上的工作还没干完。这倒不是说我觉得自己欠了更多的时间。我讨厌做一个恋战的人，但我没能把公司带到我想要它去的地方。

接下来的周末，我都处在神游状态。幸运的是，那天我和妻子在南卡罗来纳州的家里招待我女儿未婚夫的父母。对我们所有人来说，这都理应是个快乐的周末——我们喜欢莎拉的未婚夫克里斯，人人都兴奋地期待着他们 9 月的婚礼。但我心情太沮丧了，很难表现出欢愉之色。我不想毁了安迪和莎拉的周末，只得把悲伤压在心底。

星期一，我把事情的前因后果告诉了安迪，她气坏了——她为我感到生气，也有些生我的气。她为我这么快就被扫地出门感到不值。与此同时，她担心我突然离任的戏剧性事件，会抢走本该属于莎拉的关注度。在我担任首席执行官期间，我的家庭做出了很多牺牲。安迪一直在配合我全年无休、24小时连轴转的职业道德，也接受了通用电气在我们生活中至高无上的地位。但这一出大戏太过分了。我答应会尽量不让通用电气的事情霸占我们女儿的大喜日子。

　　我的内心乱作一团。首先，我感觉自己辜负了团队。我一直全身心地支持通用电气，它对我生活的重要性，怎么说也不为过。哪怕在担任首席执行官之前，我就已经把清醒状态下的几乎所有时间都献给了公司，外加我的全部收入和精力。人们有权对我感到失望，但这让我十分失落。公司没有达到众望所归的高度，而且这是我的错。我仍然对博尔兹耿耿于怀，我多么希望当初董事会批准他出局。我还很生自己的气，因为他们反复拒绝我的时候我没能顶住压力。我和布伦南的关系也越变越糟糕，他后来基本上只通过中间人跟我交谈。此外，在年中辞职，也不符合我个人的利益。在年底退出最好，那时我可以对自己的成败负责（无须为每一个错误，甚至是我离任后别人犯的错误负责）。可惜天不遂人愿。

　　担任了 16 年的首席执行官之后，我希望相信自己的辛勤工作能换回成效。2009 年在联邦存款保险公司的那晚，我拒绝离开希拉·贝尔的办公室，直到她听我把话说完：为了帮助员工完成交易，我花了数千个小时奔波了数百万公里；我曾和通用电气各个业务部的领导者面对面地度过了 90 个周末；为了重塑通用电气的投资组合，巩固其文化，帮它做好准备迎接未来的繁荣，我曾付出了那么多努力。无数次，我面带微笑地坐着，勇敢地回答一个别人特别爱问我的问题："跟在杰克·韦尔奇后面是什么样的感觉？"我曾希望有一天，在某个上天恩典的时刻，一切会回到我身边。可现在，尤其是现在，我感觉再也不会有这么一天了。我为通用电气辛苦工作了 35 年，而到最后，它们似乎全都变得无足轻重了。

现在是董事会出马的时候了。谁将取代我呢？他们尚未拿定主意，只是答应那个人不会是博尔兹。在通用电气内部，似乎只有一个人不知道这件事：博尔兹本人。董事会开定夺会的前几天，博尔兹接触了通用电气领导团队里不止一名成员，说自己真的很期待就任首席执行官时与他们共事。

董事会开会那天是 6 月 9 日，星期五。董事们聚集在波士顿海港酒店（它与通用电气新的临时总部隔着一条河）的一间大会议室。和往常一样，我提前到达，而且开会期间全程都在。没有多少讨论，布伦南事先就已经与董事们取得了共识，最终董事会一致选择了弗兰纳里，看中的是他广泛的国际经验、谦逊的个性、进行重大改革的意愿。投票结束了，我也结束了。一阵沉默之后，董事会成员、麻省理工学院前校长苏珊·霍克菲尔德（Susan Hockfield）说话了。

"杰夫，我们感谢你为通用电气所做的一切。"她说，其他董事轻轻地敲了敲桌子，表示同意。这时，董事会成员钟彬娴走过来拥抱我，我从椅子上站起来，泪水夺眶而出。我不知所措，而这让我自己很吃惊。我想说点什么，可就是什么也说不出。我早就知道会发生什么事，可这结局还是刺痛了我。

我走出房间，亚历克斯·迪米特里夫陪在我身边。我们穿过酒店大堂，来到停车区，一直担任我保镖的埃迪·加拉内克在车旁等我。他去为我开门时，我告诉他不必麻烦了，我和迪米特里夫想步行返回通用电气总部。我永远不会忘记加拉内克转过身对迪米特里夫说的话，"照顾好他。"他说。

外面的气温有 27℃，但在前往位于法斯沃斯街的通用电气办公室的路上，那感觉像是足有 50℃，虽说全程不过 1.5 公里。迪米特里夫和我都是大块头，又都穿着西装，没过多久，我们就汗如雨下。穿过海港大道大桥时，我能看到"波士顿倾茶事件"中的船只在我们南面，展示在尖兵堡港道

（Fort Point Channel）中央。军事史是怎么说来着？所有事情都出了错？这就是我现在的感觉。我就像一个倒下的将军，被疲劳打败。

一回到通用电气总部，我就把贝丝·康斯托克、约翰·赖斯和戴维·乔伊斯叫到办公室告诉他们这个消息。我努力控制自己的情绪，但因为我在乎这些人，所以我做得并不怎么成功。接着我打电话给在芝加哥的弗兰纳里，向他表示祝贺。"搭乘下一班飞机来波士顿，"我说，"我们有件事要宣布"。

在那天剩下的时间里，我与其他最终候选人见面，告诉他们董事会选择了弗兰纳里。我看得出罗澜索很失望，但他想到自己在贝克休斯正做着一份非常重要的工作，稍感平衡。他还有很多机会。伯恩斯坦来我办公室的时候已经知道弗兰纳里获选的事了，是布伦南告诉他的。一直以来，伯恩斯坦都向董事会明确表示，他首先效忠的是公司，而不是只为担任首席执行官。他并不这么确信自己适合这份工作，所以，除开失望，他还感到了一些宽慰。他也察觉到通用电气即将发生多大的变化。

最后，我见了博尔兹。我把董事会的决定告诉了他，他看起来很惊讶。但他很快调整过来，说他现在要做之前多次声明落选后要做的事情了：离开通用电气。接着，博尔兹说了一些很有自知之明的话，跟他平常大不一样，我至今都很吃惊。"很抱歉我给你添了这么多麻烦。"他对我说。那是他最后一次和我说话。5天后，他通过领英宣布自己将从通用电气退休，6个星期后，他加入了黑石集团。

第二天是6月10日，星期六，晚上安迪和我邀请弗兰纳里及他的妻子特蕾西到我们位于后湾的家吃饭。这是个愉快的夜晚。我支持董事会选择弗兰纳里，并祝他一切顺利。我知道他将面临一项艰巨的任务，我对他说，我会尽自己所能地帮助他。我只希望，依靠现有的经验丰富的团队的协助，他能成功。

星期天，也就是宣布弗兰纳里就任的前一天，我和公关团队准备了大约一个小时。之后，我与通用电气大约 30 名高层领导召开了一场电话会议，告知弗兰纳里将于 8 月 1 日接任首席执行官，而我将继续担任董事长到 12 月 31 日，届时这一职务也将交由弗兰纳里担任。会议的气氛低沉忧郁，没有一个人提问。

然后我又打了 5 通电话，有些是出于礼貌，有些是出于敬意。我觉得自己有必要通知一声已经退休的人事负责人比尔·科纳蒂（我曾给他起了个绰号"狼先生"）。"啊，见鬼，"我告诉他消息时，他说，"这真叫人遗憾。"我还给前董事桑迪·沃纳打了电话，我们曾请他放弃 2015 年的竞选连任。我给沃纳打电话，或许会出乎一些人的意料，尽管我们存在分歧，但我知道他喜欢通用电气。他对我很友好，我想，他会感激这通电话的。

当然，我给我爸妈打了电话。我爸说："为什么你要现在离任？你做得很好呀。"尽管我的心在往下沉，他这么说我还是很欣慰。我还给哥哥斯蒂芬打了电话，他当时是霍金路伟国际律师事务所的首席执行官，一直很保护我。他之前就担心特里安会逼我年底前离任，而且会继续利用媒体来实现目标。"我担心你在这件事上没法拥有话语权。"一如既往，我哥哥是对的。最后，我给杰克·韦尔奇打了电话，我希望自己亲口告诉他。他对我表示了支持。他说："我们都知道你从来没有片刻喘息的机会。"接着，他突如其来地说："谢天谢地，董事会没有选择博尔兹。"

第二天通用电气宣布了我退休的消息，公司的股票上涨了 4%，达到 28.94 美元。显然，投资者认为我挂印对公司有利。媒体的报道对我来说很残酷。我一直很欣赏老罗斯福（Teddy Roosevelt）总统的一句话："荣誉不属于那些批评家——那些指出强者如何跌倒的人，荣誉属于真正在竞技场上拼搏的人。"现在，我对这句话不那么肯定了。我总是力撑那些在竞技场上拼搏的人，但批评家的话似乎也很有分量，因为他们能造成很大的伤害。

通用电气的公关团队尽了最大努力，但这次交接班是没办法看起来正常的。起初，我责怪公关主管迪尔德丽·拉图尔（Deirdre Latour）。但这么做太像个哭闹的孩子了，当我察觉到自己的举止失态时，便道了歉。要是我把自己锁在房间里阅读头条新闻，我会感到非常孤独，朋友们也不准我这么做。我给公司 185 位高级管理人员和董事发了私人信件，感谢他们的合作，但那么多人（通用电气内外成千上万的人）给我发来信件，仍让我吃惊。邮件一度淹没了我的办公室。客户、科学家、投资者以及我熟悉的其他公司的首席执行官们，纷纷寄来手写信件，或是发来电子邮件。有一封信让我印象深刻："我拿不准媒体愿不愿意给你应得的赞许"。另一封信说，"别理会那些能力不足者发出的杂音"。

不过，大部分信件来自通用电气的同事们。很多人说，很荣幸能和我一起共事，通用电气公司不仅极大地影响了他们的职业生涯，也影响了他们看待世界的方式。有几个人说我教会他们把公司放在第一位。"我知道，如果你认为解雇我符合公司的最佳利益，你马上就会这么做，而事情理应如此。"全球增长组织的一名同事这样写道。还有人引用了我说过的话。通用电气医疗公司的一名员工说，第一次见面我就对他说："专注于解决客户的需求，与同行建立世界级关系，永远要比你想象得更大胆。"一位参与阿尔斯通整合的高管也引用了我说过的话："遇到挑战时，一定要想办法改进，以做得更好！"通用电气的首席信息官说，是我教他"面对巨大的动荡，要有韧性坚持到底"。通用电气中国公司的一名高管说："无论我将来做什么，我会永远记住你的话——身先士卒，全情投入。"

很多人都让我想起了随着时间流逝而失去联系的情谊。"你在关键的战略时刻给予我信任，让我有了成长的机会。"有人写道。有人说："我愿意选择少有人走的路，因为我知道你始终在我身后。"还有人说："我愿意追随你参加任何战斗。"有三个人分别告诉我说，我任期的结束让他们想起了玛雅·安吉罗（Maya Angelou）的一句话："我发现，人们会忘记你说过的话、做过的事，但永远不会忘记你带给他们的感受。"

这些信件清楚地表明，通用电气的员工及其家人感觉我和他们有着亲密的私人纽带。有人感谢我在他艰难的离婚过程中给予的支持；还有人回忆说，是我出面帮助她生病的孩子得到了最好的治疗。不过，如果你要我选出最喜欢的一封信，那一定是通用电气陆上风电公司首席执行官写来的那一封。信件在附言中说："我 16 岁的女儿听说你退休时说，'杰夫怎么能这样对我？'"他回忆说，有一个周末他回公司上班，忙着一个紧迫的项目，他女儿梅雷迪斯也跟来了，我当时也在，"你问她是否想在通用电气谋一份工作"。他还向我转达了梅雷迪斯向我提的职业建议："她希望你保持积极的态度，互联网公司色拉布（Snap）最需要你，但要是优步（Uber）找你，你也可以去。"

每一份工作都是看上去容易做起来难

凡是读过商业版新闻的人都知道，领导层换届是不会按计划进行的。毫无疑问，公司内部存在挑战。但我们自己的一举一动，也让它变得更加复杂。继任的消息一出来，我立刻就知道，自己要当替罪羔羊了。特里安公司主导了话语权，我怀疑他们是一连串匿名报道的幕后推手。他们想要拿我的血当祭品，他们成功了。

我和弗兰纳里的关系很快就恶化了。"我们必须为这地方再次下调指标，"他不停地说，"现在任何数字都不低。我希望它变成一家控股公司，没有总部，没有总公司。我想把业务分拆出去，把数字降低。一切都有待争取。"起初，我努力劝他暂时维持原来的样子。我对他说，在大型企业集团里，老是谈论分拆业务会令人困惑。在我看来，只是站在讲台上列举公司的问题远远不够，你还必须激励人们补救问题。但弗兰纳里决定延续即将出现在《华尔街日报》上的"成功剧场"故事：说我鼓励人们假装一切运转正常，哪怕事实并非如此。我成了他的替罪羊。有人透露，他在投资者和其他人面前贬低我。他不想要也不需要我的意见。

9 月，董事会批准特里安获得一个董事会席位，并将于 11 月生效。是时候让自己消失了。2017 年 10 月 2 日，我提前 3 个月辞去了通用电气董事长一职。从那以后，我开始站在局外人的角度观察通用电气。弗兰纳里在这一时期有很多事情要处理，其中一些是我留下没能完成的。我曾希望完成通用电气金融的转型，收购阿尔斯通的举动能够证明其价值。可惜天不遂人愿，特里安在通用电气董事会的兴风作浪更是于事无补。

激进投资者手里没有适合通用电气的答案

我知道我并非完美的信使，但激进投资者手里也并不总是攥着答案。他们的军火库里只有四种武器：炒掉首席执行官、出售部分业务、削减成本、推卸责任。一些企业或许有必要采取上述一种抑或所有举措。但对一家问题庞杂、无法依靠这四种办法解决的企业，激进投资者只会造成严重破坏。

请不要误解我的意思，他们对财务绩效的关注有其道理。但为此要付出怎样的代价呢？

尽管激进投资者往往出现在经济周期不佳的时候，但在危机中，他们尤其具有破坏性。他们把领导者的注意力吸引到企业内部：在你本应振臂一呼、团结大家对外赢得市场的时候，你却必须把精力转移回来回应他们的指责。如果公司正处于艰难时期，领导者需要激励员工，激进投资者却建立指责文化，扼杀这种努力。他们控制媒体，擅长中伤。他们的喧嚣淹没了其他利益相关者的声音。

激进投资者会雇用最优秀的宣传人员——善于将他们的信息传播出去的斡旋专家。我永远不会忘记自己在这一点上如醍醐灌顶的那一刻。那是在我们宣布特里安投资通用电气的前一天，我们答应为《华尔街日报》提供独家新闻。我要在位于康涅狄格州的办公室跟两名记者见面——负责报道特里安的大卫·伯努瓦（David Benoit）和负责报道通用电气的特德·曼恩（Ted Mann）。等我们都一一就座，我不禁注意到：通用电气的人和曼恩关系紧张，而特里安的人却和伯努瓦称兄道弟。

想象这个难题吧：许多救人性命的药物，开发起来恐怕都需要 10 年以上的时间；一台燃气轮机一旦安装完毕，可以使用 30 年；一家共同基金持有一只股票的时间往往不到 6 个月；首席执行官如今的平均任期大约为 5 年。这些事情，时间跨度上是不匹配的。再加上激进投资者地位日益突出，越发追求更短期的结果。激进投资者在让整个系统承受沉重负担。

特里安研究通用电气的时间不止 6 个月，但他们是在市场陷入下跌周期之前投资的。作为对策，他们把矛头指向了我个人，而且很多时候都不够公平。后来，他们让董事和通用电气的高层管理者之间变得互相对立。从内部看，通用电气的领导者躲在会议室里，一些人不负责定夺，反而把消息泄露给媒体；从外部看，激进投资者编造的故事，毒性越来越大。

特里安的首席执行官佩尔茨曾对我说："赢家无论如何都能赚到钱。"但通用电气如今在商用航空发动机领域所占据的优势地位，正是因为我们在 2008~2010 年（金融危机期间）将研发投入翻了一番。短期数字不如长远目标重要，我可以讲上几百个类似的故事：我们在最艰难的时候却不得不做出代价高昂、着眼于未来的重大决策。但有了激进投资者，这种高瞻远瞩的思考方法就不可能做到了。

短暂的任期

最终，弗兰纳里没能在任多长时间，我挺同情他的。我知道管理通用电气是一项艰巨的工作。但公司怎么会衰落得这么快、这么深呢？显然，通用电气的一些决策并未按照计划运行。这有我的责任，但答案比报道出来的要复杂许多。

首先，全球能源市场比我们预料得更艰难。这让弗兰纳里没有了失误的余地，也使得他更依赖于团队来帮忙应对这些棘手的情况。

事实证明，通用电气金融公司残留的"尾巴"，比任何领导者所想象的都更为有害。长期护理保险的账目问题扩散得这么快，令人震惊。请记住，它一直在接受多个专家的持续审查，包括美联储的部分专家。通用电气董事会的审计委员会主席曾是美国证券交易委员会委员。如果早知道会发生些什么，我们就会把哈勃项目的收益作为储备，而不是进行股票回购。总的来说，从20世纪90年代到今天，通用电气在保险方面的风险敞口让公司付出了沉重的代价。我曾试着摆脱困境，但却把最烂的牌攥到了最后。过去的保单损失竟然比我们谨慎掂量后所做的预测还要严重，这一点，到2017年年底（也就是弗兰纳里的任期内）逐渐变得清晰起来。

不过，依我所见，弗兰纳里把通用电气最大的电力业务运营得太糟糕了。他太过天真，新上任的领导者总是忍不住降低门槛，说自己从前任那里继承了严重的问题，从而自我保护。只可惜，弗兰纳里把"成功剧场"的故事敲打得太久了。他没有意识到，这是在写就自己失败的故事。历年来，通用电气电力公司的特许经营权为投资者带来了可观的价值。抹黑过去并不能解决任何问题。弗兰纳里本应激励电力团队争取成功，可惜他没这么做。电力公司的大多数高层领导者要么离开了，要么遭到了排挤。

在同样低迷的市场环境下，通用电气电力公司的负责人未能像油气团队那样迅速行动起来，而是彻底停下了脚步。客户得知产品质量存在问题，竟然是通过社交媒体，而非公司的销售人员。（2018年9月，电力部门的新任首席执行官罗素·斯托克斯承认通用电力新一代HA涡轮机生产工艺存在问题，他是在领英上发帖承认的！）真是令人尴尬。2017年第一季度，通用电气的燃气轮机所占市场份额为70%；一年后，这一数字跌到了18%。2018年，通用电气分布式电力销售为零，而通常它每年的业务规模是20亿美元。

通用电气失去了在墨西哥和伊拉克等市场的交易，通用电气数十年来都在这些地区占有极高的市场份额。通用电气停止了对发电厂的融资，而这历来是创造需求的一个重要途径。三菱重工在历史上第一次成为市场领先者。一旦丧失庞大的市场份额，工厂就会变得效率低下、库存爆仓，厂里的工人也能感受到市场损失的负担。一项过去 15 年里创造了超过 300 亿美元现金的业务，如今却在亏损。这种执行失败使得债务水平居高不下，并给资产负债表带来了压力。

在我看来，弗兰纳里似乎无法做出决定。我认为他从公司内部和银行家那里得到的建议很糟糕，而这些建议归纳起来就是一句话："赶紧做点什么吧！"我没指望他追随我的路线，但他不断抛出设想，却无一付诸行动。2017 年 11 月，弗兰纳里将油气业务挂牌出售。可 3 年后我写完本书的时候，通用电气仍然持有该业务的一大部分。他批准了医疗服务业务的"分拆"，因为他说那不符合通用电气的投资组合。可他随后又改变了主意：要留下医疗业务。后来，公司出售了通用电气生命科学业务，而在新冠肺炎疫情期间，这是通用电气为数不多得到提振的资产之一。通用电气数字部门先是被说成浪费钱，后来变得非常棒，旋即又上了拍卖台。

最糟糕的是，我认为弗兰纳里失去了能帮助他的人，但这似乎没有人在乎。到 2018 年年初，通用电气不仅失去了首席财务官杰夫·伯恩斯坦，还失去了约翰·赖斯、贝丝·康斯托克、苏珊·彼得斯、亚历克斯·迪米特里夫，以及通用电气电力公司的大多数高管。只要接班的人能以团队形式开展工作，换人也没问题。之前，我曾说过领导者化解压力的重要性。弗兰纳里的团队非但没有解决问题，反而互相指责；有些人甚至向媒体泄密，或者绕过他向董事会泄密。如我所说，团队能提拔你，但要是你与团队关系恶化，也会让你遭到解雇。而这正是弗兰纳里出局的原因。

人人都在为自己而战，却没有人为品牌而战。围绕公司的故事变得阴暗起来。哪怕结果未能达到预期，也需要有人公开指出自己知道该往哪儿走，然后引导人们朝那个方向走。这种时候，需要董事会介入，取得控制权。我不得不相信他们全都受到特里安的影响，启动了将董事会规模缩减 1/3 的程序。这次削减规模兴许是一项好的举措，但它疏远了所有人。通用电气董事会在完全错误的时间遭到了拆分。结果，公司浪费了 18 个月的时间，在本该采取行动的时候原地不动。

我很遗憾弗兰纳里没能成功，这对通用电气来说很糟糕。他吃了一顿狠狠的铁拳教训吗？毫无疑问，的确是那样。但通用电气需要清晰及时的决策、强大的团队合作、负责任的运营以及愿意公开为品牌声誉而战的人，在所有这些因素缺失的情况下，通用电气的员工似乎也不再追随弗兰纳里。

2018 年 10 月 1 日，也就是我离任一年后，通用电气董事会宣布弗兰纳里出局。这一年早些时候，弗兰纳里将丹纳赫公司前首席执行官拉里·卡尔普（Larry Culp）招进了董事会，现在他当上了通用电气的首席执行官。

卡尔普采取的首批行动之一，是于 2018 年 11 月召回弗兰纳里赶走的约翰·赖斯，以帮助他重组电力部门。风向似乎开始发生变化。2018 年，阿尔斯通的蒸汽轮机业务表现不俗，盈利近 8 亿美元。天然气发电市场也正在大幅增长。对通用电气燃气轮机业务来说，眼下的阻力来自产品质量问题。我有一种预感，总有一天，电力业务会再次成为通用电气非常赚钱的业务。

现在，卡尔普和他的团队正在应对新冠肺炎疫情，这次危机重挫了通用电气的航空业务。这只是另一轮运气不佳吧，卡尔普似乎正在采取必要的行动。或许，卡尔普的最大挑战在于，要让员工从工作中重获自豪感——他们在为一家有目标的公司效力。在杰克·韦尔奇的时代，在我的时代，我们的员工总是相互支持，共度风雨。在公司内部，面对意在改善公司的批评，我们秉持开放心态，对外而言，我们总是团结一心。我希望通用电气能重建凝聚力，我在赛场边为卡尔普打气，因为他正在努力这么做。

我总是说：真相＝事实＋背景。在我担任首席执行官期间，通用电气的股票表现落后于市场，这是事实。数字没什么好粉饰的：在我任职期间，公司的股价大幅下跌。但出现这种情况的背景是：在我任职的 16 年间，通用电气累计盈利 2400 亿美元，累计现金流 2800 亿美元，累计股息 1450 亿美元，这比通用电气此前 110 年的总和还要多。再换个说法：在我任职的前 7 年，通用电气创造的收益和支付的股息，超过了杰克·韦尔奇掌舵的 20 年。

在我任职期间，通用电气在它参与竞争的几乎所有行业中都稳坐头把交椅。2001～2016 年（也就是我离开的前一年），通用电气航空公司的市场份额增加了 25 个百分点。在医疗服务领域，我们打造了一家价值 200 亿美元的创新领导者，拥有全行业最受尊敬的品牌。在可再生能源领域，我们从零开始建立起一项价值 120 亿美元的全球性业务。我们在美国之外的地区创办了一家市值 750 亿美元的公司，并在中国和印度等市场处于领先地位。我们在专利申请、领导力发展、品牌价值和"最受尊敬"公司等榜单上都排在前 10 名。

虽然在今天难以看到，但通用电气曾有过强大的文化。人们彼此喜欢，互相尊重，他们为自己的公司感到自豪；其他公司想和我们合作，我们拥有强大的诚信基础；我们遵守规则，在世界各地奉行高标准。我们的团队一起相互扶持走过起起落落、最残酷的经济周期，一直在为更崇高的目标而奋斗。

我在第三章说过，我们想把通用电气公司建设得更注重技术、更全球化、更多元化、更接近客户。我们在所有这些方面都取得了进步。诚然，我们并不完美，但我相信，通过这些改进，通用电气树立起了一个对全球都有影响的榜样形象。没错，我们的市盈率最终从 50 倍跌到了 15 倍，而通用电气金融公司这一负担，又增添了一层至今仍隐隐浮现的不确定性。我就任时，通用电气的股票遭到高估，公司面临重大挑战；到我离开时，我的团队已经在改造公司方面取得了巨大进展，只是并未最终完成。我们的股票价格仍有些滞后。

2019 年 5 月，我到澳大利亚参加一场会议，发现自己来到了一轮通用电气即兴迷你重聚。围坐一桌的 12 个人里，5 人担任首席执行官，两人是澳大利亚上市公司的董事，其余的是部门首席执行官，他们都曾为通用电气工作过，但现在都离开了。如果给我机会，我能轻轻松松举出 30 多个曾在通用电气工作过，现在是标准普尔 500 强企业首席执行官的人。在我离任之后的一段时间发现，唯一一家不看重通用电气领导者的企业，似乎就是通用电气了。我希望这种情况已开始改观。

HOT SEAT
12

第 十 二 章

领导者保持乐观

2018 年，登上斯坦福商学院讲台的第一节课，让我发现自己不仅能够写这本书，而且应该写这本书。两年后，在这场全球疫情中我再次教授这门课，这让我明白了为什么我希望这本书比以往任何时候都更能引起共鸣。

2020 年 3 月中旬，新冠肺炎疫情导致斯坦福大学停课。和其他很多人一样，我和合作的授课老师必须学会使用在线视频会议系统 Zoom，每星期二和星期四下午用它给 67 名学生上两个小时的课，我还用 Zoom 和每名学生一对一面谈一小时。我们所做的调整不仅是技术上的，还重新调整了课程，把重点集中在一个主题上：危机中的领导力。

和过去几年一样，我们的每堂课都围绕一位特邀首席执行官展开——我们几个月前就会跟他们约好，不过他们也可以探讨我们确定的新主题，因为他们正身处其中。这些领导者（其中不少都是通用电气的人）讲述了他们如何跟疫情带来的无法预料到的问题做斗争。他们中的一些人，比如纽约州最大的医疗提供商诺斯威尔健康中心（Northwell Health）的首席执行官迈克尔·道林（Michael Dowling），面临的问题是患者人数激增，但大多数人要应对的是经济几乎全面停摆所带来的连锁式后果。

汤姆·金泰尔（Tom Gentile）是通用电气金融公司的老员工，现任势必锐航空系统公司（Spirit AeroSystems）首席执行官，他告诉我们，早在新冠肺炎疫情暴发前，公司的机身制造业务就已经受到波音 737MAX 因连续发生事故而停飞的影响。现在，随着航空出行的几近瘫痪，他说，"我们的股票跌幅高达 75%，被降级成了垃圾股。我们必须提高资产流动性，以免银行贷款逾期。"但他补充说，"实际上我相当乐观。航空出行总会回归的，只是需要一些时间。其间我们兴许会做些不同的事情，但它总会恢复的。"

个人基因检测公司 23andMe 首席执行官安妮·沃西基（Anne Wojcicki）谈到了技术和医疗的交叉，以及这种联系在后新冠肺炎疫情时期将发生怎样的改变。"假设你是一名拥有 1000 名员工的雇主，"她说，"倘若你无法对他们的健康有更多的了解，保证他们的安全，你怎么能让他们重返工作岗位呢？"她富有激情地谈到了如何更多地汇集个人健康数据，以控制螺旋式上升的医疗成本（医疗成本已占美国国内生产总值的近 20%）。"如果你想在医疗保健领域实现颠覆性创造，只一个好主意是不够的，还必须发挥更强的创造力。而要产生冲击力，我们必须达到临界规模。"

康菲石油公司的首席执行官莱恩·兰斯（Ryan Lance）说，没有他们公司销售的产品，什么也做不了，所以他对未来感到很乐观。不过，目前尚不清楚能源需求是否会恢复到新冠肺炎疫情暴发前的水平，并继续以每年 1%

的速度增长。他说，他通常遵循一个简单的领导力模型——"SAM"[一]，即"设定方向，随时校准，激发积极性"。但现在 1 万多名员工都在家办公，他承认自己把大部分时间都用在了后两件事上，即安抚同事们的焦虑感，告诉他们公司会一切顺利。

不管是来自 CNN 电视台还是福特汽车公司，不管是来自大型州立大学还是一家高速增长的医疗初创企业，每一位特邀首席执行官都谈到了在未知领域中保持灵活性的重要性。其中有人曾在 8 天内彻底推翻了之前的战略，还有人对工厂进行了重组并实现了自动化，以满足疫情期间保持社交距离的要求。许多人都谈到了重新调整个人的时间安排，以便实时应对危机。

⌒

本书开头，我描述了 20 世纪 80 年代崛起的美国领导者（比如我），第一批遭遇多重尾部风险事件。[二]但正如我们 2020 年虚拟课堂的特邀讲演者所表明的，出现这种波动并非不可能，它已成为常态。我学生这一代领导者将别无选择，只能成为危机管理者。我的联合授课教授罗布·西格尔对班上的同学们说，虽然没有哪个领导者能阻止所有糟糕的事情发生，但"在经营一家公司的时候，你们的任务是避免本可以避免的坏事发生"。

2001～2017 年，如果我必须选择一个特点来形容我的任期，那必定是不确定性。我的前任曾说，"我们无法控制的事情就不要做"。但到了我担任首席执行官的末期，我觉得几乎没有什么事情是公司能够控制的。新冠肺炎疫情又一次证明，优秀的领导者必须做好准备，必须调整适应，必须减缓同事和员工的恐惧。

　　[一]　SAM 是"Set Direction. Align. Motivate"的首字母缩写。——译者注
　　[二]　多重尾部风险事件，指的是不太可能发生，但一旦发生代价就相当高的事情。——译者注

有一种普遍的看法认为，悲观主义是看待世界的现实方式，乐观主义是天真的幻觉。我选择用乐观和希望而不是愤世嫉俗和指责来引领通用电气。我今天仍会这么做。

"9·11"事件之后，我保持着乐观心态，要不然，我能怎么样？雷曼兄弟银行破产那一天，我保持着乐观心态，要不然，我就没法正常履行职责。当我们向沃伦·巴菲特求助时，当我们在剥离通用电气金融部门的大部分资产时，我仍保持着乐观心态。乐观主义并不意味着罔顾现实。

担任首席执行官期间，我对自己有了更多了解，主要是我发现自己可以承受大量羞辱，并继续领导。我从未失去尝试新事物的好奇心和意志力。然而，在我任期结束时，我担心自己正在失去同理心，也就是透过别人的眼睛看待世界的能力。我已伤痕累累，疲惫不堪。

从通用电气离职时，我把一些私人物品装进一个纸箱，走出波士顿总部，上了一辆优步车。尽管我伤心不已，也不知道接下来会发生什么，但我仍然保持着乐观心态。我的任期在动荡不安中结束了，就跟它刚开始时一样。我想，兴许以后会证明这段经历有些用处吧。

对部分错误负责

首席执行官的平均任期正变得越来越短。虽然许多专家嘲笑企业的这种短视行为，董事会和投资者却始终要求公司立即拿出业绩（如果首席执行官做不到，就会被赶出公司）。与此同时，员工期待企业在政策方面采取更多积极行动，公司治理也变得更加复杂，首席执行官的公众角色越来越难扮演。如果你跟我一样，在 2009 年做过一家金融服务公司的负责人，你必须完成两份工作：首先，让公司活下去；其次，准备好迎接之后连续 10 年的世界剧变。当年，我一边同时做着这两件事，一边还当着通用电气最大的啦啦队队长。

担任首席执行官期间，我也曾犯过一些错误，这些错误对通用电气造成了一定的影响，把我们引向了错误的方向。如果我不犯这些错误，本可以改善公司的长期业绩。在这里，我想将它们一一道明，负起责任来。

- 2001年发生"9·11"事件，以及收购霍尼韦尔失败之后，我本来可以对公司进行重组，但我并未那样做。"电力泡沫"和养老金收益给我们的业绩结构造成了扭曲，⊖ 而这一扭曲很快就会消失。我本可以正确地指出，我们所熟知的世界已经发生改变，通用电气需要用一种不同的方式走下去，一种大幅降低增长速度的方式。但我没有选择这条路。"9·11"事件发生后，我觉得通用电气的团队需要稳定。我对杰克·韦尔奇很忠诚，要是在2001年立刻进行重大转向，感觉像是在玷污他的"遗产"。然而，未能及时按下重组键，使得通用电气金融公司畸形发展（因为我们需要它的现金来修复工业投资组合）。这种增长在一段时间里起了作用，但到了2007年，它显得没那么风光了。

- 我未能培养出足够多的后备领导者，尤其是考虑到我们正在推进的所有活动。这是我离任后想得最多的一点。罗澜索是个超级巨星，但在他那个年龄段，我们本应有10个跟他一样的选手，可我们没有。我应该为有前途的年轻领导者创造更多学习和尝试的机会，让他们从事需要自负盈亏的工作。2000年前后，私募股权投资行业（甚至风险投资行业）创造了这样的机会，把我们的员工吸引走了。还有一点，尤其是对我们新增的两项业务（贝克休斯和阿尔斯通），我本应该更加

⊖ "电力泡沫"，指的是21世纪最初几年，美国出现大规模停电事故，为此，2003年美国政府制定了国家电网远景发展战略，电力系统迎来一轮巨大的发展。1999~2002年，通用电气为美国输送了1000台重型涡轮机。但也因为这样，该市场陷入巨大停滞，并将持续数年之久。"养老金收益"则是指通用电气的养老基金搭上了21世纪初美国股市繁荣的顺风车，获得了可观收益。但是，这种收益后来随着股市泡沫的破裂而消失。——译者注

仔细地关注这些收购所得的资产是不是让我们的一线运营负责人（工厂经理、采购负责人等）负担过重。我们抽调了太多此类领导者去支持在可再生能源、石油和天然气领域的增长，没有为电力公司留下足够多的技术人才。这对我们的执行能力提出了挑战，如果我当时能意识到这一点，情况可能会大不一样。

- 我希望我能找到一种方法，让通用电气金融公司为股东创造更多价值。这是一支了不起的团队、一项强劲的业务。通用电气金融公司的市值一度超过了 2000 亿美元，但最终我们仅为投资者获取了这一数字很小的一部分。我们犯了傲慢之过。如果通用电气金融公司专注于它在 1995 年占据的平台，并只发展这些领域，我们的情况可能会更好。在那之后，通用电气金融公司大部分的扩张，都是在我们缺乏专业知识和竞争优势的领域。诚然，我们运气不好，但在金融危机之前或之后的某个时候，我们应该引入黑石、阿波罗或者 TPG 资本一类的外部合作伙伴。

- 我希望我能更频繁地说"我不知道"。有时我反复强调我相信事情应该怎样，力争实现积极的转变，认为自己的工作就是告诉人们我们要去哪里。但有时候，我也许是在依靠意志力来实现目标。在这些情况下，我并未明确我们的使命，反而混淆了我们的使命。

- 我承担了太多工作，尤其是在任期快结束的时候，这对通用电气董事会不公平。在首席执行官继任计划推进过程中，他们不得不应对两桩棘手的商业交易：一项庞大的数字计划，以及动荡的市场。或许，我在 2015 年年底（即剥离通用电气金融公司后）就应该离开。毫无疑问，要是我那么做，我留下的"遗产"会更正面。但我感觉自己有责任在移交之前巩固公司。我们制订了一个五年的继任计划，我也努力地找合适的人选。直到最后，我仍在努力工作，推动公司向前发展，要是有一个具有全新视角的人早点接手，也许通用电气的情况会更好。

至于我们在我任内所做的交易，聪明人可以就时机和估值提出不同看法。2010 年把 NBC 环球卖给康卡斯特，时机是否恰当？兴许不是。但当时我们需要现金，而那是最好的方案。我们没有计划执行一套大胆战略（一如鲍勃·伊格尔在迪士尼所做的那样），所以，我认为卖掉 NBC 环球继续前进是最合适的。如果我知道通用电气会在我离任之后一个月就宣布分拆贝克休斯，我还会创建它吗？很可能不会。但这一伟大的专营公司将随着时间的推移变得更有价值。坦率地说，对我任期内的一些批评，我只能将其归为放马后炮。

我知道你不想听下面的话，但我还是得说：做生意，运气真的很重要。顺风而行时，谈论控制命运是很容易的。就以当前的新冠肺炎疫情为例。由于需要人们待在家里，数字通信风生水起（许多股票翻了三倍），而全球旅行市场陷入休眠（航空股的市值跌了一半）。这两种业务我都很熟悉，航空业的优秀领导者和科技界一样多。有时候，差别无非是运气。

身为领导者，我们必须记住，世界在变化。顺境时要谦虚，有同理心。学会识别顺境和良好管理之间的区别。如果有人受益于良好市场而给你留下深刻印象，你其实对他们的了解还不够多。可要是他们能在烂泥地里茁壮成长，你就发现了一块宝石。

多倾听

我最无法反驳的是："要是当初杰夫·伊梅尔特肯听我的话，通用电气就不会出问题。"

在我任职期间，我们用激烈的辩论来传承通用电气的文化。每年，我们都会邀请数百名外部领导者、教师和顾问到公司来，帮助我们打磨思维，接受最佳概念。我曾受到过批评，说我打压不同意见，但我认为这不公平。恰恰相反，我寻求新的声音，并努力为那些声音被淹没的人授权。领导者必须愿意在拥挤的房间里当众做出决定，好让每个人都能看到。但我要承认：我并不总是听从所有人的意见。

有时候，人们把倾听的好处想得太过简单，好像每个人随便说一句话都很有价值。我认为领导力最重要的元素之一就在于选择听取谁的意见。如果我听取了通用电气内部所有人的批评，我们就不会启动"绿色创想"计划，就不会收购安然风能，也不会取得在中国市场的飞跃式进展（通用电气至今仍受益于它们）。多年来，媒体和几乎所有卖方分析师一直为了 2004 年安玛西亚收购案而抨击我。但到 2015 年，安玛西亚已成为通用电气不可或缺的一部分，到 2019 年，它每年为公司创造 20 亿美元的现金。如果我听了分析师的意见，我们就会错过这个机会。在这四个案例中，我都一心一意为通用电气着想。但也有一次，我没有这么做：许多聪明人反对收购次级抵押贷款机构 WMC，但我们还是按照我的指示买下了它。这是个错误。

在推动变革的时候（尤其是在大公司内部），会有上千种声音冒出来。有一些真的很重要，因为它们说的是，"这里是你没有看到的地方；这是我们让它运转得更好的做法"。但也有很多不和谐的声音，"改变让人不舒服，我无论如何不愿意改变"，它们有可能把前者淹没。对那些尝试改变自己公司的人，我想对他们说：一定要保证自己身边有足够多的不同意见，以便找出真正重要的声音。

根据我的经验，人分为四种类型：第一类人开会时永远保持专注，既擅长提出相关见解，也擅长倾听他人看法；第二类人说得太多，用细节淹没整个房间，几乎不给相反的观点留空间；第三类人喜欢退缩，但他们有许多宝贵的见解，你必须鼓励他们做出贡献；第四类人，我会简单地说他们是暗中闷烧的沉默者，他们相信自己比别人聪明，但他们不愿意因为辩论损坏自己的声誉。他们成了"匿名消息人士"。如果你担心他们，你永远做不成任何事。

你需要聪明的人为你护航，但归根结底，采取行动是你的分内之事。

什么时候该倾听，什么时候该行动，没有简单规律可循。但我知道：在大大小小的公司里，你必须摆脱那些你不信任的人，哪怕这些人有着少见的才华。

通用电气之后的人生

离开通用电气的 3 年，我选择不当众提及公司。我不想让人截取我的只言片语大做文章。我想要么讲述完整的故事，要么就什么都不说。我想给通用电气现任领导者时间和空间去站稳脚跟，不要因为我的话给他们添乱。

我需要一些时间来思考。我经历过绝望、尴尬和愤怒的时期。我会永远为通用电气加油，哪怕它如今有别于我记忆中的那家公司。但我也知道，我必须继续前进，不断尝试，不断学习。人们常对我说，"你一定是个皮糙肉厚、经得起风浪的人"。但没有谁的皮肉能厚到抵抗所有疼痛。

现在，身为新企业联合公司（New Enterprise Associates，这是一家硅谷的风险投资机构）的合伙人，我会花大量时间与各类新兴公司的创始人打交道，也跟挣扎求生的传统品牌打交道。我经历过的好日子或坏日子给我带来了同理心，人们似乎很看重这一点。我说过，军事史可以教给企业家很多东西。这么说吧，在加利福尼亚，人们多多少少会把我看成一名退伍老兵，从战场上战败而归，但仍然屹立不倒。这里的人想从我的成功和失误中吸取教训。

有一件事你应该知道，但在 2017 年，我对此尚无认识。这便是：哪怕事情并未按你的计划发展，仍然有可能找到快乐。光是出于这个原因，你也不能放弃。在通用电气，我学到了许多对其他人而言很有价值的经验教训，我现在的使命是分享这些经验教训。在这么做的过程中，我感到满足而快乐，这是当初我离开通用电气时未曾预料到的。

加入新企业联合公司，对我来说是一份礼物——一个回馈社会、发挥作用的途径。有时，一些我提供顾问服务的首席执行官以及我任职的董事会，会让我做些实际工作，比如，在销售攻势启动前为员工打气以完成交易，或是帮忙招聘有才能的高管。但有人告诉我，我最有意义的贡献在于同理心。因为我曾坐过首席执行官的位置，我知道首席执行官需要的不是让外部顾问来发号施令（"应该这么做！"），而是为其提供一些明智的建议。我也理解肩负所有员工未来的重担是种什么样的感觉，我知道那有多孤单，所以我会特别注意随时保持联系，伸出援手。

在斯坦福大学教书带给我一个宝贵的优势。每个学期结束时，我们会问学生希望到哪里工作。我很高兴，这些年轻人（大多二三十岁）仍然愿意到通用电气这类所谓的老牌公司去工作，但他们担心这些公司会花多大的心思保持影响力。我曾问学生们："谁能在将来更好地改善医疗工作，是通用电气还是苹果公司？"我看着他们考虑了通用电气的历史、能力和过往记录，但他们还是会选择苹果。这不仅是年轻人心照不宣地选择了技术领先的企业，也是年轻人在向一家展现出雄心壮志的公司表明支持。

这是通用电气今天面临的挑战：如何赢得年轻人的信心并阐明对未来的承诺。1982 年，我加入通用电气时，大概有 90% 的大学毕业生会考虑到通用电气工作；如今，这个数字或许是 50%。

改变是为了做得更好

有些商界偶像是从一无所有开始的，我想到的是像杰夫·贝佐斯这样的天才；另一些领导者则是沾了好运气或者好时机的光。如果你在 2000～2007 年担任银行的首席执行官，人们会把你看成英雄。可如果你在 2008～2015 年做同样的工作，人们会把你看成恶棍。人是同样的人，工作还是同样的工作，可环境变了。

在没有地图的指引下做出艰难的决定，大多数领导者都做得不够完美，也不够走运。尤其是在危机当中，要是他们坚持坐等到雨过天晴，他们将一事无成。无所作为是糟糕的领导，但比采取行动要稳妥一些，因为采取行动就意味着让自己暴露在批评面前。在我担任首席执行官的 16 年里，没有任何一段时间，我能避开来自媒体、投资者和我前任的批评，但我的团队和客户始终跟我站在同一阵线。

我们生活在一个没空让人仔细分辨细微差异的世界，太多时候，复杂的情况或人被概括成了简单的判断。2020 年 3 月，杰克·韦尔奇去世，享年 84 岁。如果你看看他对通用电气和整个商业世界的贡献，毫无疑问，杰克是一位伟大的领导者。我参加了纽约市圣帕特里克大教堂举行的追悼会，那里安放着不少先他一步离开尘世的名人，比如伟大的棒球选手贝比·鲁斯、罗伯特·肯尼迪。亿万富翁肯·朗格尼（Ken Langone）和记者迈克·巴尼克尔（Mike Barnicle）致悼词，我在教堂后面的长椅上静静地坐着。我熟识他，热爱他，跟他争论了大半辈子。他的离去令人难以接受。

我知道，通用电气内部有些人认为我辜负了他们。2019 年 10 月，通用电气冻结了其美国 2 万名员工的养老金，那感觉像是对信任的背叛。许多人把那次"背叛"归咎于我。我宣布离任时，通用电气的股价是 28.94 美元，而当我写完本书时，它的交易价格不到 7 美元。这让我心痛，而且永远都会心痛。但我也知道，我曾和团队一起取得了哪些成就。我们并不完美——我已经说得很清楚了。但通用电气是一家极富创造力、有使命感的公司。

每年春天，我都会告诉学生们，在这个混乱世界里，领导者必须把许多相互矛盾的事情做好，也就是同时掌握互为冲突的原则。他们必须让自己的公司既庞大又敏捷，既全球化又本土化，既数字化又产业化；他们必须以一种既有竞争力又不乏同理心的方式进行管理；他们必须既看重短期，又着眼于长期。他们必须在模棱两可的条件下应对自如。

2020 年的春天，我们所置身的局势——关在自己家里，对未来丧失确定感，通过电脑屏幕彼此凝视——把这一现实带到了眼前。在最后一堂课上，我看着摄像机，告诉远方的学生们，我跟他们感同身受。"瞧，"我说，"这太讨厌了，你们必须在 Zoom 上完成商学院课程。在这个疫情蔓延的世界，你们完全有权感到沮丧和焦虑，但不管你们信不信，这次经历会让你们变得更好。"

从年轻同学们的脸上，我可以看出他们并不相信（透过计算机屏幕，他们的脸因为网速的卡顿而模糊），但我还是接着往下说。"你们的职业生涯会经历各种好与坏的岁月，但信不信由你，你们需要这些坏日子。"我说，"它们会让你们变成更出色的领导者。"

最新版

"日本经营之圣"稻盛和夫经营学系列

任正非、张瑞敏、孙正义、俞敏洪、陈春花、杨国安　联袂推荐

序号	书号	书名	作者
1	9787111635574	干法	【日】稻盛和夫
2	9787111590095	干法（口袋版）	【日】稻盛和夫
3	9787111599531	干法（图解版）	【日】稻盛和夫
4	9787111498247	干法（精装）	【日】稻盛和夫
5	9787111470250	领导者的资质	【日】稻盛和夫
6	9787111634386	领导者的资质（口袋版）	【日】稻盛和夫
7	9787111502197	阿米巴经营（实战篇）	【日】森田直行
8	9787111489146	调动员工积极性的七个关键	【日】稻盛和夫
9	9787111546382	敬天爱人：从零开始的挑战	【日】稻盛和夫
10	9787111542964	匠人匠心：愚直的坚持	【日】稻盛和夫 山中伸弥
11	9787111572121	稻盛和夫谈经营：创造高收益与商业拓展	【日】稻盛和夫
12	9787111572138	稻盛和夫谈经营：人才培养与企业传承	【日】稻盛和夫
13	9787111590934	稻盛和夫经营学	【日】稻盛和夫
14	9787111631576	稻盛和夫经营学（口袋版）	【日】稻盛和夫
15	9787111596363	稻盛和夫哲学精要	【日】稻盛和夫
16	9787111593034	稻盛哲学为什么激励人：擅用脑科学，带出好团队	【日】岩崎一郎
17	9787111510215	拯救人类的哲学	【日】稻盛和夫 梅原猛
18	9787111642619	六项精进实践	【日】村田忠嗣
19	9787111616856	经营十二条实践	【日】村田忠嗣
20	9787111679622	会计七原则实践	【日】村田忠嗣
21	9787111666547	信任员工：用爱经营，构筑信赖的伙伴关系	【日】宫田博文
22	9787111639992	与万物共生：低碳社会的发展观	【日】稻盛和夫
23	9787111660767	与自然和谐：低碳社会的环境观	【日】稻盛和夫
24	9787111705710	稻盛和夫如是说	【日】稻盛和夫

推荐阅读

读懂未来 10 年前沿趋势

一本书读懂碳中和
安永碳中和课题组 著
ISBN：978-7-111-68834-1

双重冲击：大国博弈的未来与未来的世界经济
李晓 著
ISBN：978-7-111-70154-5

元宇宙超入门
方军 著
ISBN：978-7-111-70137-8

量子经济：如何开启后数字化时代
安德斯·因赛特 著
ISBN：978-7-111-66531-1